大学人文经典阅读

DAXUE RENWEN
JINGDIAN YUEDU

主编　陈改玲　蔡堂根
编者　陈改玲　蔡堂根　周黎燕　肖　泳

博雅导读

北京大学出版社
PEKING UNIVERSITY PRESS

图书在版编目(CIP)数据

大学人文经典阅读/陈改玲,蔡堂根主编.—北京:北京大学出版社,
2013.9
(博雅导读丛书)
ISBN 978-7-301-23209-5

Ⅰ.①大… Ⅱ.①陈…②蔡… Ⅲ.①人文科学-高等学校-教材
Ⅳ.①C

中国版本图书馆 CIP 数据核字(2013)第 219646 号

书　　　　名:	大学人文经典阅读
著作责任者:	陈改玲　蔡堂根　主编
责 任 编 辑:	张雅秋
标 准 书 号:	ISBN 978-7-301-23209-5/I·2674
出 版 发 行:	北京大学出版社
地　　　　址:	北京市海淀区成府路 205 号　100871
网　　　　址:	http://www.pup.cn　新浪官方微博:@北京大学出版社
电 子 信 箱:	pkuwsz@126.com
电　　　　话:	邮购部 62752015　发行部 62750672　出版部 62754962
	编辑部 62752022
印　　刷　者:	北京大学印刷厂
经　　销　者:	新华书店
	650mm×980mm　16 开本　16.5 印张　246 千字
	2013 年 9 月第 1 版　2016 年 1 月第 4 次印刷
定　　　　价:	35.00 元

未经许可,不得以任何方式复制或抄袭本书之部分或全部内容。
版权所有,侵权必究
举报电话:010-62752024　电子信箱:fd@pup.pku.edu.cn

序　言

　　浙江理工大学面向大一新生开设"名著导读"这门课,因此编写了这本教材《大学人文经典阅读》。教材即将问世,主编陈改玲教授把清样寄给我,嘱我写序。我乐意承担此事。这本教材所选大都是美文名篇,精粹可读;而四个主题单元的设定从不同方面引导阅读与教学,所涉及的都是人类生存发展的重大问题,也是学生成长过程中必然会碰到的问题。通常说的"人文素养",也体现在这些问题的体认当中。以此来结构一门课,在一个学期左右的时间里,引发大学生对名著经典阅读的兴趣,促进对人生某些基本问题的思考,我认为是很实在而有益的。

　　现在很多高校都在开通识课,"培养人文精神"这句话也常挂在嘴上,大家都感到大学人文教育确有必要。但许多学校开设通识课的效果不见得好。常见的大都是一些知识拼盘课,老师因人设课,学生也凭一时兴趣选。一门课学完,什么琴棋书画、国学常识、影视欣赏、天文地理,等等,浮光掠影,蜻蜓点水,都知道一点,就是没有静心读书,也很难说得到了心性涵养。

　　大家为什么期盼通识教育?主要是对现行教育状况的失望。多年来,我们的教育被赋予太多政治、经济的功能,分科太细,满足于专业训练,思想教育取代了人格教育和人生教育,校园里缺少自由宽松的精神,加上拜金主义的干扰,急功近利,学风浮躁,别说出人才,就连培养正常的有道德的公民都有些困难了。正是这种严峻的现实,迫使我们对大学教育进行反思,希望能通过通识教育探寻一条新路。但浮光掠影的通识课恐怕也解决不了这个问题,因为这并不符合通识教育的本义。

　　通识教育的本义是什么?参照一下世界上一流大学的经验,通识教育应当包含这么几层涵义:这是面对所有大学生的教育;又是相对专业教育而言,属于非专业、非职业性的教育,与专业教育可以互相补充;还有,这是全人教育或博雅教育,通过接触人类文化的精粹,在人文、社会、自然科学等领域获取通识,培养有教养、有能力、有责任的公民,最好是那种有通融识见、博雅精神和优美情感的人。这样来定位的通识教育,就不能满足于课程的调整补充,更不是来些知识拼盘点缀,而是实行一种更利于培养健全人格和博雅精神的教育理念。

如果承认通识教育是面对所有大学生的全人教育或博雅教育,那么课程设置就要往这方面靠拢。其实许多著名的大学在通识教育方面都有好的做法,值得借鉴。例如,美国哈佛大学设立通识核心课程,注重文理交叉,包括外国文化、历史、文学与艺术、道德修养、自然科学、社会分析等六个领域,要求选课所占学分达到毕业要求总学分的四分之一。还有一点特别值得借鉴:像哈佛等名校的通识课,大都比较看重读书,主要时间就是让学生去读一些经典,接触人类智慧的源泉,通过读书和思考,去逐步树立健全的人生观和世界观。

《大学人文经典阅读》这本教材重视读书,引导读书,是对路的,符合通识教育和博雅教育的精神。这样的通识课,主要就是读书课和思考课,是精神涵养课。所以我建议选修这门课的同学也能抱着这个目的:让自己接触经典,喜欢读书和思考,让自己兼备人文素养与科学素养,成为有通融识见、博雅精神和优美情感的人。

现在的大学都办得"很着急",希望马上多拿项目,多出成果,赶上"一流"。天天喊"创新",投几个钱就希望立竿见影,其实还是工具性思维。许多大学的决策者对科学表面上是尊重的,其实还是"实用为先",所谓"尊重"也只限于工具与实证的领域。受制于这种工具性思维,大学很难成为精神高地,所培养的人才也就难免视野褊狭、缺少创新能力。我们的大学和世界上一流大学的主要差距在哪里?不一定是在"硬件",往往是在"软件"——我们的大学难于起到为社会发展不断提供灵感和动力的效能。这就可以解释,为什么中国经济三十多年有飞速的发展,可是大学所培养的科技顶尖人才却凤毛麟角,人文社科方面那就更惨,在国际上几乎没有什么话语权。这些状况逼迫我们换一个思路:无论什么大学,都注重全人教育,博雅教育,然后才是专业教育,而且在专业教育过程中仍然不忘通识教育,让专业教育和通识教育结合起来。我想浙江理工大学开设通识课"名著导读",让全校本科新生一进大学校门,先上这门课,正是朝这方面努力的。

大学和中学有些不同,就是学生学习应当更加主动,更有个性化的选择。我想提醒同学们的,是尽快把中学应试教育的"敲门砖"扔掉,摆脱那种僵硬的思维及套路,重新养成读书和思考的习惯。读书要多读经典,读人人知道却又未必读过的那些"大书",最好别只读选本,要读就读整本的。这部教材已选用了一些经典的章节,还不够,不妨顺藤摸瓜找原书来读。读得粗一点没关系,但总要完整地读。其实真正称得上人类文化经典的书不很多,大学时期能完整地读十本二十本,就不简单了,也就有了"底气"。经典和我们有隔阂,不会好读,读经典是"磨性子",又如同思想爬坡,虽然有些难和累,但每上一个高度,都可能风景独占。读书不要满足于掌握知识,更要启发思考,思索某些本源性的问题,特别是有关人生意义及信仰的问题。这种浸透着自己感受、体验的本源性思索,是青少年成长的营养素,是一般知识传授所不能取代的。

大学四年将在很大程度上决定同学们未来的一生。对那种一上大学就苦心经营如何找个好工作、如何赚钱的做法,可以理解,但这未免太过"近视"。有志向的学生总是有理想引导,努力锻造自己,在人格、人生观、体魄与专业几个方面奠定健全坚实的基础。他们的人生目标不会拘泥于谋取职业和金钱。在这个意义上我也很赞成同学们多接触和阅读经典。和人类最聪明的智者一起思考,我们会由此变得睿智,更重要的是心可以安放,也就有可能超越平庸,精神飞扬,更坚实而有力地面对未来。

温儒敏
2013 年 9 月 1 日于历下南院

(温儒敏,山东大学文科一级教授,北京大学中文系教授,北大语文教育研究所所长,中国现代文学研究会会长,担任过北大中文系主任)

编写说明

《大学人文经典阅读》有两个基本目标:一、促进大学生对名著经典的阅读,二、加强人文精神的培养。为实现这两个目标,我们确立了以人文精神的基本要素为教材框架,以名著经典的精彩章节为教材选文的编写思路。

人文精神是一种普遍的人类自我关怀,随着时代的发展,其内涵不断丰富。今天,人文精神涉及一系列的命题,如对人的尊严、价值和命运的维护,对全面发展的理想人格的肯定,对人类赖以生存的自然和社会的关爱,对人类遗留下来的各种精神文化现象的珍视等等。显然,简单的主题分类形式不仅难以涵盖人文精神的各个层面,且会让教材选文出现琐碎杂乱等弊病。

其实,人类的生存发展主要涉及四大关系,即人与自然万物的关系,人与他人及群体的关系、人与历史文化的关系、人类自身的肉体与心灵的关系;这四种关系得到了充分的关注,这四种关系和谐了,人文精神也就会得到全面提升。因此,本教材的框架根据人类生存发展的四大关系设四个单元,即关爱自然、融入社会、传承文化、完善自我;每个单元下又根据实际内容分设若干个小主题,再根据小主题依次选文,力求全面而具体地展示其单元主题。如"关爱自然"单元,分设了亲近自然,享受自然之美;关爱自然,保护生态环境;尊重自然,建立新型的人与自然的关系;取法自然,遵循自然规律等几个小主题,再根据这些主题选定相关的文章,以表达关爱自然的主题。

在确定选文内容时,本教材还遵循了以下四个原则:第一,以节选长篇名著为主,辅以主题相关的经典的短文,以促进学生对名著经典的阅读。第二,充分考虑古今中外的选文比例,力求比例均衡。第三,注意文体与学科的多样性,力求兼备文学描叙、随笔杂感、学术研究等各种体例,力求涵括文学、哲学、美学、社会学、伦理学、心理学等众多学科。第四,兴趣点丰富,难易深浅结合,力求融趣味性、知识性、思想性、学术性于一体,能满足学生多方面的需求。

为方便学生自主阅读,每个单元前均有单元导读介绍本单元的主题,并简明扼要地揭示人与自然、社会、文化等之间的关系。每篇课文后面都有课文导读,课文导读除对本课的内容进行基本的分析或精要的点评外,还对相应的名著及其作者进行了较具体的介绍,以便学生在准确理解课文的同时,能进一步阅读原著及其相关的作品。另外,每篇课文后还布置了两个思考练习题,一方面促使学生准确理解课文的基本内容,另一方面引导学生联系实际,进行相关的拓展与延伸。

总之,《大学人文经典阅读》的基本宗旨是,把名著经典阅读与人文精神培育紧密结合起来,在名著经典的阅读过程中加强人文精神的培养,在人文精神的培养过程中激发学生阅读名著经典的兴趣。通过融名著经典阅读和人文精神培育于一体的方式,有效地提升大学生的人文精神素养,扩大大学生的名著经典阅读量,让大学生得到更全面的发展。

浙江理工大学一直很注重对学生的人文素养的培养。2012年学校面向全校新生开设了通识必修课"名著导读",这门课深受学生欢迎。在教学基础上,根据学生反馈,我们编写了这本《大学人文经典阅读》教材。本教材由陈改玲主持编写,蔡堂根提出初步编写大纲,"关爱自然"、"融入社会"、"传承文化"、"完善自我"四个单元分别由蔡堂根、周黎燕、陈改玲、肖泳四位老师执笔。篇目初选后,经过多次讨论调整,最后由陈改玲把关定稿。由于时间紧迫,学识有限,错误在所难免,恳请方家包涵指正。

目　录

序　言 ………………………………………… 温儒敏（1）
编写说明 ……………………………………………（1）

第一单元　关爱自然

单元导读 ……………………………………………（2）
第一课　瓦尔登湖 ………………………… 亨利·梭罗（4）
第二课　我家的后园 ……………………… 萧　红（13）
第三课　再也没有鸟儿歌唱 ……………… 蕾切尔·卡森（20）
第四课　林中路：致瓦屋山 ……………… 徐　刚（29）
第五课　敬畏生命 ………………… 阿尔贝特·史怀泽（37）
第六课　尊重自然 ………………… 保罗·沃伦·泰勒（44）
第七课　游天台山日记 …………………… 徐霞客（50）
第八课　道法自然 ……………………………………（54）

第二单元　融入社会

单元导读 ……………………………………………（60）
第九课　乡土社会　生育制度 …………… 费孝通（62）
第十课　易装易性现象 …………………… 李银河（70）
第十一课　中国人，你为什么不生气？ …… 龙应台（76）
　　　　　目送 ……………………………… 龙应台（78）
第十二课　怎样才算是知识分子？ ………… 殷海光（82）
第十三课　关于民族主义的札记 ………… 乔治·奥威尔（86）
第十四课　在北京大学的演讲 …………… 比尔·克林顿（94）

第十五课　社会可能患病吗？
　　——社会正常状态的病症 ………… 埃里希·弗洛姆(98)
第十六课　大同与小康
　　——《礼记·礼运》节选 ……………………… (105)

第三单元　传承文化

单元导读 ………………………………………… (108)
第十七课　北京的茶食 ………………… 周作人(110)
　　　　　乌篷船 ……………………… 周作人(111)
第十八课　更衣记 ……………………… 张爱玲(114)
第十九课　谈中国建筑之几个特征 …… 林徽因(122)
第二十课　白先勇说昆曲 ……………… 白先勇(134)
第二十一课　西湖梦 …………………… 余秋雨(147)
第二十二课　南方与北方 ……………… 林语堂(155)
第二十三课　中国文化本质及其特征 … 钱　穆(162)
第二十四课　中国文化与西方文化的对比
　　　　　　　…………………… 伯兰特·罗素(174)

第四单元　完善自我

单元导读 ………………………………………… (184)
第二十五课　心灵与肉体 ……… 阿尔弗雷德·阿德勒(186)
第二十六课　成为你自己 ……………… F.W·尼采(195)
第二十七课　论人的命运 ……………… D.H·劳伦斯(199)
第二十八课　《怀疑三部曲》序 ………… 王小波(207)
第二十九课　我怎么学起哲学来 ……… 邓晓芒(211)
第三十课　　解剖自己 ………………… 巴　金(219)
第三十一课　自我实现的人 …… 亚伯拉罕·马斯洛(223)
第三十二课　致诸弟·明师益友虚心请教 …… 曾国藩(251)

第一单元

关爱自然

单元导读

  大自然有母亲的无私,她奉献出山川大地、花草树木,人类因此有了居住之所,有了饮食之源。大自然有母亲的细腻,她调制了春花秋月、和风细雨,人类因此可以敲打缤纷的旋律,可以涂鸦热闹的画绢。大自然孕育了人类,又滋养着人类;她陪伴着人类从出生走向终老,从蒙昧走进文明——大自然就是人类的母亲。

  幼年的人类匍匐在大自然脚下,享受着大自然的哺育,对大自然充满了敬畏,因此有了各种各样的自然崇拜,山水树木都高高在上,都被奉为神灵。童年的人类站立了起来,可以独立地四处游玩,但还要拉着母亲的手,接受阳光雨露的沐浴,因此人类对大自然仍然有一种神秘感,仍然需要保护,故仍然保持着对大自然的亲近。进入青少年时期,人类的叛逆倾向越来越强烈,不仅要摆脱母亲的约束,还要改造自然、征服自然,人类与自然的关系因此急剧恶化。

  年轻的人类不仅开始叛逆,而且变得越来越狂妄、自私、贪婪:他不再听从母亲的教导,并要求大自然服从自己的安排,他宣称自己是万物之灵,他要成为大自然的主人。他坚持以人类自我为中心改造自然,为了方便自己的行动,山可以让路,水可以改道;为了满足自己的需要,猛兽可以绝迹,大海可以填平。他可怕的欲望也一天天膨胀,砍光了山头的树木还要挖尽地下的煤炭,占有了陆地上的每一寸土地还要利用北冰洋上的每一块寒冰。

  由此,人类开始了对大自然的践踏,他们无所顾忌地占有自然资源,肆意索取,肆意开发,从不考虑自然万物的处境,甚至也很少考虑人类自身后代的需要。由此,大自然遭受了前所未有的灾难,植被破坏、空气污染、淡水缺乏、资源耗竭、物种灭绝……强壮的母亲已经奄奄一息。由此,人类也遭到了应有的惩罚,珍奇的物种消失、肥沃的土地退化、灾难性天气频发,人类越来越孤单,越来越贫乏,甚至审美的眼睛和喜悦的心灵也渐渐丧失,欣赏不到美丽,也感受不到快乐。

  冲动、冒失的人类需要冷静、需要成熟。其实,人类的进步不一定要以大自然的牺牲为代价,我们完全可以放慢自己的脚步,节制自己的欲望，尊重自然，做大自然的朋友，让人类与自然共同发展。我们应该明白，人类和大自然母亲是血脉相连的，只有小鸟回到了枝头，野兽回到了森林，我们才能拥有青山绿水蓝天。我们必须放弃过度的自我，给自然万物留下更多的空间，给子孙后代留下更美好的家园！

第一课　瓦尔登湖

亨利·梭罗

湖

瓦尔登湖的风景只好算粗线条,尽管很美,还是说不上很壮观;不经常光临或者不在湖边居住的人,对它也不是特别关注;然而,瓦尔登湖以它的深邃纯净著称于世,值得对它详尽描述一番。原来它是一口清澈而黛绿的井,半英里长,周长一又四分之三英里,面积约有六十一英亩半;松树和橡树林中央,有一股终年井喷的泉水,除了云雾和蒸发以外,压根儿看不到它的入水口和出水口。周围的山峦陡然耸立,高出水面四十到八十英尺,虽然在东南角高达一百英尺,在东端更是高达一百五十英尺,绵延大约四分之一英里或者三分之一英里。它们清一色都是林地。

我们康科德境内的水域,至少具有两种颜色,一种打老远就望得见,而另一种更接近本色,在近处才看得出。第一种更多取决于光线,随着天色而变化。在天气晴朗的夏天,从不远处看去,湖面呈现蔚蓝色,特别在水波荡漾的时候,而从很远的地方望过去,全是水天一色。赶上暴风雨的天气,水面有的时候呈现深石板色。不过,据说海水在大气层中看不出有什么变化的情况下,却是今天蓝,明天绿。白雪皑皑时,我看到过我们这儿河里,水和冰几乎都是草绿色。有人认为蓝色是"纯净水的颜色,不管它是流动的水,还是凝固的冰"。反正直接从小船上看湖面,倒是看得出非常不一样的颜色。瓦尔登湖一会儿蓝,一会儿绿,哪怕是从同一个视角看过去。瓦尔登湖位于天地之间,自然兼具天地之色。从一个山顶上望过去,它映现出蓝天的色彩,而从连岸边的沙子你都看得到的近处看,它却呈现出先是淡黄色,继而淡绿色,同时逐渐加深,终于变成了全湖一致的黛绿色。在有些时候的光线下,哪怕是从山顶上往下俯看,毗邻湖岸的水色也是鲜灵灵的绿色。有人认为,这是草木青葱返照的缘故,但在铁路道轨沙坝的映衬下,湖面依然是绿幽幽的;待到春天还没有叶茂成阴,这时湖光山色也不外乎是天上的湛蓝色与沙土的黄褐色掺在一起的结果,堪称瓦尔登湖彩虹般的色彩。

入春以后,湖上冰层因受从湖底折射上来的、又透过土层传来的太阳热量而变暖,于是首先被融化,在中间仍然冻结的冰凌周围,形成了一条狭窄的小河。正如我们的其他水域一样,每当天色晴朗、水波潋滟之时,水波表面会从合适的角度映出蓝色的天空,或者由于糅合了更多亮光,如果稍微远点望过去,湖面仿佛呈现比天空本身更深的湛蓝色;此时此刻,泛舟湖上,从各个不同的视角观看水中倒映,我发现了一种无与伦比的不可名状的淡蓝色,有如浸过水的或者闪闪发光的丝绸和利剑青锋,却比天空本身更具天蓝色,它与水波另一面原有的黛绿色交替闪现,只不过后者相对来说显得有点儿浑浊罢了。那是一种类似玻璃的绿里泛蓝的色彩,跟我的记忆里一样,有如冬日夕阳西沉时从云层里呈现出一片片蓝天。反正举起一玻璃杯水,往亮处看,它里头好像装着空气,一样没有颜色。众所周知,一只大玻璃盘子是略带一点绿色,据制造玻璃的厂商说,是由于玻璃"体厚"的缘故,但同样都是玻璃,块儿小的就没有颜色了。至于瓦尔登湖该有多少水量,才会泛出绿色,我倒是从来没有验证过。人们直接俯视我们的河水,河水是乌黑的或者深棕色,而且如同大多数湖里的水一样,会给洗河澡的人沾上一丁点儿淡黄色;但是瓦尔登湖水却是如此纯净赛过水晶,使洗湖浴的人躯体洁白有如大理石一般,而且怪得出奇的是,此人的四肢给放大了,同时也给扭曲了,产生了一种骇人的效果,值得米开朗琪罗①好好研究哩。

湖水如此晶莹剔透,一眼就看得到二十五英尺或者三十英尺深的湖底。你光脚踩水,可以看见好多英尺深水下,有成群的鲈鱼和银色小鱼,它们也许只有一英寸长,但是前者一道道的横着花纹倒也很容易辨认出来,你会觉得,它们必定是苦行修炼的鱼种,才到那里寻摸生计的环境。好几年前的冬天里,有一回,我在冰层上凿洞钓狗鱼,我上岸时把我的斧子扔回冰层去,不料,仿佛神差鬼使似的,只见那柄斧子在冰层上滑出了四五杆远,正好掉进一个冰窟窿里头去了,那儿水深二十五英尺。我出于好奇心,伏倒在冰层上往那个冰窟窿里头瞧一瞧,只见那

---

① 米开朗琪罗(Michelangelo,1475—1564):意大利文艺复兴时期雕塑家、画家、诗人、建筑学家,代表作有雕塑《大卫》《摩西》、壁画《最后的审判》等。

柄斧子侧向一边,斧柄朝天竖起,随着湖水的脉动来回摆动,要是我不去打扰它的话,它说不定会在那儿就这么着直立下去,晃呀晃呀,随着时光流逝,直到斧柄烂掉为止。我就在斧子的上方,用我带来的冰凿子又凿了一个窟窿眼儿,用我的刀子砍下我在近处寻摸到的最长的一根白桦树枝,枝头上打了一个活结套,随后小心翼翼地把它放下去,套住斧柄上凸起的一块疙瘩,用系住白桦树枝的一根绳子往上拉,就这么着把那柄斧子给拉上来了。

  湖岸是由一长条好似铺路用的滴溜滚圆的白色石子筑成的,除了一两处小小沙滩以外,在许多地方都非常陡峭,纵身一跃就好落到没顶深的湖水中;要不是湖水晶光锃亮得出奇,你断断乎也看不见湖底,除非湖底在对面升了起来。有人认为,瓦尔登湖是湖深没有底的。湖水不论在哪儿也不浑浊,偶尔观湖的人还以为湖底连水草压根儿都没有,至于看得见的草木,除了不久前被水淹过的、原本不属于湖的那些小小草地以外,哪怕是再仔细地查看,也确实看不到菖蒲或灯心草,连一朵百合花都没有,不管是黄色的还是白色的,至多只有一两片心形叶子和河蓼草,说不定还有一两片眼子菜;反正置身水中的人也许压根儿都看不出来;这些水生植物,好像如同它们赖以生长的湖水一样洁净、晶莹透亮。岸石延伸入水有一两杆远,湖底就是清一色的沙子了,只有在最深的地方通常会有一点儿沉积物,也许是历经好多个秋季树叶飘落、沉淀腐烂的缘故,甚至在仲冬时节,鲜绿色的水草也会随着铁锚一起浮出水面。

  ……

  据我所知,各种特色中,或许就属瓦尔登湖的特色最好,保持它的纯洁性,也是令人叫绝。许多人都被比喻为瓦尔登湖,但这一美誉只有少数人受之无愧。尽管伐木者把环湖的树木大片大片地先后都给砍光了,爱尔兰人在湖边搭建了他们的陋屋,铁路已经侵占了湖的边缘地带,冰商还来这儿凿取过冰块,但瓦尔登湖本身并没有变化,依然是我年轻时目睹过的湖水;变化了的反而是我自己了。瓦尔登湖里有过数不尽的涟漪,恒久不变的波纹却一道也都没有。瓦尔登湖永远年轻,我可以伫立在湖畔,看一只燕子分明俯冲下来,将一只小虫子从湖面上叼走,如同在往日里一模一样。今夜,我不禁又触景生情,仿佛我几乎没有跟它朝夕相见长达二十多年之久,这就是瓦尔登湖,好多年以前我发现的那同一个林中之湖；去冬在湖边砍掉了一个树林子，今春又一个树林子就会傍湖拔地而起，依旧生机勃勃；同样的思绪如同在往日里一样从湖面上喷涌上来——这对湖本身与湖的创造者来说，是同样源源不绝的欢乐和幸福，是的，对我来说可能也是如此。不消说，瓦尔登湖是一位勇士的杰作，他断断乎不会要狡猾！他亲手把这湖水围住了，在他的思考中使湖水得以深化和澄清，并在他的遗嘱中将它传给了康科德。

闻　籁

有时，赶上星期天，我听到钟声，顺风的时候，来自林肯、阿克顿、贝德福或者康科德的钟声，听起来柔和悦耳，俨然是自然的旋律，回荡在旷野上，端的是美极了。在遥远的树林子上空，这种旋律平添了一种颤动的微弱声响，仿佛地平线上的松针就是竖琴上的琴弦正在轻轻地拨弄着似的。凡此种种音响，哪怕在最远处，只要听得见，都有一种同样的效果，赛过七弦琴上的颤音，就像迢迢远方的山脊，由于大气介于中间，被抹上了淡蓝色，望过去格外令人悦目。我觉得这次传来的是一种在微风中越传越悠扬的旋律，与树林子里每一片叶子和松针喁喁私语后，风儿又吸收部分声音，经过变调在一座山谷回响之后又传到了另一座山谷。这种回响在某种程度来说，就是初始的声音，具有神奇的魅力。它不仅仅重复了钟声里值得重复的部分，而且部分还有着树林子里的声音；以及林中仙子低吟的昵语和乐音。

傍晚，树林子里尽头、远处的地平线上，传来了牛的哞哞声，很甜美动听，开头我误认为是某些滑稽说唱团在演唱，因为有时我听到过他们唱的小夜曲，也许此刻他们正好吟游在山谷之间；可是听着听着，我很快失望了——失望之余，我还是略感欣慰——因为那声音渐渐地拖长，变成了酷肖牛叫那种廉价的、原始状态的音乐。我这样说决不是在挖苦那些年轻人，而是表示我对他们的歌唱很欣赏的，我说，我分明听得出来他们的歌声与哞哞声差不离，不过，说到底，两者无疑都是天籁，你说是不是。

夏天有过一些日子，每天傍晚，七点半，火车很准时驶过以后，三声夜莺唱过半个钟头的晚祷曲，就落在我门前树桩上，或者落在我的屋脊上。每天晚上，日落以后，在某个特定时间五分钟内，它们就开始鸣叫，几乎跟座钟一样准确。真是机会难得,我渐渐地熟悉了它们的习惯。有时,我听到同时有四五只三声夜莺,在树林子各个不同地点啼唱,偶尔一只鸟儿唱的比另一只鸟儿差了一小节,而且离我又是那么近,我不仅听得出每一个音符之后的咯咯声,而且时常听到一种独特的嗡嗡声,就像一头飞蝇落进了蜘蛛网,只不过比飞蝇的响声稍微高一些。有时候,一只三声夜莺会从好几英尺远的树林子飞过来,绕着我飞来飞去,就像被一条绳子拴住了似的,说不定是我挨着鸟蛋太近了吧。它们彻夜通宵时断时续地啼唱,而且常在黎明前和黎明即将来临之际,它们的歌唱又跟过去一样富于极大乐感。

别的鸟儿静下来时,叫枭开始鸣叫,像哭丧妇似的发出老八辈子的呜——噜——噜。那种凄叫声,颇有本·琼生的遗韵①。聪明的子夜女巫!它不像诗人们笔下 tu-whit tu-who 那么真实和呆板,不过,正经八百地说,那是一支异常肃穆的墓畔小曲,像一对自杀的恋人在阴曹冥府的树林子里,不知怎的想起了生前恋爱的苦与乐,少不得彼此安慰一番。然而,我特别爱听它们的哀鸣,它阴惨惨的应答,沿着树林子一侧不停地啭鸣;有时,让我联想到音乐和鸣禽;仿佛那就是音乐的饱含泪水的阴暗面,不得不歌吟的悔恨和哀叹。它们都是一些堕落者的幽灵,低落的情绪,忧郁的预感,以前它们有过人的模样儿夜游四方,净干黑暗勾当,如今它们早已罪孽昭著,它们吟唱哀歌,祈求赎罪。它们使我全新地感觉到,我们共同居住的大自然真是丰富多彩,兼容并包。哦——喔——哟——哟——哟——我压根儿还没出生——生——生——生——过!湖的这一边,有一只夜莺哀叹道,在焦灼的绝望中来回盘旋,在灰溜溜的橡树上寻摸到新的栖息处。稍后,湖的另一边,传来了回响:我压根儿还没出生——生——生——生——过!那回响充满着发颤的真挚的感情;甚至从遥远的林肯那边的树林子也隐隐约约传来回响——还没有出生——生——生——生——生过!

余外还有一只哑哑鸣叫的猫头鹰冲着我唱小夜曲哩。在近处听,也许你会觉得这是大自然中最忧郁的鸣叫声,仿佛它要想让这种声音使人们临终之前的呻吟固定不变,并使它永远留在它的歌吟之中——这是凡人弥留之际留下可怜而又微弱的遗音,他把希望留在了身后,在

---

① 本·琼生(Ben Johnson,1572—1637),英国著名诗人与剧作家。

进入黑黝黝的幽谷时却像动物一样在嚎叫,还带着活人的抽泣声,由于某种咯儿咯儿之声挺动听,但听着听着反而更加可怕——我想模拟那种声音时,不觉发现自己一开始念出了这种咯字音,正好表明:一切健康的勇敢的思想都已坏疽时,一个人的心灵达到了胶凝似的发霉变质阶段。它使我想起了盗尸鬼、白痴和疯子的嚎叫。可是此时此刻,从远处的树林子传来了一声回应,由于离得远些,听起来倒是真的挺悦耳——呼——呼——呼——呼啦——呼;说实话,那种声音只会给人带来许多愉快的联想,不管听它的时候,是白天还是夜晚,是夏天还是冬天。

离群索居

人们常跟我念叨说:"我想,你在那里准会感到很孤独,总想和人们更接近一些吧,特别是在下雨、下雪的日日夜夜里。"我按捺不住很想就这么着回答:——我们居住的整个地球,充其量只不过是宇宙中小小的一个点儿。那边的天空那颗星星,连我们的天文仪器还压根儿估量不出它有多大,你想想,它上面的两个相距最远的居民又能有多远的距离呢?那我怎么会觉得孤独呢?我们这个地球难道不也是在银河系吗?你提的这个问题,我觉得,并不是最重要的问题呀。什么样的一种空间,才是把人与人们隔开,让他感到孤独呢?我发觉,两条腿不管怎么使劲儿走,也不能让两颗心挨得更近些。我们的住地最想靠近的是什么地方?当然不是人多的地方,什么车站啦,邮局啦,酒吧啦,礼拜堂啦,学校啦,杂货店啦,烽火山啦,五点区啦①,因为这些地方人群杂沓——而是更乐意接近我们的生命不竭之源泉——大自然,我们从自己全部经历中发现,我们的生命源自大自然,就像长在水边的柳树,它的根须也向水边延伸一样,人的天性不同,因此情况也殊异,不过,聪明的人就是在这样的地方挖他的地窖子……有一天晚上,在去瓦尔登湖的路上,我赶上一位镇上乡友,他已积攒了所谓的"一笔很可观的资产"——虽然我对此从来还没有正面地了解过——他赶着两头牛到市

---

① 烽火山在波士顿,五点区在纽约,都是人口密集的居住区,前者为富人区,后者为穷人区,但人口拥挤是共同特点。

场去,问我怎么会心血来潮,把生活中那么多的安逸全给放弃了。我回答说,我非常确信,我真的很喜欢这样的生活;我说这话可不是闹着玩儿的。就这么着,我回家,上床安歇了,撇下他在黑暗泥泞中朝着布莱顿走去——或者说,朝着光明城①走去——说不定他在清晨某个时刻就会赶到那儿了。

……

我发现,一天之中大部时间独处,是有益于身心健康的。有人做伴儿,就算是最好的伴儿,没多久也会感到厌倦、无聊。我爱独处。比孤独更好的伴儿,我从来还没有发现过。我们到了国外与人交往,大抵比待在自己家里更加孤独。一个人在思考或者工作的时候,总是独个儿的,让他乐意在哪儿就在哪儿。孤独不能用一个人跟他的同伴们隔开多少的英里来衡量。剑桥学院②拥挤的小屋里,真正勤奋学习的学生,就像在沙漠里游方者一样孤独。农夫可以整天价在田地里或者树林子里独个儿干活,要么锄草松土,要么砍伐树木,丝毫不感到孤独,因为他有干不完的活儿;但是等到他晚上回到家里,却不会独个儿待在屋子里,任凭自己胡思乱想,而是非得上"看得到老乡"的地方去乐一乐,而且,照他的想法,那是补偿他一整天的孤独;因此,他暗自纳闷,学生独个儿待在屋子里,夜以继日地一点儿都不觉得烦闷和"忧郁";可他并没有懂得,尽管学生待在屋子里,可他却是在他的田地里干活儿呢,在他的树林子里砍树呢,有如农夫在他的田地里和树林子里一模一样;随后,学生也要寻求同样的娱乐消遣,寻求同样的社交活动,尽管这些活动形式也许会更浓缩些。

社交活动有时往往没有多大价值。我们相聚时间十分短暂,还来不及从对方那儿获得任何新的有价值的东西。我们每日三餐会面时,彼此之间只不过重新尝尝我们固有那种陈旧的发霉的奶酪味道。我们不得不同意这么一套规则,亦即所谓的礼仪和礼貌,务使这种经常的会晤彼此都能包涵些,以免公开发生冲突。每天晚上,我们相聚在邮局、在交谊会、在篝火周围;我们住得太挤,相互干扰,彼此之间说话吞吞吐

---

① 此处又是一语双关,因为布莱顿(Brighton)和光明城(Bright)在拼写与发音上相近之故。

② 剑桥学院,即今日哈佛大学前身。

吐,我想,就这么着,我们相互之间失去了一些敬意。当然,所有重要而开心的聚会,倒也不见得非要天天举行不可。想想工厂里那些女工——她们断断乎不会独处,就是做梦,她们也不孤独呢。① 如果说一平方英里以内只有一个居民,正如我住的地方一样,那也许就会好得多呢。一个人的价值并不在于他的地位,论地位,我们是没法跟他相比。

我听说过,有一个人在树林子里迷了路,他又饿又累,倒在一棵树底下快要咽气了,由于极度虚弱,他那病态的想象力,让他看到周围全是奇形怪状的幻象,还都信以为真,这么一来,他的孤独也就随之消失了。同样,只要身心健康,孔武有力,我们可以从类似的、更正常、更自然的社交活动中不断地感到欣慰,从而知道我们断断乎不是孤独的。

我屋子里就有好多好多伴儿;特别是在早晨,还没有人来探访的时候。让我先作几个比较,也许有的可以描述出我的一些境况。我并不觉得比湖中大声喧笑的潜水鸟更孤独,而且,我也不觉得比瓦尔登湖本身更孤独。我倒想问问,那孤独的湖又有谁作伴?可是,在它水天一色的湖上,并不是蓝色的魔鬼,而是蓝色的天使。太阳是孤独的,除非天上乌云密布时,有时候看上去好像有两个太阳,不过有一个是假的。上帝是孤独的——但是魔鬼呢,他倒是一点儿也不孤独;他就有好多哥儿们;他还有大队人马来着。我不见得比牧场上一朵毛蕊花或者蒲公英更孤独;或者换句话说,我也不见得比一片豆叶子、一棵酢浆草、一只马蝇,或者一只大黄蜂更孤独。我也不见得比磨房溪、风信鸡、北极星、南风、四月间的阵雨、一月里的融雪,或者新居第一只蜘蛛更孤独。

课文导读

《瓦尔登湖》节选自美国亨利·戴维·梭罗(Henry David Thoreau,1817—1862)的《瓦尔登湖》(潘庆舲译,上海社会科学院出版社,2007年)。梭罗是美国著名的作家、哲学家、废奴主义者,毕业于哈佛大学,曾从事教学、土地测量等工作。主要作品有《瓦尔登湖》《论公民的不服从》等,在文学上和思想上都产生了极重要的影响。

梭罗思想敏锐,特立独行,如他不吃肉,不喝酒,不去教堂,不选举,未学习任何职业技能,也未结过婚。1845年7月4日,梭罗开始了一

---

① 当年麻省不少纺织厂雇佣一些女孩子,让她们住在工厂集体宿舍,拥挤不堪。

项为期两年的试验,定居瓦尔登湖畔的丛林中,尝试过简单的、自由自在、从容淡定的生活,于1847年9月6日离开瓦尔登湖。在此期间,梭罗自己砍伐木材,在瓦尔登湖畔建造了一个小木屋,又在小木屋旁边开荒种地,自食其力,过着非常简朴的生活。梭罗认为,这种完全靠自己的双手而生存的近乎原始的生活是一种理想的生活模式。

散文集《瓦尔登湖》出版于1854年,详细记载了梭罗在瓦尔登湖畔两年又两个月的生涯。作者用简洁明了的语言描述了自己简单朴实的生活场景,展示了瓦尔登湖周边优美宜人的奇特风光,也表达了他对工业文明和喧嚣社会挤压人类、侵蚀人性的忧虑。因此,梭罗认为人类只有过简单淳朴的生活,才能享受到内心的轻松和愉悦,才能更好地观察和思考。他在瓦尔登湖畔追求孤独,也是在追求轻松愉悦,追求更深刻的思考和探索。《瓦尔登湖》被认为是一本寂寞、恬静、智慧的书。

本文的"湖"、"闻籁"、"离群索居"分别为《瓦尔登湖》的第九章、第四章和第五章,入选课文时均为节选。"湖"主要描述湖色之多变,突出瓦尔登湖水之清纯与静谧;"闻籁"主要描述湖边林中各种美妙的声音,展示了瓦尔登湖的生机与热闹;"离群索居"表达了作者对孤独的独到认识,也揭示了作者特立独行、乐于思索的个性。通过颜色、声音和主人公的生活感受三个方面,我们能够大致了解瓦尔登湖的基本特色。

思考练习

一、根据课文,说说瓦尔登湖美在何处?你最喜欢的自然美景在什么地方?有何特征?

二、你有过孤独的体验吗?你是怎样面对孤独的?你是否认同课文中的"我"对孤独的看法?

第二课　我家的后园

萧　红

一

呼兰河这小城里边住着我的祖父。

我生的时候,祖父已经六十多岁了,我长到四五岁,祖父就快七十了。

我家有一个大花园,这花园里蜂子、蝴蝶、蜻蜓、蚂蚱,样样都有。蝴蝶有白蝴蝶、黄蝴蝶。这种蝴蝶极小,不太好看。好看的是大红蝴蝶,满身带着金粉。

蜻蜓是金的,蚂蚱是绿的,蜂子则嗡嗡地飞着,满身绒毛,落到一朵花上,胖圆圆地就和一个小毛球似的不动了。

花园里边明晃晃的,红的红,绿的绿,新鲜漂亮。

据说这花园,从前是一个果园。祖母喜欢吃果子就种了果园。祖母又喜欢养羊,羊就把果树给啃了。果树于是都死了。到我有记忆的时候,园子里就只有一棵樱桃树,一棵李子树,为因樱桃和李子都不大结果子,所以觉得他们是并不存在的。小的时候,只觉得园子里边就有一棵大榆树。

这榆树在园子的西北角上,来了风,这榆树先啸,来了雨,大榆树先就冒烟了。太阳一出来,大榆树的叶子就发光了,它们闪烁得和沙滩上的蚌壳一样了。

祖父一天都在后园里边,我也跟着祖父在后园里边。祖父带一个大草帽,我戴一个小草帽,祖父栽花,我就栽花;祖父拔草,我就拔草。当祖父下种,种小白菜的时候,我就跟在后边,把那下了种的土窝,用脚一个一个地溜平,哪里会溜得准,东一脚的,西一脚的瞎闹。有的把菜种不单没被土盖上,反而把菜子踢飞了。

小白菜长得非常之快,没有几天就冒了芽了。一转眼就可以拔下来吃了。

祖父铲地,我也铲地;因为我太小,拿不动那锄头杆,祖父就把锄头杆拔下来,让我单拿着那个锄头的"头"来铲。其实哪里是铲,也不过爬在地上,用锄头乱勾一阵就是了。也认不得哪个是苗,哪个是草。往往把韭菜当做野草一起地割掉,把狗尾草当做谷穗留着。

等祖父发现我铲的那块满留着狗尾草的一片,他就问我,"这是什么?"

我说:"谷子。"

祖父大笑起来,笑得够了,把草摘下来问我:"你每天吃的就是这个吗?"

我说:"是的。"

我看着祖父还在笑,我就说:"你不信,我到屋里拿来你看。"

我跑到屋里拿了鸟笼上的一头谷穗,远远地就抛给祖父了。说:"这不是一样的吗?"

祖父慢慢地把我叫过去,讲给我听,说谷子是有芒针的。狗尾草则没有,只是毛嘟嘟的真像狗尾巴。

祖父虽然教我,我看了也并不细看,也不过马马虎虎承认下来就是了。一抬头看见了一个黄瓜长大了,跑过去摘下来,我又去吃黄瓜去了。

黄瓜也许没有吃完,又看见了一个大蜻蜓从旁飞过,于是丢了黄瓜又去追蜻蜓去了。蜻蜓飞得多么快,哪里会追得上。好在一开初也没有存心一定追上,所以站起来,跟了蜻蜓跑了几步就又去做别的去了。

采一个倭瓜花心,捉一个大绿豆青蚂蚱,把蚂蚱腿用线绑上,绑了一会,也许把蚂蚱腿就绑掉,线头上只拴了一只腿,而不见蚂蚱了。

玩腻了,又跑到祖父那里去乱闹一阵,祖父浇菜,我也抢过来浇,奇怪的就是并不往菜上浇,而是拿着水瓢,拼尽了力气,把水往天空里一扬,大喊着:"下雨了,下雨了。"

太阳在园子里是特大的,天空是特别高的,太阳的光芒四射,亮得使人睁不开眼睛,亮得蚯蚓不敢钻出地面来,蝙蝠不敢从什么黑暗的地方飞出来。是凡在太阳下的,都是健康的、漂亮的,拍一拍连大树都会发响的,叫一叫就是站在对面的土墙都会回答似的。

花开了,就像花睡醒了似的。鸟飞了,就像鸟上天了似的。虫子叫了,就像虫子在说话似的。一切都活了。都有无限的本领,要做什么,就做什么。要怎么样,就怎么样。都是自由的。倭瓜愿意爬上架就爬上架,愿意爬上房就爬上房。黄瓜愿意开一个谎花,就开一个谎花,愿意结一个黄瓜,就结一个黄瓜。若都不愿意,就是一个黄瓜也不结,一朵花也不开,也没有人问它。玉米愿意长多高就长多高,他若愿意长上天去,也没有人管。蝴蝶随意的飞,一会从墙头上飞来一对黄蝴蝶,一会又从墙头上飞走了一个白蝴蝶。它们是从谁家来的,又飞到谁家去?太阳也不知道这个。

只是天空蓝悠悠的,又高又远。

可是白云一来了的时候,那大团的白云,好像洒了花的白银似的,从祖父的头上经过,好像要压到了祖父的草帽那么低。

我玩累了,就在房子底下找个阴凉的地方睡着了。不用枕头,不用席子,就把草帽遮在脸上就睡了。

二

祖父的眼睛是笑盈盈的,祖父的笑,常常笑得和孩子似的。

祖父是个长得很高的人,身体很健康,手里喜欢拿着个手杖。嘴上则不住地抽着旱烟管,遇到了小孩子,每每喜欢开个玩笑,说:"你看天空飞个家雀。"

趁那孩子往天空一看,就伸出手去把那孩子的帽给取下来了,有的时候放在长衫的下边,有的时候放在袖口里头。他说:"家雀叼走了你的帽啦。"

孩子们都知道了祖父的这一手了,并不以为奇,就抱住他的大腿,向他要帽子,摸着他的袖管,撕着他的衣襟,一直到找出帽子来为止。

祖父常常这样做,也总是把帽放在同一的地方,总是放在袖口和衣襟下。那些搜索他的孩子没有一次不是在他衣襟下把帽子拿出来的,好像他和孩子们约定了似的:"我就放在这块,你来找吧!"

这样的不知做过了多少次,就像老太太永久讲着"上山打老虎"这一个故事给孩子们听似的,哪怕是已经听过了五百遍,也还是在那里回回拍手,回回叫好。

每当祖父这样做一次的时候,祖父和孩子们都一齐地笑得不得了。好象这戏还像第一次演似的。

别人看了祖父这样做,也有笑的,可不是笑祖父的手法好,而是笑他天天使用一种方法抓掉了孩子的帽子,这未免可笑。

祖父不怎样会理财,一切家务都由祖母管理。祖父只是自由自在地一天闲着;我想,幸好我长大了,我三岁了,不然祖父该多寂寞。我会走了,我会跑了。我走不动的时候,祖父就抱着我;我走动了,祖父就拉着我。一天到晚,门里门外,寸步不离,而祖父多半是在后园里,于是我也在后园里。

我小的时候,没有什么同伴,我是我母亲的第一个孩子。

我记事很早,在我三岁的时候,我记得我的祖母用针刺过我的手指,所以我很不喜欢她。我家的窗子,都是四边糊纸,当中嵌着玻璃,祖母是有洁癖的,以她屋的窗纸最白净。别人抱着把我一放在祖母的炕边上,我不假思索地就要往炕里边跑,跑到窗子那里,就伸出手去,把那白白透着花窗棂的纸窗给通了几个洞,若不加阻止,就必得挨着排给通破,若有人招呼着我,我也得加速的抢着多通几个才能停止。手指一触到窗上,那纸窗像小鼓似的,嘭嘭地就破了。破得越多,自己越得意。祖母若来追我的时候,我就越得意了,笑得拍着手,跳着脚的。

有一天祖母看我来了,她拿了一个大针到窗子外边去等我去了。我刚一伸出手去,手指就痛得厉害。我就叫起来了。那就是祖母用针刺了我。

从此,我就记住了,我不喜她。

虽然她也给我糖吃,她咳嗽时吃猪腰烧川贝母,也分给我猪腰,但是我吃了猪腰还是不喜她。

在她临死之前,病重的时候,我还会吓了她一跳。有一次她自己一个人坐在炕上熬药,药壶是坐在炭火盆上,因为屋里特别的寂静,听得见那药壶骨碌骨碌地响。祖母住着两间房子,是里外屋,恰巧外屋也没有人,里屋也没人,就是她自己。我把门一开,祖母并没有看见我,于是我就用拳头在板隔壁上,咚咚地打了两拳。我听到祖母"哟"地一声,铁火剪子就掉了地上了。

我再探头一望,祖母就骂起我来。她好像就要下地来追我似的。我就一边笑着,一边跑了。

我这样地吓唬祖母,也并不是向她报仇,那时我才五岁,是不晓得什么的。也许觉得这样好玩。

祖父一天到晚是闲着的,祖母什么工作也不分配给他。只有一件事,就是祖母的地樖上的摆设,有一套锡器,却总是祖父擦的。这可不知道是祖母派给他的,还是他自动的愿意工作,每当祖父一擦的时候,我就不高兴,一方面是不能领着我到后园里去玩了,另一方面祖父因此常常挨骂,祖母骂他懒,骂他擦的不干净。祖母一骂祖父的时候,就常常不知为什么连我也骂上。

祖母一骂祖父,我就拉着祖父的手往外边走,一边说:"我们后园里去吧。"

也许因此祖母也骂了我。她骂祖父是"死脑瓜骨",骂我是"小死脑瓜骨"。

我拉着祖父就到后园里去了,一到了后园里,立刻就另是一个世界了。决不是那房子里的狭窄的世界,而是宽广的,人和天地在一起,天地是多么大,多么远,用手摸不到天空。而土地上所长的又是那么繁华,一眼看上去,是看不完的,只觉得眼前鲜绿的一片。

一到后园里,我就没有对象地奔了出去,好像我是看准了什么而奔去了似的,好像有什么在那儿等着我似的。其实我是什么目的也没有。只觉得这园子里边无论什么东西都是活的,好像我的腿也非跳不可了。

若不是把全身的力量跳尽了,祖父怕我累了想招呼住我,那是不可能的,反而他越招呼,我越不听话。

等到自己实在跑不动了,才坐下来休息,那休息也是很快的,也不过随便在秧子上摘下一个黄瓜来,吃了也就好了。

休息好了又是跑。

樱桃树,明是没有结樱桃,就偏跑到树上去找樱桃。李子树是半死的样子了,本不结李子的,就偏去找李子。一边在找,还一边大声的喊,在问着祖父:"爷爷,樱桃树为什么不结樱桃?"

祖父老远的回答着:"因为没有开花,就不结樱桃。"

再问:"为什么樱桃树不开花?"

祖父说:"因为你嘴馋,它就不开花。"

我一听了这话,明明是嘲笑我的话,于是就飞奔着跑到祖父那里,似乎是很生气的样子。等祖父把眼睛一抬,他用了完全没有恶意的眼睛一看我,我立刻就笑了。而且是笑了半天的工夫才能够止住,不知哪里来了那许多的高兴。把后园一时都让我搅乱了,我笑的声音不知有多大,自己都感到震耳了。

后园中有一棵玫瑰。一到五月就开花的。一直开到六月。花朵和酱油碟那么大。开得很茂盛,满树都是,因为花香,招来了很多的蜂子,嗡嗡地在玫瑰树那儿闹着。

别的一切都玩厌了的时候,我就想起来去摘玫瑰花,摘了一大堆,把草帽脱下来用帽兜子盛着。在摘那花的时候,有两种恐惧,一种是怕蜂子的勾刺人,另一种是怕玫瑰的刺刺手。好不容易摘了一大堆,摘完了可又不知道做什么了。忽然异想天开,这花若给祖父戴起来该多好看。

祖父蹲在地上拔草,我就给他戴花。祖父只知道我是在捉弄他的帽子,而不知道我到底是在干什么。我把他的草帽给他插了一圈的花,红通通的二三十朵。我一边插着一边笑,当我听到祖父说:"今年春天雨水大,咱们这棵玫瑰开得这么香。二里路也怕闻得到的。"

就把我笑得哆嗦起来。我几乎没有支持的能力再插上去。等我插完了,祖父还是安然的不晓得。他还照样地拔着垅上的草。我跑得很远的站着,我不敢往祖父那边看,一看就想笑。所以我借机进屋去找一点吃的来,还没有等我回到园中,祖父也进屋来了。

那满头红通通的花朵,一进来祖母就看见了。她看见什么也没说,就大笑了起来。父亲母亲也笑了起来,而以我笑得最厉害,我在炕上打着滚笑。

祖父把帽子摘下来一看,原来那玫瑰的香并不是因为今年春天雨水大的缘故,而是那花就顶在他的头上。

他把帽子放下,他笑了十多分钟还停不住,过一会一想起来,又笑了。

祖父刚有点忘记了,我就在旁边提着说:"爷爷……今年春天雨水大呀……"

一提起,祖父的笑就来了。于是我也在炕上打起滚来。

就这样一天一天的,祖父,后园,我,这三样是一样也不可缺少的了。

刮了风,下了雨,祖父不知怎样,在我却是非常寂寞的了。去没有去处,玩没有玩的,觉得这一天不知有多少日子那么长。

课文导读

《我家的后园》选自萧红《呼兰河传》的第三章,题目为编者所加。萧红(1911—1942),原名张乃莹,笔名萧红、悄吟等,黑龙江呼兰县人,中国现代著名女作家。萧红有"30年代的文学洛神"之誉,但经历坎坷。她幼年丧母,1930年,为反对包办婚姻而逃离家庭;1935年,在鲁迅帮助下出版长篇小说《生死场》,是最早反映东北人民在日本帝国主义统治下生活和斗争的作品之一。1936年,只身东渡日本养病;1937年初归国,随同西北战地服务团辗转各地,写有短篇小说集《旷野的呼唤》、散文集《回忆鲁迅先生》等。1940年去香港,在贫病交迫中完成长篇小说《呼兰河传》等;1941年12月,日军占领香港,萧红因病重无法回内地,次年病逝。主要作品有《生死场》、《呼兰河传》等。

《呼兰河传》写于1940年,1941年由桂林河山出版,是萧红后期的代表作,也是萧红一生中最重要的作品之一。作品以童稚化的视角、以回忆的笔调讲述了呼兰河小城中的各种人物和生活画面,既描述了当地多姿多彩、淳朴可爱的风俗人情,又刻画了国民苦难悲凉、愚昧无知乃至麻木残忍的生活情景。其风格凄婉忧郁,又美丽动人,茅盾曾赞扬《呼兰河传》"是一篇叙事诗,一幅多彩的风土画,一串凄婉的歌谣"。

《我家的后园》为《呼兰河传》第三章的第一节和第二节,以"我家的后园"为中心,描述了"我"的童年生活。作者幼年丧母,父亲性格暴戾,只有从年迈的祖父那里享受到些许人间温暖,因此,"我"与"祖父"成了后园童话世界的主人。这个童话世界里有斑斓的色调,有跃动的生机,有飞舞的彩蝶,有闪耀的金光,美轮美奂,美丽极致。这个小小的后园让我们领略到了童年的自由快乐和人世间的脉脉温情,也向我们传达了审美的理念——自然万物都是美的,就看我们有没有审美的眼光和心境。

思考练习

一、"我"家的后园与鲁迅笔下的"百草园"有何相似处?其最迷人的魅力是什么?

二、有人说"有童心的人富有童趣",又说"每个人都有自己的童年乐园",谈谈你对这些话的理解。

第三课　再也没有鸟儿歌唱

蕾切尔·卡森

一

如今在美国,越来越多的地方已没有鸟儿飞来报春;清晨早起,原来到处可以听到鸟儿的美妙歌声,而现在却只有异常的寂静。鸟儿的歌声突然沉寂了,鸟儿给予我们这个世界的色彩、美丽和乐趣也在消失,这些变化来得如此迅速而悄然,以至在那些尚未受到影响的地区的人们还未注意到这些变化。

一位家庭妇女在绝望中从伊利诺伊州的赫斯台尔城写信给美国自然历史博物馆鸟类名誉馆长、世界知名鸟类学者罗伯特·库什曼·墨菲:

在我们村子里,好几年来一直在给榆树喷药[这封信写于一九五八年]。当六年前我们刚搬到这儿时,鸟儿多极了,于是我就干起了饲养工作。在整个冬天里,北美红雀、山雀、绵毛鸟和五十雀川流不息地飞过这里;而到了夏天,红雀和山雀又带着小鸟飞回来了。

在喷了几年滴滴涕以后,这个城几乎没有知更鸟和燕八哥了;在我的饲鸟架上已有两年看不到山雀了,今年红雀也不见了;邻居那儿留下筑巢的鸟看来仅有一对鸽子,可能还有一窝猫鸟。

孩子们在学校里学习,已知道联邦法律是保护鸟类免受捕杀的,那么我就不大好向孩子们再说鸟儿是被害死的。"它们还会回来吗?"孩子们问,而我却无言以答。榆树正在死去,鸟儿也在死去。是否正在采取措施呢?能够采取些什么措施呢?我能做些什么呢?

在联邦政府开始执行扑灭火蚁的庞大喷药计划之后的一年里,一位阿拉巴马州的妇女写道:"我们这个地方大半个世纪以来一直是鸟儿的真正圣地。去年七月,我们都注意到这儿的鸟儿比以前多了。然而,突然地,在八月的第二个星期里,所有鸟儿都不见了。我习惯于每天早早起来喂养我心爱的已有一个小马驹的母马,但是听不到一点儿鸟儿的声息。这种情景是凄凉和令人不安的。人们对我们美好的世界做了些什么?最后,一直到五个月以后,才有一种蓝色的樫鸟和鹟鹟出现了。"

在这位妇女所提到的那个秋天里,我们又收到了一些其他同样令人沮丧的报告,这些报告来自密西西比州、路易斯安那州及阿拉巴马州边远南部。由国家奥杜邦学会和美国渔业及野生生物管理局出版的季刊《野外纪事》记录说,在这个国家出现了一些"没有任何鸟类的可怕的空白点",这种现象是触目惊心的。《野外纪事》是由一些有经验的观鸟者所写的报告编纂而成,这些观鸟者在特定地区的野外调查中花费了多年时间,并对这些地区的正常鸟类生活具有极其丰富的知识。一位观鸟者报告说:那年秋天,当她在密西西比州南部开车行驶时,"在很长的路程内根本看不到鸟儿"。另外一位在巴吞鲁日的观鸟者报告说:她把饲料放在那儿"几个星期始终没有鸟儿来动过";她院子里的灌木到那时候已该抽条了,但树枝上却仍浆果累累。另外一份报告说,他的窗口"从前常常是由四十或五十只红雀和大群其他各种鸟儿组成一种撒点花样的图画,然而现在很难得看到一两只鸟儿出现"。西弗吉尼亚大学教授莫里斯·布鲁克斯——阿巴拉契亚地区的鸟类权威——报告说西弗吉尼亚鸟类"数量的减少是令人难以置信的"。

二

这里有一个故事可以作为鸟儿悲惨命运的象征——这种命运已经征服了一些种类,并且威胁着所有的鸟儿。这个故事就是众所周知的知更鸟的故事。对于千百万美国人来说,第一只知更鸟的出现意味着冬天的河流已经解冻。知更鸟的到来作为一项消息在报纸上报道,并且在大家吃饭时热切相告。随着大批候鸟的逐渐来临,森林开始绿意葱茏,千千万万的人们在清晨聆听着知更鸟黎明合唱的第一支曲子。然而现在,一切都变了,甚至连鸟儿的返回也不再被认为是理所当然的事情了。

知更鸟,的确还有其他很多鸟儿的生存看来和美国榆树休戚相关。从大西洋沿岸到落基山脉,这种榆树是上千城镇历史的组成部分,它以庄严的绿色拱道装扮了街道、村舍和校园。现在这种榆树已经患病,这种病蔓延到所有榆树生长的区域,这种病是如此严重,以致于专家们供认竭尽全力救治榆树最后将是徒劳无益的。失去榆树是可悲的,但是假若在抢救榆树的徒劳努力中我们把绝大部分的鸟儿扔进了覆灭的黑暗中,那将是加倍的悲惨。而这正是威胁我们的东西。

所谓的荷兰榆树病大约是在一九三〇年从欧洲进口镶板工业用的榆木节时被带进美国的。这种病害是一种真菌病害,病菌侵入到树木的输水导管中,其孢子通过树汁的流动而扩散开,并且由于其有毒分泌物及阻塞作用而致使树枝枯萎,使榆树死亡。该病是由榆树皮甲虫从生病的树传播到健康的树上去的。由这种昆虫在已死去的树皮下所开凿的渠道后来被入侵的真菌孢子所污染,这种真菌孢子又粘贴在甲虫身上,并被甲虫带到它飞到的所有地方。控制这种榆树病的努力始终在很大程度上要靠对昆虫传播者的控制。于是在美国榆树集中的地区——美国中西部和新英格兰各州,一个接一个村庄地进行广泛喷药已变成了一项日常工作。

这种喷药对鸟类生命,特别是对知更鸟意味着什么呢?对该问题第一次作出清晰回答的是密歇根州大学教授乔治·华莱士和他的一个研究生约翰·梅纳。当梅纳先生于一九五四年开始做博士论文时,他选择了一个关于知更鸟种群的研究题目。这完全是一个巧合,因为在那时还没有人怀疑知更鸟处在危险之中。但是,正当他开展这项研究时,事情发生了,这件事改变了他要研究的课题的性质,并剥夺了他的研究对象。

对荷兰榆树病的喷药于一九五四年在大学校园的一个小范围内开始。第二年,校园的喷药范围扩大了,把东兰辛城(该大学所在地)包括在内,并且在当地计划中,不仅对吉卜赛蛾而且对蚊子也都这样进行喷药控制了。化学药雨已经增多到倾盆而下的地步了。

在一九五四年到首次少量喷药的第一年,看来一切都很顺当。第二年春天,迁徙的知更鸟像往常一样开始返回校园。就像汤姆林逊的散文《失去的树林》中的野风信子一样,当它们在自己熟悉的地方重新出现时,"并没有料到有什么不幸"。但是,很快就看出来显然有些现象不对头了。在校园里开始出现了已经死去的和垂危的知更鸟。在鸟儿过去经常啄食和群集栖息的地方几乎看不到鸟儿了。几乎没有鸟儿筑建新窝,也几乎没有幼鸟出现。在以后的几个春天里,这一情况单调地重复出现。喷药区域已变成一个致死的陷阱,这个陷阱只要一星期时间就可将一批迁徙而来的知更鸟消灭。然后,新来的鸟儿再掉进陷阱里,不断增加着注定要死的鸟儿的数字;这些必定要死的鸟可以在校园里看到,它们也都在死亡前的挣扎中战栗着。

华莱士教授说:"校园对于大多数想在春天找到住处的知更鸟来说,已成了它们的坟地。"然而为什么呢?起初,他怀疑是由于神经系统的一些疾病,但是很快就明显地看出了"尽管那些使用杀虫剂的人们保证说他们的喷洒对'鸟类无害',但那些知更鸟确实死于杀虫剂中毒,知更鸟表现出人们熟知的失去平衡的症状,紧接着战栗、惊厥以至死亡"。

有些事实说明知更鸟的中毒并非由于直接与杀虫剂接触,而是由于吃蚯蚓间接所致。校园里的蚯蚓偶然被用来喂养一个研究项目中使用的蝲蛄,于是所有的蝲蛄很快都死去了。养在实验室笼子里的一条蛇在吃了这种蚯蚓之后就猛烈地颤抖起来。然而蚯蚓是知更鸟春天的主要食物。

在劫难逃的知更鸟的死亡之谜很快由位于尤巴那的伊利诺伊州自然历史考察所的罗伊·巴克博士找到了答案。巴克的著作在一九五八年发表,他找到了此事件错综复杂的循环关系——知更鸟的命运由于蚯蚓的作用而与榆树发生了联系。榆树在春天被喷了药(通常按每五十英尺一棵树用二至五磅滴滴涕的比例进行喷药,相当于每一英亩榆树茂密的地区二十三磅的滴滴涕),且经常在七月份又喷一次,浓度为前次之半。强力的喷药器对准最高大树木的上上下下喷出一条有毒的水龙,它不仅直接杀死了要消灭的树皮甲虫,而且杀死了其他昆虫,包括授粉的昆虫和捕食其他昆虫的蜘蛛及甲虫。毒物在树叶和树皮上形成了一层黏而牢的薄膜,雨水也冲不走它。秋天,树叶落下地,堆积成潮湿的一层,并开始慢慢地变为土壤的一部分。在此转变过程中它们得到了蚯蚓的援助,蚯蚓吃掉了叶子的碎屑,因为榆树叶子是它们喜爱吃的食物之一。在吃掉叶子的同时,蚯蚓也吞下了杀虫剂,并在它们体内得到累积和浓缩。巴克博士发现了滴滴涕在蚯蚓的消化道、血管、神经和体壁中的沉积物。毫无疑问,一些蚯蚓抵抗不住毒剂而死去了,而其他活下来的蚯蚓变成了毒物的"生物放大器"。春天,当知更鸟飞来时,在此循环中的另一个环节就产生了,只要十一条大蚯蚓就可以转送给知更鸟一份滴滴涕的致死剂量。而十一条蚯蚓对一只鸟儿来说只是它一天食量的很小一部分,一只鸟儿几分钟就可以吃掉十到十二条蚯蚓。

并不是所有的知更鸟都食入了致死的剂量,但是与不可避免的中毒一样,另外一种后果肯定也可以导致该鸟种的灭绝。不孕的阴影笼罩着所有鸟儿,并且其潜在威胁已延伸到了所有的生物。每年春天,在密歇根州立大学的整个一百八十五英亩大的校园里,现在只能发现二三十只知更鸟;与之相比,喷药前在这儿粗略估计有三百七十只鸟。在一九五四年由梅纳所观察的每一个知更鸟窝都孵出了幼鸟,到了一九五七年六月底,如果没有喷药的话,至少应该有三百七十只幼鸟(成鸟数量的正常继承者)在校园里寻食,然而梅纳现在仅仅发现了一只幼小的知更鸟。一年后,华莱士教授报告说:"在(一九五八年)春天和夏天里,我在校园任何地方都未看到一只已长毛的知更鸟,并且,从未听说有谁看见过任何知更鸟。"

当然没有幼鸟出生的部分原因是由于在营巢过程完成之前,一对知更鸟中的一只或者两只就已经死了。但是华莱士拥有引人注目的记录,这些记录指出了一些更不祥的情况——鸟儿的生殖能力实际上已遭破坏。例如,他记录到"知更鸟和其他鸟类造窝而没有下蛋,其他的蛋也孵不出小鸟来,我们记录到一只知更鸟,它满怀信心地伏窝二十一天,但却孵不出小鸟来。而正常的伏窝时间为十三天……我们的分析结果发现在伏窝的鸟儿的睾丸和卵巢中含有高浓度的滴滴涕"。华莱士于一九六〇年将此情况告诉了国会:"十只雄鸟的睾丸含有百万分之三十到一百〇九的滴滴涕,在两只雌鸟的卵巢的卵滤泡中含有百万分之一百五十一到二百一十一的滴滴涕。"

紧接着对其他区域的研究也开始发现情况是同样的令人担忧。威斯康星大学的约瑟夫·希基教授和他的学生们在对喷药区和未喷药区进行仔细比较研究后,报告说:知更鸟的死亡率至少是百分之八十六到八十八。在密歇根州百花山旁的克兰布鲁克科学研究所曾努力估计鸟类由于榆树喷药而遭受损失的程度,它于一九五六年要求把所有被认为死于滴滴涕中毒的鸟儿都送到研究所进行化验分析。这一要求带来了一个完全意外的反应：在几个星期之内，研究所里长期不用的仪器被运转到最大工作量，以致于不得不拒绝接受其他的样品。一九五九年，仅一个社区就报告或交来了一千只中毒的鸟儿。虽然知更鸟是主要的受害者（一个妇女打电话向研究所报告说，当她打电话的时候已有十二只知更鸟在她的草坪上躺着死去了），包括六十三种其他种类的鸟儿也在研究所做了测试。

知更鸟仅是与榆树喷药有关的破坏性的连锁反应中的一部分，而榆树喷药计划又仅仅是各种各样以毒药覆盖大地的喷药计划中的一个。约九十多种鸟儿都蒙受严重伤亡，其中包括那些对于郊外居民和大自然业余爱好者来说都是最熟悉的鸟儿。在一些喷过药的城镇里，筑巢鸟儿的数量一般说来减少了百分之九十之多。正如我们将要看到的，各种各样的鸟儿都受到了影响——地面上吃食的鸟，树梢上寻食的鸟，树皮上寻食的鸟，以及猛禽。

三

许多科学研究已经证实了在各种情况下鸟类对昆虫控制所起的决定性作用。啄木鸟是恩格曼针枞树甲虫的主要控制者，它使这种甲虫的数量由百分之五十五降到百分之二，并对苹果园里的鳕蛾起重要控制作用。山雀和其他冬天留下的鸟儿可以保护果园使其免受尺蠖之类的危害。

但是大自然所发生的这一切已不可能在现今这个由化学药物所浸透的世界里再发生了，在这个世界里喷药不仅杀死了昆虫，而且杀死了它们的主要天敌——鸟类。如同往常所发生的一样，后来当昆虫的数量重新恢复时，已再没有鸟类制止昆虫数量的增长了。如密尔沃基公共博物馆的鸟类馆长欧文·J. 格罗米在密尔沃基《日报》上写道："昆虫的最大敌人是另外一些捕食性的昆虫、鸟类和一些小哺乳动物，但是滴滴涕却不加区别地杀害了一切，其中包括大自然本身的卫兵和警察……在发展的名义下，难道我们自己要变成我们穷凶极恶地控制昆虫的受害者吗？这种控制只能得到暂时的安逸，后来还是要失败的。到那时我们再用什么方法控制新的害虫呢？榆树被毁灭，大自然的卫兵（鸟）由于中毒而死尽，到那时这些害虫就要蛀食留下来的树种。"

格罗米先生报告说，自从威斯康星州开始喷药以来的几年中，报告鸟儿已死和垂死的电话和信件与日俱增。这些质问告诉我们在喷过药的地区鸟儿都快要死尽了。

美国中西部的大部分研究中心的鸟类学家和观鸟家都同意格罗米的体验，如密歇根州鹤溪研究所、伊利诺伊州的自然历史调查所和威斯康星大学。对几乎所有正在进行喷药的地区的报纸上读者来信栏投上一瞥，都会清楚地看出这样一个事实：居民们不仅对此已有认识并感到义愤，而且他们比那些命令喷药的官员们对喷药的危害和不合理性有更深刻的理解。"我真担心许多美丽的鸟儿死在后院的日子就要到来了"，一位密尔沃基的妇女写道，"这个经验是令人感到可怜而又可悲的……而且，令人失望和愤怒的是，因为它显然没有达到这场屠杀所企望达到的目的……从长远观点来看，你难道能够在不保住鸟儿的情况下保住树木吗？在大自然的生物中，它们不是相互依存的吗？难道不可以不去破坏大自然而帮助大自然恢复平衡吗？"

在其他的信中说出了这样一个观点：榆树虽然是威严高大的树木，但它并不是印度的"神牛"，不能以此作为旨在毁灭所有其他形式生命的无休止的征战的理由。威斯康星州的另一位妇女写道："我一直很喜欢我们的榆树，它像标板一样屹立在田野上，然而我们还有许多其他种类的树……我们也必须去拯救我们的鸟儿。谁能够想象一个失去了知更鸟歌声的春天该是多么阴郁和寂寞呢？"

我们是要鸟儿呢？还是要榆树？在一般人看来，二者择其一，非此即彼似乎是一件十分简单的事情。实际上，问题并不那么简单。化学在药物控制方面广为流传的讽刺之一就是，假若我们在现今长驱直入的道路上继续走下去的话，我们最后很可能既无鸟儿也无榆树。化学喷药正在杀死鸟儿，但却无法拯救榆树。希望喷雾器能拯救榆树的幻想是一种引人误入歧途的危险鬼火，它正在使一个又一个的社区陷入巨大开支的泥潭中，而得不到持久的效果。康涅狄格州的格林威治有规律地喷洒了十年农药。然而一个干旱年头带来了特别有利于甲虫繁殖的条件，榆树的死亡率上升了十倍。在伊利诺伊州俄本那城——伊利诺伊州大学所在地，荷兰榆树病最早出现于一九五一年。一九五三年进行了化学药物的喷洒。到一九五九年，尽管喷洒已进行了六年时间,但学校校园仍失去了百分之八十六的榆树,其中一半是荷兰榆树病的牺牲品。

……

在那些正在失去大量榆树的村镇中急需通过一个紧急育林计划来移植树木。这一点是重要的,尽管这些计划可能已考虑到把抵抗力强的欧洲榆树包括在内了,但这些计划更应侧重于建立树种的多样性,这样,将来的流行病就不能夺去一个城镇的所以树木了。一个健康的植物或动物群落的关键正如英国生态学家查理·艾尔登所说的是在于"保持多样性"。现在所发生的一切在很大程度上是由于在过去几代中使生物单纯化的结果。甚至于在一代之前,还没有人知道在大片土地上种植单一种类的树木可以招致灾难,于是所有城镇的街道和公园都是用一排排榆树来美化。今天,榆树死了,鸟儿也死了。

课文导读

《再也没有鸟儿歌唱》选自美国蕾切尔·卡森(Rachel Carson,亦译为蕾切尔·卡逊,1907—1964)的《寂静的春天》(吕瑞兰、李长生译,上海译文出版社,2008年)。蕾切尔·卡森是美国著名的作家、海洋生物学家,现代环境主义先驱。蕾切尔·卡森从小就对大自然、对野生动物有浓厚的兴趣,早年曾从事过大学教学和渔业管理等方面的工作,主要作品有《在海风下》、《环绕着我们的海洋》、《海的边缘》等,多是描写海洋及海洋生物等方面的著作,评价极高。1952年,蕾切尔·卡森辞去工作,专门从事写作。

1958年,蕾切尔·卡森开始关注杀虫剂对鸟类的伤害等环境问题,并决定写书。此后,她一方面要尽可能搜集一切资料,阅读了数千篇研究报告和文章,一方面经受着沉重的精神的和身体的折磨,她母亲得病去世,她和母亲收养的外甥重病,她自己被诊断患了癌症,身体极度虚弱。后期甚至还遭受了与杀虫剂产业相关的某些利益集团的人身攻击。但蕾切尔·卡森仍以极大的毅力完成了《寂静的春天》的写作,并于1962年9月出版。

《寂静的春天》详述了滥用DDT等杀虫剂带来的严重的环境危害,作者认为,如果不立即采取措施,人类将面临一个没有鸟、蜜蜂和蝴蝶的世界。该书问世后,立刻引起了强烈争议,它那惊世骇俗的关于农药危害人类环境的预言,既受到与 DDT 等杀虫剂利害攸关的生产与经济部门的猛烈攻击,也强烈震撼了广大民众,由此引发了美国乃至全世界的环境保护事业。《寂静的春天》因此成了现代环保运动的经典,成了人类开始关注环境问题的标志性著作。上世纪 90 年代重版时,时任美国副总统戈尔曾评价说:"《寂静的春天》播下了新行动主义的种子,并且已经深深植根于广大人民群众中。1964 年春天,雷切尔·卡逊逝世后,一切都很清楚了,她的声音永远不会寂静。她惊醒的不但是我们国家,甚至是整个世界。"

本文是《寂静的春天》第八章"再也没有鸟儿歌唱"的节选,三个层次为编者所加。第一部分属概括性交待,由于杀虫剂等的使用,美国许多地方的鸟类数量已经锐减。第二部分以知更鸟为例,深入分析了鸟类被杀虫剂毒害的基本过程,严谨周详,颇有说服力。第三部分讨论了鸟类在控制森林虫害方面的作用,探索了保护森林的新思路。

思考练习

一、对鸟类无害的杀虫剂最终让知更鸟走向灭绝,你能找出其中的原因吗?

二、如果你是农场主,你打算怎样应对病虫害对农作物的威胁?你会放弃杀虫剂吗?

第四课　林中路:致瓦屋山

徐　刚

亲爱的瓦屋山①:

我们将要告别。

忽然想到骨头和肉、灵魂与躯体的分离。

对我来说,告别理应并不艰难。我流浪的半生不知有过多少无奈的挥手。所以当我第一次沿着这条林中路,走进那一间小木屋时,我便意识到我不能带走这一把钥匙。我们相识的时候再见的命运便已经注定,我是匆匆来去的过客。但,我会留下一个梦,蛰伏在你的路边,和青苔们一起。

我真的不知道,这是不是我的仅剩的天真和缠绵?有一个瞬间,我甚至想迷失,迷失在你的怀抱里,或者赶紧缩骨变成渺小。我已经够渺小的了,但还要渺小成为一粒野种,吮吸你的湿润,埋在你的群落的一角,缠结你的根,游走在嶙峋的石缝间,看大地怎样稳固。

踩碎我的梦。

留下我的种。

我默默地感觉你,说话令智者为难,倾诉苦难已成为非苦难者的专利,只有相互感觉的时候才能连时光也一起感觉,因为你是湿漉漉的,每秒、每分也都是湿漉漉的。湿漉漉是一种生命状态,是生命发生的基本条件,至少意味着不缺水、能交融、会浸淫。这时候,感觉如同疾风急雨,而想象则几成多余。一般而言,所谓想象总是发生在干旱之地、饥渴之时。

我说我会给你写信。

你默然。这默然是如此宽阔,铺陈到林子之外。生命在喧嚣中会窒息,灵魂于默然时能警醒。一个美好的环境通常都是沉默着的,只有

---

① 瓦屋山:著名的森林公园,在四川洪雅县境内。

沉默的启示才能穿透白日,沿着这条林中路。当林中路结束,湿润与恬静及闲适要由更广大的荒漠或者车水马龙来取代,人的目光中是一样的迷惘,带着钥匙找不到家,都市中所有的家都出产自同一张图纸、同一台混凝土搅拌机。钢筋水泥的气息从眼睛弥漫到心灵,渗透过血液和细胞,孩子们说着我们听不懂的话:"地球是水泥球。"

大家一起冷漠、健忘。

一墙之隔要远胜一山之隔。

我们不知道隔壁是邻居,早晨听不见"早安"的问候,上楼下楼形同陌路。有人敲门准是推销商,手里提着两把雪亮的菜刀。有了电话便少了有一杯清茶的倾心交谈,也不会写信,不再有情书。瓦屋山啊,你只能沉默,对一个城里人的偶然的许诺,你能说什么呢?

我忽然想起了环境对人的心灵的影响。

因而,瓦屋山啊,你的上坡的路、下坡的路,我都要慢慢走。我踏在这林中路上的第一个脚印呢?我想把它拾回来,只要跟我此时的步伐稍加比较,就可以看见疲惫和蹒跚。记得柳杉的枝叶像一只湿润中吐着芳香的手,为我卸下了焦虑。我不知道这一只手是怎样触摸到我的内心的,并且轻轻地揉搓着,仿佛也是一阵风,还带着蒙蒙的雨,为我灌顶,剔除水泥的气息,让眼睛明亮,心灵放松,久违的笑容回到了眼梢和嘴角,看草也亲近,听风也动心。我是谁?我是我吗?哪一个我才是我?我在梦中还是在现世?我寄居的那个大都市是梦呢,还是这瓦屋山是梦?假如我是从一个梦走进另一个梦,那么我是人是物是鬼是影子?到底是什么?

我只能说,我是在不同的环境中不断演变着的我。

正如此刻,我在这林中路迈出的每一小步,都不是犹豫的,也不是迷茫的。当我仰望2800米高处的原始森林时,我掂量出了人的生命的微不足道,倘若不是大自然的厚爱,倘若没有阳光、水、空气、森林和大地,人在哪里?陀思妥耶夫斯基说:"蚂蚁知道蚁丘的规格,蜜蜂知道蜂窝的规格——它们不是以人的方式,而是按自己的方式知道这些,它们不需要知道更多。惟独人不知道自己的规格。"

但,人的社会又是充满着"规格"的,住房有"规格",坐车有"规格",甚至连写字台大小也按照级别定出"规格",等等等等,不一而足。

那么,人的规格到底又在哪儿呢?

我问林中路,不,我只能读,读那些石缝中的青苔便明白了,读那一盏路边的路灯便豁然了。远望这路灯是明亮的,到近处看却是昏暗的,人造的光明只为人所用也只为人称颂。青苔说,人只是一种存在,和大自然中所有存在物一样的存在;人因为大自然的存在而存在,大自然不因人的存在而存在。

人是存在的房客。

人是存在的食客。

人是存在的歌者。

人企图占有一切存在的时候,人便成了存在的盗贼。

人的规格在环境的框架中。

一阵小小的夜风摇落了一片森林中的雨露,有松鸡鸣叫,那是因为梦醒。巨大的沉默开始出现一条裂缝,有声音传来:

人不是存在者的主宰,人是存在的牧人。

今天的世界上,人控制了地球上所有的生态场所,人的全球王国在20世纪已经建立,可悲的只是这一全球王国在迅即昌盛之后,很快便败象重重了。因为我们每天都在大面积地失去森林、土地、臭氧层的庇护及支持。可是,人在回首之间的另一种悲哀是:人依然蒙昧乃至荒谬地生活着,人对自然环境的认知和人对物质享受的追求各自背道而行。渐行渐远的人啊,你有祸了,你还要一意孤行吗?

瓦屋山,我在你的林中路上所沐浴的生命气息使我感极而泣!没有比自然更宽厚仁慈的了,在你的怀抱里,我居然发现我还有眼泪,我还有笑容,我还是那样执著地眷恋着大地家园。我的好奇、我的幼稚使我具有了新生命,我不知道我的自负的盔甲是怎样变得柔顺的,至少和我堆积在心头的焦虑一起暂时地寄存了,你想愉快吗?你必须先得轻松,然后再胡思乱想——

雨点为什么会落下?

松鸡的叫声为什么会传到我的耳朵中?

青苔为什么不长成大树?

瓦屋山的第一块石头是谁摆放的?

瓦屋山上72条瀑布为什么要倾泻而下?

诚如爱默生所言："自然界处处都由高处向低处坠落。"

江河、涌泉、瀑布是最真实的写照：它们流动着，只为流动而流动，流动之源也是流动，流动之末也是流动，出身高峻，不弃低下。那流动一定是平滑之至、柔顺之至，即便海里的浪，如山一样壁立，那是因为潮汐的鼓动，它仍然平滑柔顺。

一切由高处向低处坠落的旅途，都是平衡与和谐的过程。

古希腊的哲人说："一切皆如流。"

中国的老聃说："上善若水。"

但，中国流传更广更久的却是另一句话："人往高处走，水往低处流。"人对水的小视已经活现了，那"高处"是什么？简言之便是升官发财，与之对应，那低处则为近乎末路之地的受苦受穷，全无出息。概而言之，人总在追求如何升华，人从未想过怎样坠落。这种被过分夸大了的"奋发向上的精神"至少部分地导致了人的私欲的膨胀，人对环境的破坏和掠夺。

我正在林中路上拾级而下。

我企图寻找某种坠落的感觉。

我想起瓦屋山上瀑布不舍昼夜的奔流，那是义无反顾的，到了山涧峡谷，涓涓滴滴重新聚合，依然是新的流出。"它的柔和就是瀑布之顶的滑动"，爱默生，你说得太妙了。"既不能剁碎，也不能分解，而且也不能表现它。"我甚至听见爱默生的怒喝了："走开，愚蠢的哲学家，你在自然中追根刨底寻求什么啊！本来就是这样，它又属来者，来者又属第三者，一切都属于同一整体。你当改变提问方式，你当感受和爱，并在精神中体察。"

坠落的精神啊！

果子熟了，不必去采摘，自己也会坠落；水源涵养丰富了，你不必去寻找，自己也会流出；时间到了，你不必去等待，那该金黄、该红艳的叶子自己便金黄了，红艳了……

林中路，你亲见过、承载过多少坠落？不要说雨点、松籽了，也不要说黄叶和红叶了，那光和月光不也是轻轻落下的吗？那黎明与黄昏不也是悄悄降临的吗？那缀满繁星的夜的幕帷不也是从苍穹缓缓坠落的吗？

坠落是美丽的,坠落的过程无不都是自然美的自然宣示,宣示大地的完整的集合,宣示大地之上的人只能按照美的规律去建造家园。

林中路啊,你一定感觉到了我在那个深夜的激动,我把思维的某个焦点通过心灵传送到了我的脚步,我每走一步便都是向你求教,但决不是倾诉苦难和孤独。作为自然的人,我应有尽有。我能脚踏实地,那是一种何等的幸运;我在一个星系的边缘流浪,流浪于太空太极之中,这个边缘又是如此宽阔而且丰富,那是一种何等的奇妙!假如世界上所有的人都认识到了这样的幸运和奇妙,从而改变我们的某些思维方式和行为方式,让千疮百孔的地球得到爱的抚慰和休养生息,人类可持续的未来不依然是可圈可点的吗?

人啊,你只能在一个美的世界上生活。

人啊,你固然可以创造美,但你只能在环境中创造,如同你只能在环境中生活一样。

人啊,你的文明史上充满了你创造的美的篇章,那是大自然喜悦的;但,你也留下了至今你还洋洋得意的不少丑陋,那是大自然厌恶的。

人啊,你最终必须明白并且顶礼膜拜:自然美是至高无上的,你可以在自然美中因为坠落的启示而有所感悟及发挥,但你不能再造地球再造自然美。

这一切,林中路啊,是你的湿滑,是你的大角度下坡,使我突然摔倒,我被拥在你的怀里,在温柔而潮润的气息中甚至企望彻底坠落粉身碎骨。你所说的,嵌进了我的骨头中,溶化于血液,进入循环。从此,我将成为你——林中路上的一粒石子、一撮青苔、一片湿润——我不敢说我将是你的代言人,但我将努力把你的信息传播给人的世界。

林中路啊,你说:

> 自然之美对于世界的存在,不仅是必要的,而且是前提。
> 环境对于人类社会,首先是恩赐,然后是限定。

因而,人不能停留在自然美能使人愉悦的这一属性的层面,否则人的自私的本性就会把自然美当做可以占有的奢侈,可以获利的商品。人要不失时机地把伦理扩展到大地之上的万物,人的最可贵的道德应是对人之外的万类万物的怜爱及呵护。

不过，人千万不要以为是自然乞求怜爱，是万物乞求呵护。不，不是的，这里所说的怜爱与呵护是相对于践踏和破坏而言的。你不去践踏、破坏自然万物，你在实际上便已经做到怜爱与呵护了；你倘若把维系人与人、人与社会的道德伦理推及一草一木、一虫一兽、一山一水，那么你便是从理念上更牢固地实行对自然万物的怜爱与呵护了。

人啊，这是你应该做的。

人啊，这是你责任所在。

当大地破碎，林木凋敝，自然美也破碎，人的家园也凋敝时，所谓的人的尊严、人的高贵又在哪儿呢？洪水决堤的时候，谁都得仓皇逃命；食不果腹的日子，谁都有可能成为乞丐。

这便是自然美的完整的集合。人在这一集合的大队中，不必自诩为万物之灵，但人仍然是独特的，因为人能行走、人有语言、人会思想，人极具创造力也极具破坏力，人在大自然中也因而得到最多，受到的惩罚也最甚。

……

即使森林中的黎明要来得迟一些，我知道告别的时刻就要到了。

该来的来了。

该去的去了。

象尔岩上看日出奇观的人，你们尽情地拥抱朝晖和阳光吧，当我们赞美说地球是人类惟一共有的家园时，万不可淡忘了太阳和月亮。当地球带着它的卫星——月亮——在宇宙空间旋转运行，地球以每分钟1770公里的速度绕日而转，太阳又以每秒240公里的速度带着地球在银河系中疾驰——这瑰丽而惊险的转动，便组成了一切生命的旋律和节奏。

有了早晨和夜晚。

有了一年四季。

红日喷薄，瓦屋山的溶洞世界却依然沉睡在暗夜中，钟乳石上的水滴犹如一只巨型自鸣钟的钟摆。但，我知道那也只是一种自然的流出，不为人知的悄悄的坠落，它们无所谓时间。

林中路啊，你带我去过瓦屋山的那么多胜景奇观，却也忽略了不少名花异石。

谁叫我总是来去匆匆呢？

红叶林在这早晨应是更加红艳了吧？就连那一片峭岩,峭岩上的那些不知为什么如此逼真地状人状物的巨石,也一起红光满面了,山水钟灵神秀造化并非是独独于人类的。

林中路啊,你说,红叶凋零的时候,雪阵与冰挂便是瓦屋山从上到下的冰清玉洁,我不见一点污浊,这样的世界处处因为坠落而高贵:那降自九天的飘飘扬扬的雪花,那暂时凝固着作坠落状的冰挂,那落完了最后一片树叶的落叶松,那鲜花早已凋零只剩下铁干铜枝的矮种杜鹃……

再见！林中路。

我要穿上盔甲,拾起寄存的焦虑,回到我生活的都市中。但,我将会再来,小木屋,你的门还是洞开的吧？

从此后,我将更加坚实地踽踽独行。

独行于这个城。

独行于这块地。

面对所有的人,大声地吟诵北美印第安人教给我的一首歌谣:

> 只有当最后一棵树被刨,
> 最后一条河中毒,
> 最后一尾鱼被捕,
> 你们才发觉:
> 钱财不能吃!

课文导读

《林中路:致瓦屋山》选自徐刚(1945—　)的《伐木者,醒来!》(吉林人民出版社,1997年)。徐刚,上海崇明人,曾当过兵,做过农民,也进过北大,现任中国作家协会会员、中国环境文学研究会理事、国家环保总局特聘环境使者等。以诗歌散文成名,后多从事环境题材创作,是当代著名环境文学作家,也是我国环境文学的先驱。主要作品有《倾听大地》、《伐木者,醒来!》、《江河并非万古流》、《中国:另一种危机》、《绿色宣言》、《守望家园》、《中国风沙线》、《国难》等。

《伐木者,醒来!》是一部报告文学集,共收入《伐木者,醒来!》、《沉沦的国土》、《绿色宣言》等多篇报告文学。这些文章表现了作者对生命和自然的深切体悟,对家园毁损和生存危机的强烈忧患,对现代生活观念的深刻反思。作品通过对破坏生态现象的全面揭示,既给予肆意砍伐、盲目开发者以当头棒喝,也为人们展开一个绿色的视野。

《林中路:致瓦屋山》是《伐木者,醒来!》一书的序(有删节)。瓦屋山在四川洪雅县境内,是著名的森林公园。作者以诗的语言,以书信的形式,写自己在"林中路"上的感触、思考,表达了自己对生态环境的深切忧虑。作者认为,随着社会的发展,人们在所谓的"人往高处走"等观念的刺激下,欲望不断膨胀,掠夺自然的暴行不断加剧,给生存环境造成的损害也不断加重。作者因此呼吁人们要更加重视"水往低处流",要像水一样有"坠落的精神",希望以此抑止人们膨胀的欲望,达到保护生态环境的目的。

思考练习

一、课文强调发扬"水往低处流"的精神,以保护千疮百孔的地球,你愿意"往低处流"吗?你能认同《老子》"上善若水"的观点吗?

二、今天的自然环境遭受了哪些方面的破坏?原因是什么?我们怎样才能不沦为帮凶?

第五课　敬畏生命

阿尔贝特·史怀泽

一　青年时代的回忆

　　思考不应杀害和折磨生命的命令，是我青少年时代的大事。除此之外，一切都被逐渐遗忘了。

　　在我上学前，我家有一条名叫菲拉克斯的黄狗。像有些狗一样，菲拉克斯讨厌穿制服的人，看到邮递员总是要扑上去。因此，家里人指派我，在邮递员到来时，看住这条咬过人并冲撞过警察的狗。我用棍子把菲拉克斯赶到院子的角落，不让它走开，直到邮递员离开为止。当我作为一个看管者站在龇牙咧嘴的狗前面，如果它想从角落里跳出来，就用棍子教训它，这该多自豪啊！但是，这种自豪感并不能持续多久。当我们事后又作为朋友坐在一起时，我为打了它而感到内疚。我知道，如果拉住菲拉克斯的颈索，抚摸它，我也能使它不伤害邮递员。然而，当这令人尴尬的时刻又来临时，我又陶醉于成为看管者……

　　放假期间，我可以到邻居马车夫家去。他的褐马已经老了，而且相当瘦，不应老是驾车。由于我一直为当一个马车夫的激情所吸引，就用鞭子不停地驱赶马往前走；尽管我知道，褐马已经累了，扬鞭催马的自豪感迷惑了我。马车夫允许"不扫我的兴"。但是，当我们回家后，我在卸套时注意到了乘车奔驰时看不到的东西，马的胁腹成了什么样子，我的兴致一下子没有了。我看着它那疲惫的双眼，默默地请求它的原谅。但这又有什么用呢？……

　　我上高级中学时，有一次回家过圣诞节，我驾着马拉的雪橇。邻居洛施尔家有名的恶狗突然从院子里跳出来，对着马猛叫。我想有权狠狠地抽它一鞭，尽管它显然只是随意来到雪橇前面的。我抽得太准了，击中了它的眼睛，使它号叫着在雪地里打滚。它的哀号一直在我耳边响着，几个星期都不能摆脱。

　　有两次，我和其他小孩一块去钓鱼。后来，由于厌恶和害怕虐待鱼饵和撕裂上钩之鱼的嘴,我不再去钓鱼了。我甚至有了阻止别人钓鱼的勇气。

正是从这种震撼我的心灵并经常使我惭愧的经历中,我逐渐形成了不可动摇的信念:只有在不可避免的必然条件下,我们才可以给其他生命带来死亡和痛苦。我们大家必须意识到,漫不经心会带来可怕的死亡和痛苦。这种信念日益强烈地支配着我。我日益确信,在根本上我们大家都是这么想的,只是不敢承认和证实它。我们怕被别人嘲笑为"多愁善感",我们已经麻木不仁了。但是,我决心保持敏感和同情,也不害怕多愁善感的谴责。

二 敬畏生命——第一次公开阐述

善是保存和促进生命,恶是阻碍和毁灭生命。如果我们摆脱自己的偏见,抛弃我们对其他生命的疏远性,与我们周围的生命休戚与共,那么我们就是道德的。只有这样,我们才是真正的人;只有这样,我们才会有一种特殊的、不会失去的、不断发展的和方向明确的德性。

敬畏生命、生命的休戚与共是世界中的大事。自然不懂得敬畏生命。它以最有意义的方式产生着无数生命,又以毫无意义的方式毁灭着它们。包括人类在内的一切生命等级,都对生命有着可怕的无知。他们只有生命意志,但不能体验发生在其他生命中的一切;他们痛苦,但不能共同痛苦。自然抚育的生命意志陷于难以理解的自我分裂之中。生命以其他生命为代价才得以生存下来。自然让生命去干最可怕的残忍事情。自然通过本能引导昆虫,让它们用毒刺在其他昆虫身上扎洞,然后产卵于其中;那些由卵发育而成的昆虫靠毛虫过活,这些毛虫则应被折磨致死。为了杀死可怜的小生命,自然引导蚂蚁成群结队地去攻击它们。看一看蜘蛛吧!自然教给它的手艺多么残酷。

……

由于生命意志神秘的自我分裂,生命就这样相互争斗,给其他生命带来痛苦或死亡。这一切尽管无罪,却是有过的。自然教导的是这种残忍的利己主义。当然,自然也教导生物,在它需要时给自己的后代以爱和帮助。只是在这短暂的时间内,残忍的利己主义才得以中断。但是,更令人惊讶的是,动物能与自己的后代共同感受,能以直至死亡的自我牺牲精神爱它的后代,但拒绝与非其属类的生命休戚与共。

受制于盲目的利己主义的世界,就像一条漆黑的峡谷,光明仅仅停留在山峰之上。所有生命都必然生存于黑暗之中,只有一种生命能摆脱黑暗,看到光明。这种生命是最高的生命——人。只有人能够认识到敬畏生命,能够认识到休戚与共,能够摆脱其余生物苦陷其中的无知。

这一认识是存在发展中的大事。真理和善由此出现于世。光明驱散了黑暗,人们获得了最深刻的生命概念。共同体验的生命,由此在其存在中感受到整个世界的波浪冲击,达到自我意识,结束作为个别的存在,使我们之外的生存涌入我们的生存。

我们生存在世界之中,世界也生存于我们之中。这个认识包含着许多奥秘。为什么自然律和道德律如此冲突?为什么我们的理性不赞同自然中的生命现象,而必然形成与其所见尖锐对立的认识?为什么在它发挥善的概念的地方,它就必须与世界作斗争?为什么我们须经历这种冲突,而没有有朝一日调和它的力量?为什么不是和谐而是分裂?等等。

……

危及我们休戚与共的能力和意志的是日益强加于人的这种考虑:这无济于事!你为防止或减缓痛苦、保存生命所做的和能做的一切,和那些发生在世界上和你周围,你又对之无能为力的一切比较起来,是无足轻重的。确实,在许多方面,我们是多么的软弱无力,我们本身也给其他生物带来了多少伤害,而不能停止?想到这一点,真是令人害怕。

你踏上了林中小路,阳光透过树梢照进了路面,鸟儿在歌唱,许多昆虫欢乐地嗡嗡叫。但是,你对此无能为力的是:你的路意味着死亡。被你踩着的蚂蚁在那里挣扎,甲虫在艰难地爬行,而蠕虫则蜷缩起来。由于你无意的罪过,美好的生命之歌中也出现了痛苦和死亡的旋律。当你想行善时,你感受到的则是可怕的无能为力,不能如你所愿地帮助生命。接着你就听到诱惑者的声音:你为什么自寻烦恼?这无济于事。不要再这么做,像其他人一样,麻木不仁,无思想、无情感吧。

还有一种诱惑:同情就是痛苦。谁亲身体验了世界的痛苦,他就不可能在人所意愿的意义上是幸福的。在满足和愉快的时刻,他不能无拘束地享受快乐,因为那里有他共同体验的痛苦。他清楚地记着他所看见的一切。他想到他所遇见的穷人,看见的病人,认识到这些人的命运残酷性,阴影出现在他的快乐的光明之中,并越来越大。在快乐的团体中,他会突然心不在焉。那个诱惑者又会对他说,人不能这样生活。人必须能够无视发生在他周围的事情,不要这么敏感。如果你想理性地生活,就应当有铁石心肠。穿上厚甲,变得像其他人一样没有思想。最后,我们竟然会为我们还懂得伟大的休戚与共而惭愧。当人们开始成为这种理性化的人时,我们彼此隐瞒,并装着好像人们抛弃的都是些蠢东西。

这是对我们的三大诱惑,它不知不觉地毁坏着产生善的前提。提防它们。首先,你对自己说,互助和休戚与共是你的内在必然性。你能做的一切,从应该被做的角度来看,始终只是沧海一粟。但对你来说,这是能赋予你生命以意义的唯一途径。无论你在哪里,你都应尽你所能从事救助活动,即解救由自我分裂的生命意志给世界带来的痛苦;显然,只有自觉的人才会从事这种救助活动。如果你在任何地方减缓了人或其他生物的痛苦和畏惧,那么你能做的即使较少,也是很多。保存生命,这是唯一的幸福。

另一个诱惑,共同体验发生在你周围的不幸,对你来说是痛苦,你应这样认识:同甘与共苦的能力是同时出现的。随着对其他生命痛苦的麻木不仁,你也失去了同享其他生命幸福的能力。尽管我们在世间见到的幸福是如此之少,但是,以我们本身所能行的善,共同体验我们周围的幸福,是生命给予我们的唯一幸福。最后,你根本没有权利这么说:我要这么生存,因为,我认为我比其他生命幸福。你必须如你必然所是地做一个真正自觉的人,与世界共同生存的人,在自身中体验世界的人。你是否因此按流行的看法比较幸福,这是无所谓的。我们内心神秘的声音并不需要幸福的生存——听从它的命令,才是唯一能使人满足的事情。

我这样和你们说,是为了不让你们麻木不仁,保持清醒的头脑!这与你们的灵魂有关。如果这些表达了我内心思想的话语,能使诸位撕碎世上迷惑你们的假象,能使你们不再无思想地生存,不再害怕由于敬畏生命和必然认识到共同体验的重要而失去自己,那么,我就感到满足,而我的行为也将被人赞赏……

三　要求与道路

　　思想必须努力表达伦理的本质,由此它把伦理规定为敬畏生命,即奉献给生命。即使敬畏生命这个词太普通,听起来不够生动,但它所表达的内容,永远留在思考过它的人心中。敬畏生命使受其影响的信念富有活力,使它再也不放弃自己的责任。就像水中的螺旋桨推进着船一样,敬畏生命也这样推动着人。

　　由于内在的必要,敬畏生命的伦理并不依赖于它能构想出哪种令人满意的人生观。它不需要回答这样一些问题:在世界发展的总体过程中,伦理的人保存、促进和提高生命的活动会有什么结果?与自然强力每时每刻对生命的巨大毁灭相比,伦理的人对生命的保存和改善是微不足道的。但是,这种比较绝不会使敬畏生命的伦理迷失方向。敬畏生命伦理的关键在于行动的意愿,它可以把有关行动效果的一切问题搁置一边。对世界来说,重要的是这一事实本身:由于已经变得伦理的人,充满敬畏生命和奉献给生命的生命意志出现在世界中。

　　敬畏生命的伦理使各种伦理观念成为一个整体,并由此证明自己的真理性。没有一种伦理的自我完善只追求内心修养,而不需要外部行动。只有外部行动和内心修养的结合,行动的伦理才能有所作为。敬畏生命的伦理能做到这一切,它不仅能回答通常的问题,而且能深化伦理的见解。

　　伦理就是敬畏我自身和我之外的生命意志。由于敬畏生命意志,我内心才能深刻地顺从命运、肯定人生。我的生命意志不仅由于幸运而任意发展,而且体验着自己。但愿我不要让这种自我体验消失在无思想中,而是充分认识它的价值,这样我就能领悟到精神自我肯定的奥秘。我意外地摆脱了命运的束缚。在我以为被击垮的瞬间,我觉得自己上升到一种摆脱世界束缚的幸福,它是不可言说、又意外遇到的,我由此体验自己人生观的升华。顺从命运是一座前厅,经过它我们进入伦理的殿堂。只有在深沉地为自己的生命意志奉献的过程中经历了内在自由的人,才能深沉持续地为其他生命奉献。

　　面对伦理的冲突,人只能自己作出决定。没有人能为他确定,保存和促进生命的可能性的极限在哪里。在对其他生命最高度责任感的指引下,他必须单独对此作出决断。

我们绝不可麻木不仁。如果我们日益深刻地体验这种冲突,我们就在真理之中。善良意志是魔鬼的发明。

敬畏生命的伦理促使任何人,关怀他周围的所有人和生物的命运,给予需要他的人真正人道的帮助。敬畏生命的伦理不允许学者只献身于他的科学,尽管这对科学有益。它也不允许艺术家只献身于他的艺术,尽管他因此能给许多人带来美。它不允许忙忙碌碌的人这样认为,他们已在其职业活动中做了一切。敬畏生命的伦理要求所有人,把生命的一部分奉献出来。至于他以何种方式和在何种程度上这么做,各人应按其思想和命运而定。有的人在这么做时仍过着正常的生活,因此他的牺牲从外部看并不显著。有的人则被要求作出引人注目的奉献,从而他只得不考虑自己的发展。没有人能对其他人妄加评论。人行善的使命能通过各种方式加以实现。他作出什么牺牲,是每个人自己的秘密。但是,我们大家都必须明白,如果我们真正体验到"谁失去他的生命,谁就将得到它"这句话的真理,我们的生存就获得了真正的价值。

课文导读

《敬畏生命》选自法国阿尔贝特·史怀泽(Albert Schweitzer,亦译施韦泽,1875—1965)的《敬畏生命——五十年来的基本论述》(德国汉斯·瓦尔特·贝尔编选,陈泽环译,上海社会科学院出版社,1992年)。史怀泽是法国著名的神学家、伟大的人道主义者,生命伦理学的奠基人。

史怀泽精通德、法两种语言,先后获得哲学、神学和医学三个博士学位,还是著名的管风琴演奏家和巴赫音乐研究专家。1904年,在哲学、神学与音乐方面已经拥有巨大声望的史怀泽听说刚果缺少医生,便决定到非洲行医。经过9年的学习,史怀泽终于获得行医证和医学博士学位,并于1913年来到非洲,在加蓬建立丛林诊所,长期服务非洲人民,因此有"非洲之子"之称。在非洲期间,史怀泽提出了"敬畏生命"的理论,因此获得1952年诺贝尔和平奖。爱因斯坦曾经称赞说:"像史怀泽这样理想地集善和对美的渴望于一身的人,我几乎还没有发现过。"

《敬畏生命》是一部论文集,史怀泽逝世后,由其好友贝尔收集他的主要论著和基本见解编辑而成,系统阐述了史怀泽敬畏生命伦理的基本思想。史怀泽认为,我们不仅要对人的生命,而且要对一切动植物生物的生命保持敬畏的态度。将伦理学的范围由人类扩展到所有的生命形态,这无疑是伦理学的一大进步。史怀泽由此宣布:只有当人认为所有生命,包括人的生命和一切生物的生命都是神圣的时候,他才是伦理的。这一观点与中国古代儒家的"民胞物与"和佛教的"不杀生"等观念有相通之处。

本文三个部分均为《敬畏生命》中相应章节的节选。第一部分节选自《青年时代的回忆》,主要介绍自己早年同情生命、关爱生命的经历体验,说明作者很早就有敬畏生命的心理情感。第二部分节选自《敬畏生命——第一次公开阐述》(略有删改),这是史怀泽于1919年2月23日在斯特拉斯堡圣尼古拉教堂的布道的一部分。这次布道,作者首先阐述了人作为"最高的生命"的价值和具有"敬畏生命"意识的必要性,接着分析威胁"敬畏生命"意识存在的四种诱惑,最终希望人们"敬畏生命",成为清醒敏锐、有思想、有情感的人。第三部分节选自《要求与道路》,这部分重点指出了敬畏生命伦理的特点、要求和意义等:敬畏生命的意愿内在于人类自身,敬畏生命伦理具有外部行动和内心修养相结合的特点,它有助于我们认识人生、肯定人生,也可以"促使任何人,关怀他周围的所有人和生物的命运,给予需要他的人真正人道的帮助"。

思考练习

一、作者认为敬畏生命的伦理有何社会意义?哪些因素会妨碍敬畏生命伦理的实现?

二、你怎样看待敬畏生命的伦理?你的生活行为与这些理念有多大差距?

第六课　尊重自然

保罗·沃伦·泰勒

我们西方文明中的大多数人都是在一种信念体系中被养育成人的。依据这种信念体系，我们人类拥有一种"低等"生命形式不具备的价值和尊贵。凭着我们是人类，我们就被认为是比动植物高贵的存在物。人们认为，我们的理性和自由意志赋予了我们特别的价值，因为它们使得我们能够在高于其他生物的层面上生活。这种信念不仅普遍存在于我们的传统文化中，而且根深蒂固。

一

人类在何种意义上可以宣称自己比其他动物优越？我们具有某些能力而其他动物却不具备，在这一点上，我们的确与它们不同。但是，为什么这些能力就应该被视为优越于动物的标志？是从什么角度、基于什么原因来断定这些能力就是优越性的标志？毕竟，许多非人类的物种具有的能力，而人类却不具备。例如：鸟的飞行能力、猎豹的飞奔速度、植物叶子的光合作用能力、蜘蛛织网的工艺、猴子在树梢间穿梭的敏捷。为什么这些能力不被用作认为它们优越于我们的标志呢？

立刻出现在脑海中的答案就是，动植物的这些能力没有我们声称自己优越所依据的那些能力有价值。人们或许认为，人类所具有的诸如理性、审美的创造力、个体的自主性以及自由意志这样一些独特性，与动植物所具有的那些能力相比，更有价值一些。然而，我们必须要问：这种价值是对谁而言，理由又是什么？

上述人类特性对于人类来说都是有价值的。他们对于人类文明的保护和丰富具有极其重要的意义。显然，我们是站在人类的立场上断定这些特性是好的、令人满意的。这里不难看出它的武断性。人类从一种绝对的人类角度声称自己优越于非人类的存在物，这种绝对的人类角度是指把人类的善作为判断的标准。如果我们试图从动植物的善的立场出发来看待它们的能力,那么就会得出一个关于优越性的相反判断。比如说,当我们从猎豹的善的立场出发来考虑猎豹的飞奔速度时,它所具有的这种速度就是使它优越于人类的标志。要是它的奔跑速度跟人一样的话,它就无法捕获猎物了。对于其他所有动植物所具有的能够促进其善的,而人类却不具备的那些能力来说,都是如此。在每种情况中,如果站在一个非人类存在物的立场上来看的话,人类优越性的判断都会遭到拒斥。

当优越性的断言以这种方式被理解的时候,它们就是以优良品质的判断标准为基础的。正如我们所看到的,判断人或生物的优良品质时,人们必须要用等级或排列标准来对其进行判断。于是经验性的研究决定他/它是否具有"促进善"的特性(优良品质),由于有了这些优点,他/它才符合所运用的标准。

这时就自然会出现问题:为什么基于人类价值的标准应该是唯一有效的衡量优良品质的标准,并因而被认为是优越性的唯一真正的标志? 当人类被断定为在优良品质方面优越于非人类的时候,这个问题就尤为紧迫了。较之于猴子,人类或许是更好的数学家,这是事实;但与人相比,猴子却是更好的爬树者,这也是事实。如果我们人类看重的是数学而不是爬树的话,那是因为我们文明生活的观念使得我们数学能力的发展要比爬树能力的发展更加令人满意。但是,用人类文明的价值观念,而不是用与非人类物种的成员过上好生活有关的价值观念来判断非人类物种,这是合理的吗? 如果所有生物都拥有自身的善,那么,这种善至少使按照它们的善的标准来判断非人类物种的优良品质就会变得合理些。只用建立在人类的善的基础上的标准就已经是在表明自己认为人类的善,与非人类生物的善相比,要更加重要,或更加值得考虑。这就是问题的关键所在。

在这里还应该注意另一个逻辑缺陷。许多优秀品质的标准根本不适用于非人类生物,只有把人类评定为好的、优秀的、一般的、差的研究型科学家、航空工程师、戏剧评论家、联邦最高法院的法官时,才会有意义。这表明,如果把这些评判中所用的标准用来断定人类优越于非人类生物,那就犯了一个类别性的错误。只有在两种实体都正好属于标准所应用的范畴之内的情况下,我们认为其中一种实体在品质上要优越于另一种实体,才会有意义。因而,动植物不能判定为差的研究型科学家、航空工程师、戏剧评论家或联邦最高法院的法官。就这些职位和活动而言,它们既不好也不坏。更确切地说,说它们是好的或差的科学家、工程师、评论家、法官,是毫无意义的。

二

现在来考虑一下涉及人类优越于非人类生物时最常重复的诸种断言中的一种。这个断言认为在道德上我们人类是优越的存在物,因为我们具有那些使我们拥有道德代理人身份的能力,而动植物却不具备这样的能力。据说,自由意志、责任感、审慎以及实践理性这些能力赋予特别高贵和有尊严的我们,而这种高贵和尊严只属于在道德上有责任感的存在物。因为人类有这种道德特性,所以,它证明人类存在要比动植物这种与道德无关的、缺乏责任感的存在要更加高级。从传统的观点来看,把人类提升到动物之上的是意志的自由和与之相随的道德的责任感。

如果得出的结论被理解为断言人类在道德上优越于非人类生物的话,那么,在这个推理中就存在着一个严重的思维混乱。一个人不能够有效地提出理由以证明人类在道德上具有优越性,因为人类具有道德代理人所应有的那些能力,而其他生物却不具有这样的能力。原因在于,就道德标准而言,只有拥有道德代理人所应有的那些能力的存在物,我们才可以有意义地说他要么是善要么是恶。只有道德代理人才可以被认为在道德上较他人具有更多的善或更多的恶,而这里说的他人必须本身就是道德代理人。道德优越性的判断是建立在被判断实体的相对优点或缺点基础之上的,而且这些优缺点全都是属于道德范畴,也就是说,由道德标准来决定哪些是优点和缺点。当有效的道德标准用于两个实体时,第一个实体较之于第二个在更大程度上符合了这些标准,那么,就可以正确地判断第一个实体在道德上优越于第二个实体。因此,这两个实体都必须在道德标准应用的范畴内。然而,若是认为人类优越于动植物的话,情况就有所不同了;因为后者不是道德代理人。就像动植物既不是好的也不是差的科学家、工程师、评论家、联邦最高法院的法官一样,它们既不是好的也不是坏的道德代理人。更确切地说,说它们在道德上是好的或坏的,是毫无意义的。所以,说它们在道德上不如人类或说人类在道德上优越于它们,同样也是毫无意义的。我认为声称人类在道德上优越于动植物,不是错误的而是思维混乱。

三

还有另外一种去理解人类优越性的观点,根据这种理解,人类优越于非人类生物,与他们的优秀品质无关,而与他们的固有价值相关。所以,人类优越性的断言应该被理解为,所有人类,只是凭借着他们是人,因而比动植物具有更大的固有价值。

要是我们这样去看待动植物,我们或许对它们就不会是采取纯粹利用的态度了,因为我们或许仍然承认它们具有某种程度的固有价值,因此,不应该被人类随心所欲地加以使用。但是认为它们在固有价值方面不如人类,则是指每当在它们的福利和人类的利益之间产生了冲突,人类的利益自然享有优先权。尽管人类和非人类生物都应该给予道德关怀,但他们不应该给予同等的考虑。人类的善,就因为它是人类的,因而总是胜过非人类生物的善。

人类优越于所谓的"低等"生物的观点盛行于我们的西方文化中,并形成了我们对自然界的整体观点。要是人类在固有价值方面具有优越性的学说被证明缺乏合理依据的话,要是进一步证明在逻辑上有合理的理由去拒斥这种学说的话,那么,我们对自然界的整个观念框架就会崩溃。我们就不得不面对这样一种可能性,即:我们与其他生命形式,甚至与那些有可能伤害我们的生命形式的真正关系是所有存在物都具有同等的固有价值,而不是一种优越的、更高级的存在物与劣等的、较低级存在物之间的关系。于是,我们就再也不能理所当然地看不起动植物,或认为人类个体就自然地享有比动植物更大的生存权利。我们需要从一种全新的角度来看待我们自己以及我们在自然界中的位置。我们的整个道德方向需要经历一个深层的、具有深远影响的转变,其中包括彻底修正我们对待地球及其生物共同体的态度。我们的道德体系就要重新进行全面的调整。我们尊重自然"世界"的责任就会被视为与我们尊重人类的文化和文明"世界"的责任相平衡。我们就不再简单地站在人类的立场去考虑我们行动的后果,并且仅仅或是完全从什么将会促进我们自身的善这样的观点去看其他生物了。

课文导读

《尊重自然》选自美国保罗·沃伦·泰勒（Paul Warren Taylor, 1923—　）的《尊重自然：一种环境伦理学理论》（雷殷、李小重、高山译，首都师范大学出版社，2010年）。保罗·沃伦·泰勒生于美国费城，于普林斯顿大学完成学业，1950年获博士学位。此后一直在纽约城市大学任教，1990年退休并成为终身教授，是西方环境伦理学界著名的学者。主要著作有《道德哲学问题：伦理学引论》《伦理学原则导论》《尊重自然：一种环境伦理学理论》等。

《尊重自然：一种环境伦理学理论》（1986）建构了一套完整的生物中心主义伦理学体系，为人们理解环境伦理学的宗旨提供了良好的思路，被西方学术界视为"当代捍卫生物中心主义伦理学的最完整且最具哲学深度的著作之一"。该书认为，我们应该尊重自然，建立生物中心主义的伦理学：自然万物都有各自的生命形式或存在状态，都是生态系统中的独特角色，都拥有自身的价值；所谓的人类优越于自然万物的观念体系是站不住脚的，我们要抛弃人类的优越感。只有这样，我们才能更好地亲近自然，尊重万物，才能以超越自我、超越人类的大爱拥抱自然万物。

本文节选自《尊重自然》的第三章第五节"拒斥人类优越性"，文中的三个层次为编者所加，且略有删改。我们往往认为，人类是最高的生命形态，人类有能力统治自然万物，也有权利按人类的需要任意改造自然万物，"拒斥人类优越性"对支持这一观念的所谓依据进行了系统的批驳。第一部分针对人类的能力比动物的能力更有价值这一观点进行质疑，指出之所以会出现这样的观点，是因为我们都是站在人类自己的立场来考虑的，如果站在动植物的立场看，情况可能刚好相反。第二部分对"在道德上我们人类是优越的存在物"的断言进行质疑，认为"声称人类在道德上优越于动植物，不是错误的而是思维混乱"。第三部分质疑人"比动植物具有更大的固有价值"的观点，这一观点同样是难以成立的。文章通过这些质疑，强调其他生命形式与人类是平等的，应该得到更大尊重。

思考练习

一、课文列举了哪些关于人类优越于其他动植物的依据？作者进行了怎样的驳斥？

二、中国古代有哪些理论强调人与万物平等？试列举说明，并比较其与本文观点的异同。

第七课　游天台山日记

徐霞客

癸丑之三月晦,自宁海出西门。云散日朗,人意山光,俱有喜态。三十里,至梁隍山。闻此地於菟夹道①,月伤数十人,遂止宿。

四月初一日早雨。行十五里,路有歧,马首西向台山,天色渐霁。又十里,抵松门岭,山峻路滑,舍骑步行。自奉化来,虽越岭数重,皆循山麓;至此迂回临陟,俱在山脊。而雨后新霁,泉声山色,往复创变,翠丛中山鹃映发,令人攀历忘苦。又十五里,饭于筋竹庵。山顶随处种麦。从筋竹岭南行,则向国清大路②。适有国清僧云峰同饭,言此抵石梁,山险路长,行李不便,不若以轻装往,而重担向国清相待。余然之,令担夫随云峰往国清,余与莲舟上人就石梁道③。行五里,过筋竹岭。岭旁多短松,老干屈曲,根叶苍秀,俱吾阊门盆中物也。又三十余里,抵弥陀庵。上下高岭,深山荒寂,恐藏虎,故草木俱焚去。泉轰风动,路绝旅人。庵在万山坳中,路荒且长,适当其半,可饭可宿。

初二日饭后,雨始止。遂越潦攀岭,溪石渐幽。二十里,暮抵天封寺。卧念晨上峰顶,以朗霁为缘,盖连日晚霁,并无晓晴。及五更梦中,闻明星满天,喜不成寐。

初三日晨起,果日光烨烨,决策向顶。上数里,至华顶庵;又三里,将近顶,为太白堂,俱无可观。闻堂左下有黄经洞,乃从小径。二里,俯见一突石,颇觉秀蔚。至则一发僧结庵于前,恐风自洞来,以石甃塞其门,大为叹惋。复上至太白,循路登绝顶。荒草靡靡,山高风冽,草上结霜高寸许,而四山回映,琪花玉树,玲珑弥望。岭角山花盛开,顶上反不吐色,盖为高寒所勒耳。

仍下华顶庵,过池边小桥,越三岭。溪回山合,木石森丽,一转一

---

① 於菟:老虎的别称。
② 国清:即国清寺。
③ 莲舟上人:僧人,徐霞客之友。

奇,殊慊所望。二十里,过上方广,至石梁,礼佛昙花亭,不暇细观飞瀑。下至下方广,仰视石梁飞瀑,忽在天际。闻断桥、珠帘尤胜,僧言饭后行犹及往返,遂由仙筏桥向山后。越一岭,沿涧八九里,水瀑从石门泻下,旋转三曲。上层为断桥,两石斜合,水碎进石间,汇转入潭;中层两石对峙如门,水为门束,势甚怒;下层潭口颇阔,泻处如阈,水从坳中斜下。三级俱高数丈,各极神奇,但循级而下,宛转处为曲所遮,不能一望尽收。又里许,为珠帘水,水倾下处甚平阔,其势散缓,滔滔汩汩。余赤足跳草莽中,揉木缘崖,莲舟不能从。暝色四下,始返。停足仙筏桥,观石梁卧虹,飞瀑喷雪,几不欲卧。

初四日天山一碧如黛。不暇晨餐,即循仙筏上昙花亭,石梁即在亭外。梁阔尺余,长三丈,架两山坳间。两飞瀑从亭左来,至桥乃合流下坠,雷轰河隤,百丈不止。余从梁上行,下瞰深潭,毛骨俱悚。梁尽,即为大石所隔,不能达前山,乃还。过昙花,入上方广寺。循寺前溪,复至隔山大石上,坐观石梁。为下寺僧促饭,乃去。饭后,十五里,抵万年寺,登藏经阁。阁两重,有南北经两藏。寺前后多古杉,悉三人围,鹤巢于上,传声嘹呖,亦山中一清响也。是日,余欲向桐柏宫,觅琼台、双阙,路多迷津,遂谋向国清。国清去万年四十里,中过龙王堂。每下一岭,余谓已在平地,及下数重,势犹未止,始悟华顶之高,去天非远!日暮,入国清,与云峰相见,如遇故知,与商探奇次第。云峰言:"名胜无如两岩,虽远,可以骑行。先两岩而后步至桃源,抵桐柏,则翠壁、赤城,可一览收矣。"

初五日有雨色,不顾,取寒、明两岩道,由寺向西门觅骑。骑至,雨亦至。五十里至步头,雨止,骑去。二里,入山,峰萦水映,木秀石奇,意甚乐之。一溪从东阳来,势甚急,大若曹娥①。四顾无筏,负奴背而涉。深过于膝,移渡一涧,几一时。三里,至明岩。明岩为寒山、拾得隐身地,两山回曲,《志》所谓八寸关也。入关,则四围峭壁如城。最后,洞深数丈,广容数百人。洞外,左有两岩,皆在半壁;右有石笋突耸,上齐石壁,相去一线,青松紫蕊,蓊苁②于上,恰与左岩相对,可称奇绝。出八寸关,复上一岩,亦左向。来时仰望如一隙,及登其上,明敞容数百

---

① 曹娥:即曹娥江,发源于天台山。
② 蓊苁:草木茂盛貌。

人。岩中一井,曰仙人井,浅而不可竭。岩外一特石,高数丈,上岐立如两人,僧指为寒山、拾得云。入寺。饭后云阴溃散,新月在天,人在回崖顶上,对之清光溢壁。

初六日凌晨出寺,六七里至寒岩。石壁直上如劈,仰视空中,洞穴甚多。岩半有一洞,阔八十步,深百余步,平展明朗。循岩右行,从石隙仰登。岩坳有两石对耸,下分上连,为鹊桥,亦可与方广石梁争奇,但少飞瀑直下耳。还饭僧舍,觅筏渡一溪。循溪行山下,一带峭壁巉崖,草木盘垂其上,内多海棠、紫荆,映荫溪色。香风来处,玉兰芳草,处处不绝。已至一山嘴,石壁直竖涧底,涧深流驶,旁无余地。壁上凿孔以行,孔中仅容半趾,逼身而过,神魄为动。自寒岩十五里至步头,从小路向桃源。桃源在护国寺旁,寺已废,土人茫无知者。随云峰莽行曲路中,日已堕,竟无宿处,乃复问至坪头潭。潭去步头仅二十里,今从小路,反迂回三十余里宿,信桃源误入也!

初七日自坪头潭行曲路中三十余里,渡溪入山。又四五里,山口渐夹,有馆曰桃花坞。循深潭而行,潭水澄碧,飞泉自上来注,为鸣玉涧。涧随山转,人随涧行。两旁山皆石骨,攒峦夹翠,涉目成赏,大抵胜在寒、明两岩间。涧穷路绝,一瀑从山坳泻下,势甚纵横。出饭馆中,循坞东南行,越两岭,寻所谓"琼台"、"双阙",竟无知者。去数里,访知在山顶。与云峰循路攀援,始达其巅。下视峭削环转,一如桃源,而翠壁万丈过之。峰头中断,即为双阙;双阙所夹而环者,即为琼台。台三面绝壁,后转即连双阙。余在对阙,日暮不及复登,然胜已一日尽矣。遂下山,从赤城后还国清,凡三十里。

初八日离国清,从山后五里登赤城①。赤城山顶圆壁特起,望之如城,而石色微赤。岩穴为僧舍凌杂,尽掩天趣。所谓玉京洞、金钱池、洗肠井,俱无甚奇。

课文导读

本文选自《徐霞客游记》。徐霞客(1587—1641),名弘祖(也作宏祖),号霞客,江苏江阴人,明代著名的地理学家、旅行探险家。徐霞客早年博览群书,对各地的名山大川非常了解;22岁开始出游,至54岁

---

① 赤城:山名,因山岩赭色,层列如城而得名。

去世,绝大部分时间都是在旅行考察中度过的。他不仅历尽艰辛(有时甚至是冒着生命危险),遍游了大江南北,而且以严谨的态度,对各地的地形地貌等作了科学的考察,如调查火山,寻觅长江源头,考察石灰岩地貌的成因等,都取得了可贵的成绩。同时,徐霞客还克服各种困难,坚持将旅途所见按日记载,这些日记后由友人整理成《徐霞客游记》,成为一部集地理学价值和文学价值于一体的名著。

《游天台山日记》是《徐霞客游记》中的第一篇,记叙了徐霞客第一次游天台山的情况。天台山位于浙江省东部,属台州市,素有"佛宗道源、山水神秀"之誉。在山水风光方面,天台山有华顶、赤城、琼台、石梁飞瀑等众多的自然奇观;在人文名胜方面,天台山有建于隋代的国清寺,有建于唐代的桐柏宫,有诗仙李白、诗僧寒山和拾得等众多知名人物的行迹,还有刘晨、阮肇采药迷路遇仙女的美丽传说等等。这些景观深深地吸引了古往今来的文人墨客,也深深地吸引着徐霞客。

《游天台山日记》记叙了作者前后九天游览天台山的过程,或详或略地描述了天台山的各种景观。本文在写景状物方面颇具特色:其一,简洁生动,文中虽未对相关景物作浓墨重彩的描述,却不乏精彩之处,如"荒草靡靡,山高风冽,草上结霜高寸许,而四山回映,琪花玉树,玲珑弥望","涧随山转,人随涧行。两旁山皆石骨,攒峦夹翠,涉目成赏"等,虽寥寥数语,却优美传神,生动地再现了天台山的奇秀。其二,情景交融,"云散日朗,人意山光,俱有喜态","雨后新霁,泉声山色,往复创变,翠丛中山鹃映发,令人攀历忘苦"等,造语新奇,在景物描述中恰到好处地表现了作者当时欢快喜悦的心情。通过这些描述,文章既充分展示了天台山神奇秀美的特点,又准确表达了作者对天台山风物的欣喜热爱之情。

思考练习

一、徐霞客游览了众多的名山大川,也经历了诸多奇险。试以课文"初六日"的行程为例,看看徐霞客游访了哪些胜迹?描绘了哪些美景?经历了哪些惊险?

二、利用假期作一次出游,写一篇游记。

第八课 道法自然

道法自然
——老子(节选)

上善若水。水善利万物而不争,处众人之所恶,故几于道。居善地,心善渊,与善仁,言善信,政善治,事善能,动善时。夫唯不争,故无尤。(第8章)

有物混成,先天地生。寂兮寥兮,独立而不改,周行而不殆,可以为天下母。吾不知其名,故强字之曰道,强为之名曰大。大曰逝,逝曰远,远曰反。故道大、天大、地大、人亦大。域中有四大,而人居其一焉。人法地,地法天,天法道,道法自然。(第25章)

大道泛兮,其可左右。万物恃之以生而不辞,功成而不名有。衣养万物而不为主,常无欲,可名于小。万物归焉而不为主,可名为大。以其终不自为大,故能成其大。(第34章)

道常无为而无不为。侯王若能守之,万物将自化。化而欲作,吾将镇之以无名之朴。无名之朴,夫亦将无欲。无欲以静,天下将自定。(第37章)

象天法地
——周易(节选)

古者包牺氏之王天下也,仰则观象于天,俯则观法于地,观鸟兽之文与地之宜,近取诸身,远取诸物,于是始作八卦,以通神明之德,以类万物之情。

　　作结绳而为网罟,以佃以渔,盖取诸《离》。包牺氏没,神农氏作,斫木为耜,揉木为耒,耒耨之利,以教天下,盖取诸《益》。日中为市,致天下之民,聚天下之货,交易而退,各得其所,盖取诸《噬嗑》。神农氏没,黄帝、尧、舜氏作,通其变,使民不倦,神而化之,使民宜之。《易》,穷则变,变则通,通则久。是以自天佑之,吉无不利。黄帝、尧、舜垂衣裳而天下治,盖取诸《乾》《坤》。刳木为舟,剡木为楫,舟楫之利,以济不通,致远以利天下,盖取诸《涣》。服牛乘马,引重致远,以利天下,盖取诸《随》。重门击柝,以待暴客,盖取诸《豫》。断木为杵,掘地为臼,杵臼之利,万民以济,盖取诸《小过》。弦木为弧,剡木为矢,弧矢之利,以威天下,盖取诸《睽》。上古穴居而野处,后世圣人易之以宫室,上栋下宇,以待风雨,盖取诸《大壮》。古之葬者,厚衣之以薪,葬之中野,不封不树,丧期无数。后世圣人易之以棺椁,盖取诸《大过》。上古结绳而治,后世圣人易之以书契,百官以治,万民以察,盖取诸《夬》。

智者乐水　仁者乐山
——说苑(节选)

　　子贡问曰:"君子见大水必观焉,何也?"孔子曰:"夫水者,君子比德焉。遍予而无私,似德;所及者生,似仁;其流卑下句倨,皆循其理,似义;浅者流行,深者不测,似智;其赴百仞之谷不疑,似勇;绰弱而微达,似察;受恶不让,似包蒙;不清以入,鲜洁以出,似善化;至量必平,似正;盈不求概,似度;其万折必东,似志。是以君子见大水观焉尔也。"

　　夫智者何以乐水也?曰:泉源溃溃,不释昼夜,其似力者;循理而行,不遗小间,其似持平者;动而之下,其似有礼者;赴千仞之壑而不疑,其似勇者;障防而清,其似知命者;不清以入,鲜洁而出,其似善化者;众人取平,品类以正,万物得之则生,失之则死,其似有德者;淑淑渊渊,深不可测,其似圣者。通润天地之间,国家以成,是知之所以乐水也。《诗》云:"思乐泮水,薄采其茆。鲁侯戾止,在泮饮酒。"乐水之谓也。

　　夫仁者何以乐山也?曰:夫山巃嵸礧嶵,万民之所观仰。草木生焉,众物立焉,飞禽萃焉,走兽休焉,宝藏殖焉,奇夫息焉,育群物而不倦焉,四方并取而不限焉。出云风,通气于天地之间,天地以成,国家以宁,是仁者所以乐山也。《诗》曰:"太山岩岩,鲁侯是瞻。"乐山之谓矣。

读《山海经》(其一)

陶渊明

孟夏草木长,绕屋树扶疏。众鸟欣有托,吾亦爱吾庐。
既耕亦已种,时还读我书。穷巷隔深辙,颇回故人车。
欢然酌春酒,摘我园中蔬。微雨从东来,好风与之俱。
泛览周王传,流观山海图。俯仰终宇宙,不乐复何如?

念奴娇 过洞庭

张孝祥

洞庭青草,近中秋、更无一点风色。玉鉴琼田三万顷,著我扁舟一叶。素月分辉,明河共影,表里俱澄澈。悠然心会,妙处难与君说。

应念岭表经年,孤光自照,肝胆皆冰雪。短发萧骚襟袖冷,稳泛沧浪空阔。尽挹西江,细斟北斗,万象为宾客。扣舷独啸,不知今夕何夕。

湖心亭看雪

张 岱

崇祯五年十二月,余住西湖。大雪三日,湖上人鸟声俱绝。是日,更定矣,余挐一小舟,拥毳衣炉火,独往湖心亭看雪。雾凇沆砀,天与云、与山、与水,上下一白。湖上影子,惟长堤一痕,湖心亭一点,与余舟一芥,舟中人两三粒而已。

到亭上,有两人铺毡对坐,一童子烧酒,炉正沸。见余大喜,曰:

"湖中焉得更有此人!"拉余同饮。余强饮三大白而别。问其姓氏,是金陵人,客此。

及下船,舟子喃喃曰:"莫说相公痴,更有痴似相公者。"

课文导读

自然为人类提供衣食,提供居所,也为人类滋养心灵,展示生活的真谛。人类亲近自然,学习自然,由此领悟了生命的规律和社会的规范,也培养了高洁的情操和宽大的胸怀。

《道法自然》选自《老子》。《老子》也叫《道德经》,是我国古代最重要的哲学著作。《老子》认为,道是宇宙万物的源头,道生成万物,道又藏于万物。人类社会也源自于道,因此人们在日常生活中应该遵循道的规律,尊重自然之道。选文中的第一节强调"上善若水",说明道藏于自然万物;第二节重点阐述了道的始源、永恒、自在等基本特征,也交待了人与道的关系;第三节主要写道生养万物而不占有万物的包容大度;第四节主要强调道的无为。这些选段在分别描述道的特性的同时,也都强调人们要像道一样行事,如不争、自然、无为等。既然道藏于自然万物,要认识道、遵循道,我们就必须尊重自然万物,以自然为师,取法自然万物,像水一样"善利万物而不争"。

《象天法地》选自《周易·系辞》。《周易》是中国古代研究、占测宇宙万物变易规律的典籍,也可以说是中国古代重要的哲学著作,全书包括《易经》和《易传》两大部分。相传《周易》中的八卦为伏羲所创,周文王进一步演化出六十四卦,并作卦爻辞,解释性的《易传》则为孔子所作。本选段主要谈圣人制器尚象之事,同时也涉及社会法则的最终来源的问题。第一节讲伏羲根据天地万物的特点创立八卦,即"象天法地";第二节讲后世圣人根据八卦再创制各种器物,即"制器尚象"。"制器尚象"之说也许不可信,但"象天法地"却不无道理。它表明,人类社会的许多准则、规范乃至创制,都源自于天地万物,来自于自然。

《智者乐山,仁者乐水》出自刘向《说苑》。刘向是西汉著名的文学家,也是中国古典文献学的创始人,著有《新序》、《说苑》等。本文第一节围绕"夫水者,君子比德焉"展开,从多个方面说明了水的比附意义,与《老子》的"上善若水"一致。第二节解释"智者乐水",主要强调水的流动多变化;第三节解释"仁者乐山",则更强调山的包容生息等特点。无论是写水还是写山,都能紧扣山水的基本特征,并与"智"、"仁"的内涵吻合。

《读山海经》为晋代陶渊明所作,共有13首。其中的第一首是总论性的,其他各首分别歌咏《山海经》中所记载的奇异事物,如其第十首中的"精卫衔微木,将以填沧海。刑天舞干戚,猛志固常在",就歌颂了精卫和刑天顽强的斗争精神。本课所选为第一首,主要描绘诗人在夏季农事已毕,闲居读书的情境。诗中自然风光、田园生活与读书乐趣融为一体,充分展示了诗人在这种妙合自然的生活方式中所获得的精神满足。

《念奴娇·过洞庭》为南宋张孝祥所作。张孝祥是南宋重要的词人,《念奴娇·过洞庭》是他被贬途经洞庭湖时所作。上阕开篇交待地点与时间,然后通过湖面、小舟、月亮、银河等几个意象,展现自然景象的浩瀚开阔。下阕在感慨自己的身世经历的同时,以"肝胆皆冰雪","尽把西江,细斟北斗"等表白,展现了作者超拔高洁的人格。全词即景抒怀,格调高昂,抒发了作者的高洁情操和豪迈气概。

《湖心亭看雪》为明末清初的张岱所作,收入其小品文名著《陶庵梦忆》。张岱是著名的文学家,山阴(今绍兴)人,曾长期寓居杭州;明亡后,誓不仕清,隐居山中著述终老。《湖心亭看雪》记叙作者腊月之夜独自到湖心亭看雪的经过,首段描绘作者所看到的幽静深远、洁白广阔的雪景图,次段写亭上偶逢知己的奇遇,用笔精炼传神。文章在孤独寂寞的心境和淡淡的愁绪中,表达了主人公遗世独立、卓然不群的高雅情趣。

思考练习

一、你更喜欢山还是更喜欢水?怎样理解"智者乐水,仁者乐山"?
二、用现代科技成果说明"自然是人类的老师"。

第二单元

融入社会

单元导读

我们生活于这个世界,但很多时候,我们并不了解这个世界的组织机构以及自我在这个机构中的定位。我们被现象所迷惑,被规则所左右,为自我所困顿,难以获取一种看清社会、把握自我进而提升自我的途径或方法。

"社会"一词并没有明确的定义,一般是指由自由繁殖的个体构建而成的群体,他们占据一定的空间,具有独特的文化传统和一定的风俗习惯。狭义的社会,也叫"社群",可以只指群体人类活动和聚居的范围,例如村、镇、城市、聚居点等等;广义的社会则指国家、大范围地区或文化圈,例如英国社会、东方社会、东南亚或西方世界。

社会的构成始于"人"这一个体元素,由此扩展开去,逐步形成某种群体性的单位或组织。人作为生产关系的总和,存在于各种组织形式之中,小至家庭、族群,大至民族国家,以至于全球。在个体生命的发展过程中,历史、文化、教育、制度等各种社会因素制约并形塑着个体的品质,身处其中的我们常常如缀网劳蛛,自觉不自觉地为各种因素所牵扯,终日辛苦地奔波着,忙碌着,而不知其所以然。这固然有许多难以消解的外界压迫,但在另一个层面上,也是我们自己,全然放弃了理解这个世界与社会体系的睿智与聪慧。

人与社会的关系是相辅相成、互为影响的。一方面,人是构成社会的最基本的元素,人的活动创造了社会,公民的素质影响着社会文明的程度。故此,我们需要关注国民素质的提高,不论是知识分子还是普通公民,都应当培养与提升改良社会、服务社会的意识与能力,在促进人的全面发展的同时,弘扬科学文明的社会行为和生活方式,倡导积极向上、健康正确的人生观与社会观。

另一方面,虽然人的活动创造了社会,社会又不断地影响着人。对于一个人来说,社会是他(她)生存的环境,对他(她)品性的生成与发展都有很大的影响。就中国社会的体系而言,"乡土"是我们的民族、文化之"根"。因为扎根于乡土,面朝黄土,日出而作,日落而息,人与土地形成了最亲密的关系,这直接影响了中国人的生存方式、族群关系及其文化心理结构。乡土社会既有淳朴亲密、温馨动人的一面,也有不讲理性、无视法度的严重缺失。随着现代社会的发展,人们呼唤政治的民主、人性的自由、性别的平等,但这些理念的提出与实行,在每一个国家或时期,都具有特定的背景与意义,需要审慎地辨析与对待。

并且,按照弗洛伊德的观点,人性的需求与社会的需求是相互冲突的,故此,社会可能是患病的,虽然,它看似运行正常,经济高速发展,展现出空前的繁荣与昌盛。我们需要经过研究,确定人的真正需求,以及社会应当提供或形塑成何种形态,从而建构一个有益于人类个体及社会整体发展的生态世界。

第九课　乡土社会　生育制度

费孝通

一　乡土本色

从基层上看去,中国社会是乡土性的。我说中国社会的基层是乡土性的,那是因为我考虑到从这基层上曾长出一层比较上和乡土基层不完全相同的社会,而且在近百年来更在东西方接触边缘上发生了一种很特殊的社会。这些社会的特性我们暂时不提,将来再说。我们不妨先集中注意那些被称为土头土脑的乡下人。他们才是中国社会的基层。

我们说乡下人土气,虽则似乎带着几分藐视的意味,但这个土字却用得很好。土字的基本意义是指泥土。乡下人离不了泥土,因为在乡下住,种地是最普通的谋生办法。在我们这片远东大陆上,可能在很古的时候住过些还不知道种地的原始人,那些人的生活怎样,对于我们至多只有一些好奇的兴趣罢了。以现在的情形来说,这片大陆上最大多数的人是拖泥带水下田讨生活的了。我们不妨缩小一些范围来看,三条大河的流域已经全是农业区。而且,据说凡是从这个农业老家里迁移到四围边地上去的子弟,也老是很忠实地守着这直接向土里去讨生活的传统。最近我遇着一位到内蒙旅行回来的美国朋友,他很奇怪的问我:你们中原去的人,到了这最适宜于放牧的草原,依旧锄地播种,一家家划着小小的一方地,种植起来;真象是向土里一钻,看不到其他利用这片地的方法了。我记得我的老师史禄国先生也告诉过我,远在西伯利亚,中国人住下了,不管天气如何,还是要下些种子,试试看能不能种地。——这样说来,我们的民族确是和泥土分不开的了。从土里长出过光荣的历史,自然也会受到土的束缚,现在很有些飞不上天的样子。

靠种地谋生的人才明白泥土的可贵。城里人可以用土气来藐视乡下人,但是乡下,"土"是他们的命根。在数量上占着最高地位的神,无疑的是"土地"。"土地"这位最近于人性的神,老夫老妻白首偕老的一对,管着乡间一切的闲事。他们象征着可贵的泥土。我初次出国时,我的奶妈偷偷地把一包用红纸裹着的东西,塞在我箱子底下。后来,她又避了人和我说,假如水土不服,老是想家时,可以把红纸包裹着的东西煮一点汤吃。这是一包灶上的泥土。——我在《一曲难忘》的电影里看到了东欧农业国家的波兰也有这类似的风俗,使我更领略了"土"在我们这种文化里所占和所应当占的地位了。

农业和游牧或工业不同,它是直接取资于土地的。游牧的人可以逐水草而居,飘忽无定;做工业的人可以择地而居,迁移无碍;而种地的人却搬不动地,长在土里的庄稼行动不得,侍候庄稼的老农也因之象是半身插入了土里,土气是因为不流动而发生的。

直接靠农业来谋生的人是粘着在土地上的。我遇见过一位在张北一带研究语言的朋友。我问他说在这一带的语言中有没有受蒙古语的影响。他摇了摇头,不但语言上看不出什么影响,其他方面也很少。他接着说:"村子里几百年来老是这几个姓,我从墓碑上去重构每家的家谱,清清楚楚的,一直到现在还是那些人。乡村里的人口似乎是附着在土上的,一代一代的下去,不太有变动。"——这结论自然应当加以条件的,但是大体上说,这是乡土社会的特性之一。我们很可以相信,以农为生的人,世代定居是常态,迁移是变态。大旱大水,连年兵乱,可以使一部分农民抛井离乡;即使象抗战这样大事件所引起基层人口的流动,我相信还是微乎其微的。

当然,我并不是说中国乡村人口是固定的。这是不可能的,因为人口在增加,一块地上只要几代的繁殖,人口就到了饱和点;过剩的人口自得宣泄出外,负起锄头去另辟新地。可是老根是不常动的。这些宣泄出外的人,象是从老树上被风吹出去的种子,找到土地的生存了,又形成一个小小的家族殖民地,找不到土地的也就在各式各样的运命下被淘汰了,或是"发迹"了。我在广西靠近瑶山的区域里还看见过这类从老树上吹出来的种子,拼命在垦地。在云南,我看见过这类种子所长成的小村落,还不过是两三代的事;我在那里也看见过找不着地的那些"孤魂",以及死了给狗吃的路毙尸体。

不流动是从人和空间的关系上说的,从人和人在空间的排列关系上说就是孤立和隔膜。孤立和隔膜并不是以个人为单位的,而是以一处住在的集团为单位的。本来,从农业本身来看,许多人群居在一处是无需的。耕种活动里分工的程度很浅,至多在男女间有一些分工,好象女的插秧,男的锄地等。这种合作与其说是为了增加效率,不如说是因为在某一时间男的忙不过来,家里人出来帮帮忙罢了。耕种活动中既不向分工专业方面充分发展,农业本身也就没有聚集许多人住在一起的需要了。我们看见乡下有大小不同的聚居社区,也可以想到那是出于农业本身以外的原因了。

乡下最小的社区可以只有一户人家。夫妇和孩子聚居于一处有着两性和抚育上的需要。无论在什么性质的社会里,除了军队、学校这些特殊的团体外,家庭总是最基本的抚育社群。在中国乡下这种只有一户人家的小社区是不常见的。在四川的山区种梯田的地方,可能有这类情形,大多的农民是聚村而居。这一点对于我们乡土社会的性质很有影响。美国的乡下大多是一户人家自成一个单位,很少屋沿相接的邻舍。这是他们早年拓殖时代,人少地多的结果,同时也保持了他们个别负责,独来独往的精神。我们中国很少类似的情形。

中国农民聚村而居的原因大致说来有下列几点:一、每家所耕的面积小,所谓小农经营,所以聚在一起住,住宅和农场不会距离得过分远。二、需要水利的地方,他们有合作的需要,在一起住,合作起来比较方便。三、为了安全,人多了容易保卫。四、土地平等继承的原则下,兄弟分别继承祖上的遗业,使人口在一地方一代一代的积起来,成为相当大的村落。

无论出于什么原因,中国乡土社区的单位是村落,从三家村起可以到几千户的大村。我在上文所说的孤立、隔膜是以村与村之间的关系而说的。孤立和隔膜并不是绝对的,但是人口的流动率小,社区间的往来也必然疏少。我想我们很可以说,乡土社会的生活是富于地方性的。地方性是指他们活动范围有地域上的限制。在区域间接触少,生活隔离,各自保持着孤立的社会圈子。

乡土社会在地方性的限制下成了生于斯、死于斯的社会。常态的生活是终老是乡。假如在一个村子里的人都是这样的话,在人和人的关系上也就发生了一种特色,每个孩子都是在人家眼中看着长大的,在孩子眼里周围的人也是从小就看惯。这是一个"熟悉"的社会,没有陌生人的社会。

在社会学里,我们常分出两种不同性质的社会,一种并没有具体目的,只是因为在一起生长而发生的社会,一种是为了要完成一件任务而结合的社会。用 Tonnies 的话说:前者是 Gemeinschaft,后者是 Gesellschaft;用 Durkheim 的话说:前者是"有机的团结",后者是"机械的团结"。用我们自己的话说,前者是礼俗社会,后者是法理社会。——我以后还要详细分析这两种社会的不同。在这里我想说明的是生活上被土地所围住的乡民,他们平素所接触的是生而与俱的人物,正象我们的父母兄弟一般,并不是由于我们选择得来的关系,而是无须选择,甚至先我而在的一个生活环境。

熟悉是从时间里、多方面、经常的接触中所发生的亲密的感觉。这感觉是无数次的小磨擦里陶炼出来的结果。这过程是《论语》第一句里的"习"字。"学"是和陌生的最初接触,"习"是陶炼,"不亦悦乎"是描写熟悉之后的亲密感觉。在一个熟悉的社会中,我们会得到从心所欲而不逾规矩的自由。这和法律所保障的自由不同。规矩不是法律,规矩是"习"出来的礼俗。从俗即是从心。换一句话说,社会和个人在这里通了家。

"我们大家是熟人,打个招呼就是了,还用得着多说么?"——这一类的话已经成了我们现代社会的阻碍。现代社会是个陌生人组成的社会,各人不知道各人的底细,所以得讲个明白;还要怕口说无凭,画个押,签个字。这样才发生法律。在乡土社会中法律是无从发生的。"这不是见外了么?"乡土社会里从熟悉得到信任。这信任并非没有根据的,其实最可靠也没有了,因为这是规矩。西洋的商人到现在还时常说中国人的信用是天生的,类于神话的故事真多:说是某人接到了大批磁器,还是他祖父在中国时订的货,一文不要的交了来,还说着许多不能及早寄出的抱歉话。——乡土社会的信用并不是对契约的重视,而是发生于对一种行为的规矩熟悉到不加思索时的可靠性。

这自是"土气"的一种特色。因为只有直接有赖于泥土的生活才会象植物一般的在一个地方生下根,从容地去摸熟每个人的生活,象母亲对于她的儿女一般。陌生人对于婴孩的话是无法懂的,但是在做母亲的人听来都清清楚楚,还能听出没有用字音表达的意思来。

不但对人,他们对物也是"熟悉"的。一个老农看见蚂蚁在搬家了,会忙着去田里开沟,他熟悉蚂蚁搬家的意义。从熟悉里得来的认识是个别的,并不是抽象的普遍原则。在熟悉的环境里生长的人,不需要这种原则,他只要在接触所及的范围之内知道从手段到目的间的个别关联。在乡土社会中生长的人似乎不太追求这笼罩万有的真理。我读《论语》时,看到孔子在不同人面前说着不同的话来解释"孝"的意义时,我感觉到这乡土社会的特性了。孝是什么?孔子并没有抽象地加以说明,而是列举具体的行为,因人而异地答复了他的学生。最后甚至归结到心安两字。做子女的得在日常接触中去摸熟父母的性格,然后去承他们的欢,做到自己的心安。这说明了乡土社会中人和人相处的基本办法。

这种办法在一个陌生人面前是无法应用的。在我们社会的激速变迁中,从乡土社会进入现在社会的过程中,我们在乡土社会中所养成的生活方式处处产生了流弊。陌生人所组成的现代社会是无法用乡土社会的习俗来应付的。于是,土气成了骂人的词汇,"乡"也不再是衣锦荣归的去处了。

二 结婚不是件私事

婚姻的意义,依我以上的说法,是在确立双系抚育。抚育既须双系,而双系抚育却并没有自然的保障,因之人们得自己想法,用社会的力量保证生出来的孩子不但有母而且有父,于是有婚姻。我说婚姻是用社会力量造成的,因为依我所知世界上从来没有一个地方把婚姻视作当事人间个人的私事,别的人不加过问的。婚姻对象的选择非但受着社会的干涉,而且从缔结婚约起一直到婚后夫妇关系的维持,多多少少,在当事人之外,总有别人来干预。这样把男女个人间的婚姻关系弄成了一桩有关公众的事件了。这并不是一般人的无理取闹,或是好事者的瞎忙,而是结合男女成夫妇所必需的手续,因为,让我再说一遍,单靠性的冲动和儿女的私情并不足以建立起长久合作抚育子女的关系来的。

若婚姻的意义不过是男女的结合,或是两性关系的确立,则婚姻不但是一件人们的私事,而且不必有很多人为这事忙碌干预了。可是在任何地方一个男子或女子要得到一个配偶,没有不经过一番社会规定的手续。有很多地方,配偶的选择并非出于当事人的自由意志,而是由他们的家长所代理。我们自己社会中的旧法就是这样。这虽则已经受尽了攻击，被认为是吃人的礼教。这固然是不错的，可是我们也得承认，配偶的选择从没有一个地方是完全自由的。所谓自由也者，也不过是在某个范围中的自由罢了。关于这点我将留着另外讨论。

……

　　在达到婚姻的一番手续中常包括着缔约的双方，当事人和他们的亲属，相互的权利和义务。在没有完全履行他们的义务之前，婚姻关系是不能成立的。在结婚前，男女双方及其亲属所履行的各种责任，在我们看来，其重要性是在把个人的婚姻关系，扩大成由很多人负责的事，同时使婚姻关系从个人间的感情的爱好扩大为各种复杂的社会联系。在这些必须履行的义务中，最受人注意的是经济性质的相互服务或相互送礼，而且这些义务时常推及当事者以外的人。这种事实常被解释作婚姻的卖买性质。男家给女家的聘礼，也有人类学者直呼之为"新娘的价钱"。在人类学文献中，常被人当作卖买婚姻例子的是南部非洲土人中常见的劳保拉(lobola)风俗。

　　在这些土人里面，一个男子想得到一个妻子，在约定婚姻关系的时候，他的父亲要送女家一群牛，这群牛就称作劳保拉。可是这并不是以牛易女的买卖，因为女家并没有把女子送到市场上标价出卖，而且得到的这群牛也不能随意加以处置。女家的家长要把它们分给他的亲属，分法也有一定的规则。余下来的，他又要用来充作他自己儿子订婚时送到女家去的劳保拉。男家在送劳保拉给女家时，他并不是全用自己的牛，他的亲属也有责任把劳保拉送来加入。若是结了婚，女的要离婚的话，女家要把以前所收到的牛一条不错地退回去，不但是数量上要相等，而且一定要那些以前送来的牛。男家若有不是，妻子可以回娘家，男家要损失一笔劳保拉。这样说来，劳保拉与其说是新娘的价钱，不如说是维持婚姻关系的一笔押款。把婚姻这件事拖累很多人，成为一件社会上很多人关心的公事，其用意无非是在维持结婚的两个人营造长期的夫妇关系；长期的夫妇关系是抚育子女所必需的条件。为了双系抚育，人造下了这样多的花样。

　　婚姻在人类生活上既是这样重要，而同时又不常和个人的生理和心理倾向相符合，于是社会就得立下法律来防止轶出规范的行为。单靠法律的制裁犹嫌不足，于是把其他经济关系等渗入婚姻关系中，并扩大向婚姻关系负责的团体,这样使夫妇间的联系加强,即使夫妇间一时感情失和,每会因牵涉太多,不致离异。可是这还不能使这种人造的办法根深蒂固,不易撼动,于是进一步,婚姻关系获得了宗教的意义而神圣化了。婚姻有关的法律,社会,以及宗教的制裁,从它们的功能上来说都是相同的,都是在维持人类社会生活中必需的抚育作用。

婚姻的宗教色彩常是最引人注意的一方面。翻开一部记载着各地风俗的书本,五花八门,光怪陆离,花样最多的,也许就是各地结婚的仪式。以我自己的乡下来说,整个仪式都充满着宗教的意味,好像"三灯火煌","红丝牵经","转米囤","牵蚕花磨",以及祭祖,拜天地,若要详细叙述起来可以有很长的一篇。至于去搜罗各民族结婚的材料,有趣的自然更多了。若总合起来说,这种种仪式象征着各种不同的意念,有些是直接有关于两性关系的,有些是有关于夫妇间经济合作的,有些是富于感情色彩及道德观念的。在这些仪式中都充分表现着宗教的色彩。在西洋,婚姻仪式须在教堂里由牧师来主持,把婚姻视作一种向上帝负责的契约。在我们自己,一方有月下老人的暗中牵线,一方有祖宗的监视,一方还有天地鬼神来作证,这样把确立个人关系的婚姻弄成了一件热热闹闹的社会举动,更把这和生物基础十分接近的俗事,转变成了好象和天国相通的神迹。为了这双系抚育,我们不能不敬服人类在文化上所费的一番苦心了。

课文导读

《乡土本色》选自费孝通的《乡土社会 生育制度》一书(北京大学出版社,2004年)。费孝通(1910—2005),江苏吴江人,中国社会学和人类学的奠基人之一。1936年撰写的博士论文《江村经济:中国农民的生活》成为欧洲人类学学生的必读参考书。最具影响力的著作有《乡土中国》、《生育制度》、《乡土重建》等。"田野考察"是其进行社会学研究的主要方式,现在这种治学方式也广泛应用于历史学、传播学等领域。

《乡土社会》初版于1947年。该书从社会形态中提炼出一些概念,如"乡土"、"差序"、"家族"、"血缘"、"地缘"等,解析中国基层传统社会里的体系,及其对于日常生活的影响与意义。而"乡土"是理解中国社会历史、文化传统及其社会体系最基本的概念。《乡土本色》一文从土地与人的关系,阐释乡土对于中国人的重要性,追溯"乡土"习性的形成及其在现代社会的流弊。

《结婚不是件私事》选自费孝通的《乡土社会　生育制度》一书中的《婚姻的确立》一文。书中所论的也不只是生育，凡属因种族绵延的需要而引申的一切足以满足基本需要、卫护此重大功能的现象或事物，都已论及，如"种族绵续的保障"、"双系抚育"、"婚姻的确立"等，全书共16章。《婚姻的确立》一文为我们阐明婚姻产生的社会学意义，而其中"结婚不是件私事"一节更以通俗易懂的方式说明婚姻与爱情的本质区别。

费孝通指出，婚姻的意义在于确立双系抚育的责任与义务，因为个体的成长是一个何其漫长而艰辛的过程，需要来自父母乃至更多人的呵护与关爱。换言之，婚姻意味着一种新的社会关系的缔结与确立。它受社会文化、伦理道德、习俗风尚乃至于经济条件的制约，而伦理的变迁、人性的善变、经济的压迫以及环境的改变等诸多变量对婚姻的完满与恒久构成种种威胁。故此，我们需要有一种务实、冷静的态度，看待性、爱情、婚姻等系列命题，以期及时地调整自我而融入社会结构，从容地审度自我并进而担当作为个体的责任与义务。

思考题：

一、在法治日益趋向完备的今天，在城市化愈来愈普及的当下，乡村、乡土似乎离我们越来越遥远。你觉得中国乡土社会发生了哪些变化？哪些特质应当继承，哪些应当摒弃？为什么？

二、爱情、婚姻是人生的重大命题。"执子之手，与子偕老"，这是一种多么美丽而浪漫的人生图景。不过，也有人说婚姻是爱情的坟墓。这也并非危言耸听。一位哲学家曾经对一对刚结婚的夫妻说：你们现在身边睡的那个人，不久之后将会是另外一个人。换言之，恋爱时你们觉得自己对彼此都十分了解，都认定彼此是最合适的那个人，然而婚后你会发现当初的感觉可能是错的。婚姻与爱情的区别何在？为什么人们会形成众多歧见？我们如何正确面对爱情？婚姻，这一家庭组织结构的意义有哪些？

第十课 易装易性现象

李银河

据报载,我国某城市有一位男士,常常趁妻子不在家时偷穿她的衣服,一次不慎被对面的邻居偷拍下来,被讹诈了不少钱财,事情传开后,搞得他在工厂里抬不起头来,还为此丢了工作。他的处境令人同情,他作为一个没有伤害他人的守法公民应享有的权利和尊严值得我们关注。

这位男士属于在性别认同方面不符合"规范"的少数人群。男权制不仅压抑女性,也压抑了在性别方面不符合"规范"的少数人群。跨越性别现象就属于这样的少数人群。

对于跨越性别现象,国际性学研究中有许多术语来加以描述,其中有些是利用旧有名词,有些在英语中属于新创词汇。据不完全统计,描写这一现象的词汇包括:跨越性别(transgenderism)、性别出轨(gender transgression)、间性(intersexuality, intersex)、雌雄同体(androgyny)、两性人(hermaphroditism)等。

Hermaphroditism(雌雄同体者)一词的来历是 Hermes(宙斯之子)和 Aphrdite(性爱与美之女神)的结合。关于雌雄同体者有两个神话故事:其一是二者生了一个孩子,性别难以确定。其二是他俩的孩子特别漂亮,水仙女爱上他,与他合为一体。

雌雄同体现象又被称为"第三性"现象,专指生理性别与心理性别不一致者。历史上有些文化相信这样的人拥有双重灵魂。

易性(transsexual)作为诊断实体最早是由本杰明(1953 年)定义命名的。他的定义是:一个生理正常的人坚持对荷尔蒙和外科性别做出重新定义。后人对易性倾向的标准定义是:一种不喜欢自己的解剖学性别的持续感觉,一种放弃自己的生殖器通过另一种性别的生活的持续愿望,易性者是陷在错误的身体中的人。换言之,易性者的定义就是一个人相信他(她)的真实性别被装在了一个对立性别的身体当中。由于精神不能改变,只好通过荷尔蒙治疗和手术改变身体,解决矛盾的惟一途径是改变自己身体的性别特征。易性者是性别颠倒,是性别角色的颠倒。因此有学者主张将性别分为三种:生理心理男性、生理心理女性、生理心理不一致的性别,即男女易性者。根据美国《精神异常的诊断和统计手册》(第三版),在1996年美国精神病协会的名单上,易性倾向不再被认为是精神病,而仅仅是一种"性别认同障碍"。

易装倾向(transvest)的定义原则是:一种不喜欢自己生理性别的服饰的持续感觉,一种放弃自己生理性别的服饰穿戴另一种性别的服饰的持续愿望。易装倾向是一种纯粹的人类现象,其他动物中不存在,因为他们不穿衣服。易装现象又可细分为内衣易装、仪式性易装、强迫性易装、同性恋易装等。

在西方社会里,易性易装现象最早出现在女性当中。虽然目前大多数易性易装者都是男性,但是最早对自己的性别感到不安的却是女性。在过去的几个世纪,有几千名西方女性像男性一样生活,有的是因为她们认为自己属于男性;有些则是为了逃避严格的女性角色。越来越多的受过教育的单身女性拒绝结婚和做母亲,采取参加工作和结交朋友的生活方式,威胁到规范的性别角色。19世纪至20世纪,跨越性别者多为男性,据专家估计,可能由于女性地位提高,对男性角色行为规范变严所致。

易装现象还大量出现在文学艺术活动中。早在17世纪就有男孩在戏剧中扮演女人。哈代的《还乡》就是由男扮女装出演的。莎士比亚戏剧中有许多女易装者,但是没有男易装者。1848年出版的一部小说《伦敦的奥秘》中有一位女扮男装的女主人公。我国传统戏剧中也有男女反串的习俗,如京剧的男扮女装、越剧的女扮男装等。

在北美残存的部落文化中,有113个社会承认第三性。非洲的巫医,西伯利亚和北美的沙曼(shamans)都是雌雄同体人。通常都是男性以女性的面貌出现和行事。作为一种宗教活动的男性易装现象不仅在北美印第安人中存在,在非洲和南美洲人中、澳洲人和大洋洲人中也发现过此类风俗。这些男性易性者的共同点在于:都是精神的翻译者,都是神的代言人,都能治病。易性男人成为最强有力的沙曼,据说是因为其荷尔蒙与众不同,神经系统独特,能进入狂喜的神灵附体状态。

欧洲20世纪初的旅行家在保加利亚山区发现了一种叫做"誓言处女"的人,她们是男性化的女人,终身不婚,像男人一样生活,保持处女之身。

不同文化对两性人有不同的看法。亚里士多德视两性人为孪生子。中世纪医生相信性别连续体。法国1601年出现玛丽/马林(Marie/Marin le Marcis)案。他在21岁时开始穿男人的衣服,并申请与一女人结婚。他被判火刑,又改勒死,后被释放,条件是在25岁前不穿女装。他的罪名是鸡奸和易装。

德国音乐家瓦格纳在19世纪60年代购买了大量的丝绸服装,表现出对女性服装的酷爱。但是有专家认为,他的举动还不足以证明他有易装倾向,也许是由中年危机导致的怪癖。

在英国,1880—1920年是易装女性现身的重要时期。20世纪初,英国一批上流社会的女性喜着男装,意在向传统的女性标准质疑,代表了一种特殊的政治要求和性别取向。当时社会公众对老处女的恐惧集中在这些具有男人风格的女人身上,她们身穿男装,一副男性做派。她们被批评为违反女性气质,反对女性气质。她们号称"新女性",是具有男性风格的新女性。研究和记录过这批易装者的性学家艾宾不是特别关注这些女性的性行为方式,而是关注其公共行为和外貌。当时的性学家将女性气质仅仅定义为生理术语,即母性,强调其自然性。他们认为,女性的特点是以道德和情感为中心的。如果说一个真正的女人必须是母亲,那么老处女,特别是在社会上公开站出来说话的女性主义者,在他们看来就缺乏标志着性与社会成熟的基本特点。

发生在20世纪的一个易性者的标志性事件是:西班牙女运动员玛利亚·帕蒂诺(Maria Patino)被查出男性染色体Y,因此被取消比赛资格,但是她坚持认为自己是女性。

据调查,具有易装易性倾向的男性有以下特点:从儿时起就跨越性别;在儿时不喜欢体育;高度女性化,外貌女性化,喜欢高度女性化的活动;没有恋物倾向;服饰戏剧化,妖娆,有魅力;喜欢制造一种过分花哨的、引人注目的娱乐形式;最喜欢的职业是娱乐业、歌唱业、舞蹈业、演艺业以及其他与表演有关的行业;常常在传统女性或"同性恋行业"工作,如卖淫、美发、缝纫、仆侍、指甲修剪业等;对生殖器类性活动有很大的兴趣;其性伴大多是异性恋男人或双性恋男人。

关于易性者一般在何时发现自己有易性倾向的调查表明,"从有记忆时起"——低于3岁时发现的占86%;3岁至入学阶段发现的占4%;青春期时发现的占10%;青春期以后发现的为0。

关于易性者与易装者中的男女比例问题,据近期调查,在易性者当中,男性大多于女性,男变女与女变男的比例为4∶1;在易装者当中,男性也占据了多数。此外,女性气质的男同性恋者多于男性气质的女同性恋者。男性的女性化发生的比较早,影响也长远;女性的男性化三四岁以前很少见,影响时间也不长。

有专家认为,男性易性者形成于母婴阶段。易性倾向的主要原因是儿时的照料者是同性还是异性。男性易性者的形成原因在于,男孩不可以认同母亲,女孩却没有这个问题,这就使男孩更容易犯性别认同的错误。母亲如果照顾儿子时间太长,其极端结果就是造成儿子的易性倾向,男孩会把自己当做女性,认同女性气质和女性身份。男性易性者的母亲是不快乐的、受压抑的,一般总是生活在一个无爱无性的婚姻当中,她从不表达感情,有时没有丈夫或男友。她不去寻求婚外恋,而是将注意力转向儿子,对儿子有不断地肉体接触,总是抱着他、抚摸他,有的母亲还希望她的孩子是女孩而不是男孩。

易性倾向往往具有着迷和执著的性质,以致女性想去掉乳房和生殖器,但是想拥有男性生殖器的欲望较前者为低;男性想放弃男性生殖器,但是想拥有女性生殖器的欲望也较前者为低。

对于跨越性别现象的治疗是在20世纪才出现的,此前这些现象或者被忽视,或者被当作罪恶和犯罪来对待。1990年出现了荷尔蒙代疗法,用于变性。本杰明(Harry Benjamin)是易性之父,他发起了关于变性病原学的辩论,认为易性者是女性灵魂进入男性身体,或者是男性灵魂进入女性身体。他发明了荷尔蒙治疗,使身体和心理两相一致。他的治疗实践导致了大量对于跨越性别现象的研究。

变性手术多为男变女,可人工制造阴道和阴蒂,术后可达到性快感;而女变男手术则比较少见。1952年一位名为卓根森的男性做了易性手术,他是第一位使用荷尔蒙疗法的易性者,使得易性更为现实,在他之前,男性易性者只是割去阴茎和睾丸,并没有真正变成女性。他的易性手术被媒体大量报道,制造出了一整套易性话语。

在女性易性者当中,也有一些人通过荷尔蒙治疗和变性手术成为男人。女性易性者一般要求拥有胡子、喉结和阴茎。女易性者的特点是:她们比一般男人雌雄同体的程度更高,对易性行为和思想的接受程度更高。

大多数易性者都是自愿易性的,但也有被迫的,如某些文化中的神医和某些运动员。手术费一般为10万美元外加终身荷尔蒙治疗。对易性者的心理治疗有荷尔蒙疗法和心理疗法。值得一提的是:很多易性者只满足于像异性一样生活,对做手术并不执著。

对于男女两类易性者的地位有一种评论认为,男变女是向下流动,女变男是向上流动,反对意见则认为:首先,由于女变男的易性者是按女性身体社会化的标准长大的,女变男的易性者并没有准备成为成功男性。其次,荷尔蒙并不会改变人的社会教化,因此,女变男的易性者并不知道如何"玩男性的等级游戏"。第三,女变男的易性者一般并未受过要求其成为"成功男性"的职业所需的教育。最后,如果她被发现是一个女变男的易性者,在找工作上还会受到歧视。

易性者和易装者所受到的歧视,就像黑人在美国、南非,犹太人在德国所受到的歧视一样。1960—1970年代的民权运动后,人们的看法有所改变,但是易性者和易装者的处境仍然不是太好。作为一个现代文明社会,尊重少数族群的权利是起码的标准;作为一个文明的现代人,我们也要学会尊重与自己有不同性别认同的兄弟姐妹。对他们的任何歧视都只能表明我们自己的粗俗无知。

课文导读

《易装易性现象》一文选自李银河的《两性关系》一书(华东师范大学出版社,2004年)。李银河(1952—),北京人,中国社会科学院社会学所研究员、教授、博士生导师,著名社会学家。美国匹兹堡大学社会学博士,师从中国社会学奠基人费孝通做博士后。著有《中国人的性爱与婚姻》、《生育与村落文化》、《两性关系》、《性别问题》等著作。1999年被《亚洲周刊》评为中国50位最具影响的人物之一。

《两性关系》在借鉴西方性别问题研究的基础上,描述和分析了世界和中国的两性关系状况及其焦点问题。全书涉及的领域包括:公民权与政治参与、就业与收入、教育、健康与生育、身体与性、婚姻与家庭、暴力、跨越性别界限、两性气质、习俗与观念等。作者藉此关心两性关系中处于弱势地位的女性,希望两性渐趋平等,从而营造和谐的性别关系状态。

两性关系是一个敏感话题。由于各民族、国家秉承的文化、伦理观念不同,人们对两性关系的认识存有差异。而处于模糊地带的人群的性取向及其相关行为,是大多数人群共同排斥与歧视的。易装易性现象被视为"不正常"、无可救药的,这其实是错误的。在一定意义上,同性恋关系、虐恋、恋物、易装、易性和跨代性行为等现象的存在是对性别传统的质疑,它们应该得到人们的尊重与理解。

  作为一位社会学家,李银河对于不同群体的性取向是持包容、谅解的态度。她告诉我们,正如我们应当尊重不同性情的兄弟姐妹,我们也应当学会尊重不同性别、心理取向的他(她)人。她详尽地介绍易装易性现象产生的社会机制、心理动因及其后果,客观地呈现了作为一种社会现象的真实性与复杂性。故此,她倡导一种多元的性别价值观,摈弃文化传统中的等级观念,建立一种新型的人际观——差异观念。承认差异存在的合理性与必然性,但不因此划分等级,或者划定"正常"与"不正常"的界限,而给予每一个个体性心理自由发展的空间。因为人性本来是极其丰富多彩的,任何人为、固定的模式都违背人类享有自由与爱的基本原则。

思考题:

  一、在社会习俗里,男性、女性各自的性别特征是十分明显的。但随着社会的发展,人们的观点正在发生变化。什么是真正的男人?什么是真正的女人?对中性化的审美取向、易装异性等现象如何评判?谈谈你看到的性别现象,并分析其观点与原因。

  二、如何看待同性恋现象?作为群体,你认为应当如何尊重他们(她们)?作为个体,如何应对自身以及社会所产生的"不适感"?

第十一课

中国人,你为什么不生气?

龙应台

在昨晚的电视新闻中,有人微笑着说:"你把检验不合格的厂商都揭露了,叫这些生意人怎么吃饭?"

我觉得恶心,觉得愤怒。但我生气的对象倒不是这位人士,而是台湾一千八百万懦弱自私的中国人。

我所不能了解的是:中国人,你为什么不生气?

包德甫的《苦海余生》英文原本中有一段他在台湾的经验,他看见一辆车子把小孩撞伤了,一脸的血。过路的人很多。却没有一个人停下来帮助受伤的小孩,或谴责肇事的人。我在美国读到这一段,曾经很肯定地跟朋友说:不可能!中国人以人情味自许,这种情况简直不可能!

回国一年了,我睁大眼睛,发觉包德甫所描述的不只可能,根本就是每天发生、随地可见的生活常态。在台湾,最容易生存的不是蟑螂,而是"坏人",因为中国人怕事、自私,只要不杀到他床上去,他宁可闭着眼假寐。

我看见摊贩占据着你家的骑楼,在那儿烧火洗锅,使走廊垢上一层厚厚的油污,腐臭的菜叶塞在墙角。半夜里,吃客喝酒猜拳作乐,吵得鸡犬不宁。

你为什么不生气?你为什么不跟他说"滚蛋"?

哎呀!不敢呀!这些摊贩都是流氓,会动刀子的。

那么为什么不找警察呢?

警察跟摊贩相熟,报了也没有用;到时候若曝了光,那才真惹祸上门了。

所以呢?

所以忍呀！反正中国人讲忍耐！你耸耸肩、摇摇头！

在一个法治上轨道的社会里，人是有权利生气的。受折磨的你首先应该双手叉腰，很愤怒地对摊贩说："请你滚蛋！"他们不走，就请警察来。若发觉警察与小贩有勾结——那更严重。这一团怒火应该往上烧，烧到警察肃清纪律为止，烧到摊贩离开你家为止。可是你什么都不做；畏缩地把门窗关上，耸耸肩、摇摇头！

我看见成百的人到淡水河畔去欣赏落日、去钓鱼。我也看见淡水河畔的住家整笼整笼地把恶臭的垃圾往河里倒；厕所的排泄管直接通到河底。河水一涨，污秽气直逼到呼吸里来。

爱河的人，你又为什么不生气？

你为什么没有勇气对那个丢汽水瓶的少年郎大声说："你敢丢我就把你也丢进去？"你静静坐在那儿钓鱼（那已经布满癌细胞的鱼），想着今晚的鱼汤，假装没看见那个几百年都化解不了的汽水瓶。你为什么不丢掉鱼竿，站起来，告诉他你很生气？

我看见计程车穿来插去，最后停在右转线上，却没有右转的意思。一整列想右转的车子就停滞下来，造成大阻塞。你坐在方向盘前，叹口气，觉得无奈。

你为什么不生气？

哦！跟计程车可理论不得！报上说，司机都带着扁钻的。

问题不在于他带不带扁钻。问题在于你们这20个受他阻碍的人没有种推开车门，很果断地让他知道你们不齿他的行为，你们很愤怒！

经过郊区，我闻到刺鼻的化学品燃烧的味道。走近海滩，看见工厂的废料大股大股地流进海里，把海水染成一种奇异的颜色。湾里的小商人焚烧电缆，使湾里生出许多缺少脑子的婴儿。我们的下一代——眼睛明亮、嗓音稚嫩、脸颊透红的下一代，将在化学废料中学游泳，他们的血管里将流着我们连名字都说不出来的毒素——

你又为什么不生气呢？难道一定要等到你自己的手臂也温柔地捧着一个无脑婴儿，你再无言地对天哭泣？

西方人来台湾观光，他们的旅行社频频叮咛：绝对不能吃摊子上的东西，最好也少上餐厅；饮料最好喝瓶装的，但台湾本地产出的也别喝，他们的饮料不保险……

这是美丽宝岛的名誉；但是名誉还真是其次；最重要的是我们自己

的健康、我们下一代的健康。一百位"交大"的学生食物中毒——这真的只是一场笑话吗？中国人的命这么不值钱吗？好不容易总算有几个人生起气来，组织了一个消费者团体。现在却又有"占着茅坑不拉屎"的卫生署、为不知道什么人做说客的立法委员要扼杀这个还没做几桩事的组织。

你怎么能够不生气呢？你怎么还有良心躲在角落里做"沉默的大多数"？你以为你是好人，但是就因为你不生气、你忍耐、你退让，所以摊贩把你的家搞得像个破落大杂院，所以台北的交通一团乌烟瘴气，所以淡水河是条烂肠子；就是因为你不讲话、不骂人、不表示意见，所以你疼爱的娃娃每天吃着、喝着、呼吸着化学毒素，你还在梦想他大学毕业的那一天！你忘了，几年前在南部有许多孕妇，怀胎九月中，她们也闭着眼梦想孩子长大的那一天。却没想到吃了滴滴纯净的沙拉油，孩子生下来是瞎的、黑的！

不要以为你是大学教授，所以作研究比较重要；不要以为你是杀猪的，所以没有人会听你的话；也不要以为你是个学生，不够资格管社会的事。你今天不生气，不站出来说话，明天你——还有我、还有你我的下一代，就要成为沉默的牺牲者、受害人！如果你有种、有良心，你现在就去告诉你的公仆立法委员、告诉卫生署、告诉环保局：你受够了，你很生气！

你一定要很大声地说。

目　送

龙应台

华安上小学第一天，我和他手牵着手，穿过好几条街，到维多利亚小学。九月初，家家户户院子里的苹果和梨树都缀满了拳头大小的果子，枝丫因为负重而沉沉下垂，越出了树篱，勾到过路行人的头发。

很多很多的孩子，在操场上等候上课的第一声铃响。小小的手，圈在爸爸的、妈妈的手心里，怯怯的眼神，打量着周遭。他们是幼稚园的毕业生，但是他们还不知道一个定律：一件事情的毕业，永远是另一件事情的开启。

铃声一响,顿时人影错杂,奔往不同方向,但是在那么多穿梭纷乱的人群里,我无比清楚地看着自己孩子的背影——就好像在一百个婴儿同时哭声大作时,你仍旧能够准确听出自己那一个的位置。华安背着一个五颜六色的书包往前走,但是他不断地回头;好像穿越一条无边无际的时空长河,他的视线和我凝望的眼光隔空交会。

我看着他瘦小的背影消失在门里。

十六岁,他到美国作交换生一年。我送他到机场。告别时,照例拥抱,我的头只能贴到他的胸口,好像抱住了长颈鹿的脚。他很明显地在勉强忍受母亲的深情。

他在长长的行列里,等候护照检验;我就站在外面,用眼睛跟着他的背影一寸一寸往前挪。终于轮到他,在海关窗口停留片刻,然后拿回护照,闪入一扇门,倏乎不见。

我一直在等候,等候他消失前的回头一瞥。但是他没有,一次都没有。

现在他二十一岁,上的大学,正好是我教课的大学。但即使是同路,他也不愿搭我的车。即使同车,他戴上耳机——只有一个人能听的音乐,是一扇紧闭的门。有时他在对街等候公车,我从高楼的窗口往下看:一个高高瘦瘦的青年,眼睛望向灰色的海;我只能想象,他的内在世界和我的一样波涛深邃,但是,我进不去。一会儿公车来了,挡住了他的身影。车子开走,一条空荡荡的街,只立着一只邮筒。

我慢慢地、慢慢地了解到,所谓父女母子一场,只不过意味着,你和他的缘分就是今生今世不断地在目送他的背影渐行渐远。你站立在小路的这一端,看着他逐渐消失在小路转弯的地方,而且,他用背影默默告诉你:不必追。

我慢慢地、慢慢地意识到,我的落寞,仿佛和另一个背影有关。

博士学位读完之后,我回台湾教书。到大学报到第一天,父亲用他那辆运送饲料的廉价小货车长途送我。到了我才发觉,他没开到大学正门口,而是停在侧门的窄巷边。卸下行李之后,他爬回车内,准备回去,明明启动了引擎,却又摇下车窗,头伸出来说:"女儿,爸爸觉得很对不起你,这种车子实在不是送大学教授的车子。"

我看着他的小货车小心地倒车,然后噗噗驶出巷口,留下一团黑烟。直到车子转弯看不见了,我还站在那里,一口皮箱旁。

每个礼拜到医院去看他,是十几年后的时光了。推着他的轮椅散步,他的头低垂到胸口。有一次,发现排泄物淋满了他的裤腿,我蹲下来用自己的手帕帮他擦拭,裙子也沾上了粪便,但是我必须就这样赶回台北上班。护士接过他的轮椅,我拎起皮包,看着轮椅的背影,在自动玻璃门前稍停,然后没入门后。

我总是在暮色沉沉中奔向机场。

火葬场的炉门前,棺木是一只巨大而沉重的抽屉,缓缓往前滑行。没有想到可以站得那么近,距离炉门也不过五公尺。雨丝被风吹斜,飘进长廊内。我掠开雨湿了前额的头发,深深、深深地凝望,希望记得这最后一次的目送。

我慢慢地、慢慢地了解到,所谓父女母子一场,只不过意味着,你和他的缘分就是今生今世不断地在目送他的背影渐行渐远。你站立在小路的这一端,看着他逐渐消失在小路转弯的地方,而且,他用背影默默告诉你:不必追。

课文导读

《中国人,你为什么不生气?》一文节选自龙应台的《野火集》一书。龙应台(1952—),台湾高雄人,2012年出任台湾文化部部长。台湾著名文化人及公共知识分子,台湾地区著名作家,作品以针砭时事、鞭辟入里而著称。

1985年,她以专栏文章结集的《野火集》出版,一上市即告罄,一个月内印刷24次,销售10万多册,风靡台湾,后来在中国大陆出版,也引起热烈的反响。在80年代,台湾的发展速度十分惊人。50年代的经济年均增长率为7.3%,60年代为9.1%,70年代为接近10%。1984年,增长率则达到了10.52%。但随之出现的是诸多不堪的社会现象。《野火集》就是在这种时代语境下诞生的。它主要批判当时台湾的社会与民众淡薄的公德意识,笔锋犀利,闪现了一个公共知识分子的智慧与光芒。

"中国人,你为什么不生气?"30年前龙应台向台湾人的这一诘问,如今读来,依然可以感觉行文之锋芒毕露,用情之酣畅淋漓。21世纪的今天,伴随中国经济的一路高歌,社会乱象丛生,普通民众常常遭遇诸多烦恼,从房价到物价,从假货假药到公共卫生,从道路交通到物业管理……但是,这个世界的紊乱与无序并不是一朝一夕的事,也不是几个不法分子的祸乱,每一个公民,包括知识分子,都负有不可推卸的责任。正是人们的懦弱怕事、逆来顺受,面对强权恶势,在自身权益受到侵害时不敢"生气",导致了社会进步的缓慢以及不公不义现象的漫溢。

懦弱怕事的心理动因是褊狭自私,不敢"生气"是因为缺乏责任与担当。生气有害于身体健康,却有益于社会进步。"生气",大声地发出你的声音,不仅是一种权利意识的张扬,也是权利对权力的驯服与制约。这也是一名现代公民的基本职责。每一个人都谋求改良社会现状,提高人类生活品质,这个社会才会不断地走向文明与进步。

《目送》一文选自龙应台的《目送》(生活·读书·新知三联书店,2009年)一书。该书以叙写父(母)女情为主,兼及对生死大问的体悟,也不乏对动荡世界的关切。该书旨在"献给我的父亲、母亲和兄弟们",一改往日凌厉的风格,龙应台用看似随意,实则用心的漫笔,勾勒人世间种种柔情与况味,令人回味,使人神伤。《目送》一文是在港台和海外流传最广的一篇。此文叙写父亲、"我"与儿子之间三代人之间的目送场景,岁月流转,人生匆匆,庸常的碎屑中闪耀着爱的光华,情的流逝。

思考题:

一、随着中国城市现代化进程的迈进,我们在经济高速发展的同时,也付出了沉重的代价,比如生态环境的破坏,传统伦理的失落,等等。我们似乎面临着一个混乱而无序的世界。作为一个现代公民,你认为该如何应对当下的社会现状?我们应该"说"什么,"做"什么?如何"说",如何"做"?

二、血缘关系是人与人之间最为坚固的情感纽带。与朱自清的名篇《背影》相比,《目送》一文除了表达一种深厚的亲情,还寄寓了怎样的涵义?联系你的个人成长经历,谈谈你的感受和看法。

第十二课　怎样才算是知识分子？

殷海光

照《时代周刊》(Time)的时代论文所说,得到博士学位的人早已不足看作是知识分子。即令是大学教授也不一定就是知识分子。至于科学家,只在有限制的条件之下才算是知识分子。该刊在两个假定的条件之下来替知识分子下定义:

第一,一个知识分子不止是一个读书多的人。一个知识分子的心灵必须有独立精神和原创能力。他必须为追求观念而追求观念。如霍夫斯泰德(Richard Hofstadter)所说,一个知识分子是为追求观念而生活。勒希(Christopher Lasch)说知识分子乃以思想为生活的人。

第二,知识分子必须是他所在的社会之批评者,也是现有价值的反对者。批评他所在的社会而且反对现有的价值,乃是苏格拉底式的任务。

一个人不对流行的意见、现有的风俗习惯和大家在无意之间认定的价值发生怀疑并且提出批评,那么这个人即令读书很多,也不过是一个活书柜而已。一个"人云亦云"的读书人,至少在心灵方面没有活。

如果依照上列《时代周刊》所举两个条件来界定知识分子,那么不仅中国的知识分子很少,即令在西方世界也是寥寥可数。在现代西方,罗素是十足合于这两个条件的。史迪文逊(Adlai Stevenson)显然是一个知识分子。在中国,就我所知,明朝李卓吾勉强可作代表。自清末严又陵以降的读书人堪称知识分子的似乎不易造一清册。而且,即令有少数读书人在他们的少壮时代合于这两个条件,到了晚年又回头走童年的路,因此不算知识分子。

维斯(Paul Weiss)说,真正的知识分子没有团体,而且没有什么朋友。赫钦士(Robert Hutchins)认为一个知识分子是试行追求真理的人。

这样看来,作一个真正的知识分子是要付出代价的,有时得付出生命的代价。苏格拉底就是一个典型。一个真正的知识分子必须"只问是非,不管一切"。他只对他的思想和见解负责。他根本不考虑一个时候流行的意见,当然更不考虑时尚的口头禅;不考虑别人对他的思想言论的好恶情绪反应;必要时也不考虑他的思想言论所引起的结果是否对他有利。一个知识分子为了真理而与整个时代背离不算稀奇。旁人对他的恭维,他不当作"精神食粮"。旁人对他的诽谤,也不足以动摇他的见解。世间的荣华富贵,不足以夺去他对真理追求的热爱。世间对他的侮辱迫害,他知道这是人间难免的事。依这推论,凡属说话务求迎合流俗的读书人,凡属立言存心哗众取宠的读书人,凡属因不耐寂寞而不能抱持真理到底的读书人,充其量只是读读书的人,并非知识分子。

海耶克说,知识分子既不是一个有原创力的思想家,又不是思想之某一特别部门的专家。典型的知识分子不一定必须有专门的知识,也不一定必须特别有聪明才智来传播观念。一个人之所以够资格叫做知识分子,是因他博学多闻,能说能写,而且他对新观念的接受比一般人来得快。

海耶克的说法没有《时代周刊》的时代论文那么严格。我对这两种说法都采用。依照海耶克的说法,中国文化里的知识分子倒是不少。《时代周刊》的时代论文所界定的知识分子是知识分子的精粹。海耶克所说的知识分子是知识分子的本干。前者是一个社会文化创建的前锋;后者是一个社会文化创建的主力。时至今日,知识分子自成一个站特殊地位的阶层之情形已经近于过去了。今日的知识分子,固然不限于在孔庙里,也不限于在学校里,而是分布在各部门里。因此,我们现在谈文化创建,已经不是狭义的局限于拿笔杆的人的事,而是广义的扩及社会文化的各部门的优秀人物。在一现代化的文化建构上,经济工作者,工业工作者,农业工作者,以至于军事科学工作者,都不可少。可是,在传承上和方便上,以研究学问为专业的人是"搞观念的人"。我在这里所要说的种种是以这类人士为主。当然,这一点也不意含其他方面的工作对文化的创建不重要。

课文导读

《怎样才算是知识分子?》一文选自殷海光的《中国文化的展望》(上海三联书店,2005年)一书。殷海光(1919—1969),湖北黄冈人,中国著名逻辑学家、哲学家,师从金岳霖先生,又深受罗素、海耶克等影响。1949年到台湾,进入台湾大学哲学系任教。殷海光毕生以介绍西方的形式逻辑和科学方法论到中国为己任,撰写了《思想与方法》、《论认知的独立》、《中国文化之展望》等著述。他认为,中国传统文化中的认知因素不发达,从根本上说,归因于儒家文化的泛道德主义倾向和中国文化采取的"崇古"价值取向。于是,殷海光大力提倡"认知的独立",强调"独立思想"。殷海光终生秉持科学、民主、自由的精神,著述以其深刻的思想、缜密的逻辑、饱蘸激情的文字影响了海外知识界和民众。

《中国文化的展望》一书是殷海光晚年最重要的著作,现代思想史上一部重要文献。该书在殷海光学生李敖的帮助下,于1965年底在台湾文星书店出版,但很快被当局查禁。当时港台学术界对此书反映强烈,认为展示了"一个中国知识分子追求中国现代化的学术良心与道德勇气",是"讨论中国文化问题的一个新的里程碑"。本书采用西方社会科学(特别是文化人类学)的一些概念及逻辑分析的方法,阐析了近代百年中国历史文化的变迁,讨论了如"自由主义"、"西化的主张"、"中体西用说"、"现代化"、"知识分子的责任"等诸多重大的问题。

知识分子既是一个历史文化范畴,更是一种令世人景仰的社会身份,但何谓知识分子不是每个人都清楚的。并且,在不同历史时期和文化背景下,社会学家、史学家、文学家等对知识分子的界定和理解也歧见纷呈。从词源学的角度,知识分子这一概念在中西文化传统具有各自的源头。在中国古代,知识分子叫做"士"。"士"在中国传统社会结构中占据着中心位置,位居士、农、工、商"四民之首"。从孔子开始,知识分子就以"道"自任,所谓"士志于道"(《论语·里仁》)。"铁肩担道义",维护政治社会的秩序成为中国知识分子的传统。在现代英语中知识分子对应的词汇是"intellectuel"。它源自法文,专指法国大革命后一群在科学或学术上杰出的作家、教授及艺术家。他们以天下为己任,批判政治,在咖啡馆中高谈阔论,带有波西米亚圣徒(Messianic Bohemians)式的精神,具有相当浓厚的革命气息。

但无论时代变迁还是文化传统的不同,"知识分子"这一概念的内涵目前已得到普遍认同。在该文中,殷海光从《时代周刊》的两个标准说起,借鉴海耶克的理论与观点,提出博闻强识、善于接受新知是知识分子的必备素养,而独立精神、原创能力以及批判精神则为精神内核。惟其如此,知识分子才能担当起建构社会文化体系,传承人类文明的重任,有力地推动中国乃至于世界现代化的进程,从而无愧于这一神圣而崇高的称谓。

思考题:

一、关于"何谓知识分子"这一论题,古今思想家、社会学家可谓众说纷纭。按照选文中殷海光的观点,你是一个知识分子吗?为什么?如果不是,应当从哪些方面对自我予以修正与提升?

二、"铁肩担道义,妙手著文章"(李大钊语),在人类的各个发展阶段,在不同的民族国家中,知识分子的社会责任与历史意义是不同的。你认为,当下的中国知识分子承担着怎样的社会责任?

第十三课　关于民族主义的札记

乔治·奥威尔

我所谓的"民族主义",首先是指一种习惯,它假定人类可以像昆虫那样加以分类,数百万人或者数千万人可以集体地被贴上"好的"或者"坏的"标签。其次,我指的是将自己等同于某个单一的民族,认为该民族是不受道德评判的,并且以推进该民族的利益为唯一义务的习惯,这点更为重要。切不可将"民族主义"混同于"爱国主义"。这两个词的用法是如此含混,以至于对它们所下的任何定义都会遭到质疑,但还是要把它们区分开来,因为它们指称的是两种不同的,甚至相互对立的观念。我所说的"爱国主义",是指献身于自己认为是世界上最好的某个地方或者某种生活方式,但并不想通过暴力手段强加于其他人。无论是军事上还是文化上,爱国主义的本质都是防御性的。而民族主义是与权力欲密不可分的。每个民族主义者的最高目标,是确保获得更多的权力和声望——不是为他自己,而是为他所选择的、甘心将自我沉没于其中的那个民族或者团体。

如果我们只谈在德国、日本和其他国家中出现的臭名昭著的民族主义运动,我上面所说的这些都是显而易见的。面对纳粹主义(我们可以从外部观察它),我们中间几乎所有的人都会那么说。但是,我还得重复一遍前面说过的话,即我之所以使用"民族主义"一词,是因为找不到更合适的词。我在广义上使用的"民族主义"一词,包括共产主义、政治天主教、反犹主义、犹太复国主义、托洛茨基主义以及和平主义等等运动和趋势。它不一定指对政府或者国家的忠诚,更不一定是指对本国的忠诚,它所效忠的对象甚至不一定实际存在。比如,犹太教、伊斯兰教、基督教、无产阶级、白人至上运动等,都是能够产生激烈的民族主义情绪的客体,但它们的存在却大有疑问,而且它们也没有一个普遍接受的定义。

另外值得再次强调的是,民族主义感情可能完全是消极性的。比如,已然成为苏联之敌人的托洛茨基主义,就没有发展出对任何其他团体相应的忠诚。明白了这一点,我所谓的民族主义的本质就昭然若揭了。民族主义者是那种以竞争性荣誉为唯一的,或者主要的出发点和目的的人。他可能是个积极的民族主义者,也可能是个消极的民族主义者——也就是说,他可能尽全力去吹捧或者贬损——但不管怎么说,他所想的总是胜利、失败、大捷或者屈辱。他认为历史(尤其是当代史)就是大国的兴衰史,在他看来,历史上发生的每个事件,似乎都证明了他所属的团体正在兴盛,而其敌人正在衰亡。但是,千万要注意别把民族主义更单纯的对成功的膜拜相混淆。民族主义者不喜欢只跟最强的一方结盟。相反,一旦他选定了忠诚的对象,他就会说服自己:那个对象就是最强大的,即使在事实证明自己错了以后,他也永不回头。民族主义是由自欺为基础的权利欲。每个民族主义者有可能既极端不诚实,同时又毫不动摇地坚信自己站在了正确的一边,因为他确信是在为某个比自己大的团体服务。

……

要说所有的民族主义都是一样的,可能有些简单化,但所有的民族主义都有一些共同的地方,却是真的。下面就是民族主义思想共有的几个主要特点:

着迷。所有的民族主义者,除了论证他所属团体的优越性以外,几乎都不想、不说、不写别的。所有的民族主义者都很难,或者说不可能掩饰自己的忠诚。对他所属团体的一点点诋毁,或者对敌对组织的丝毫赞扬,都会使他义愤填膺,必得进行严厉的回击,方能平息。如果他选定的是一个国家,比如爱尔兰或印度,他一般会说,该国家不仅在军力和政治美德上占优势,而且在艺术、文学、体育、语言结构、居民体型的优美程度甚至气候、风景和厨艺上也占上风。他对国旗的正确摆放法、标题字号的大小以及不同国家的排序方法之类事情特别在意。①在民族主义者的思维中,名称起着非常重要的作用。赢得了民族独立的国家,或者完成了民族革命的国家,一般都要改国名,而如果国民对自己的国家有强烈的感情,那个国家一般都会有好几个名字,每个名字代表着不同的含义。西班牙内战的交战双方总共有九到十个名字,表

---

① 一些美国人对"英裔美国人"(Anglo-American)的叫法表示不满,因为这两个词的搭配顺序不合他们的意思。有人建议将其改为"美籍英国人"(America-British)。

达了不同程度的爱恨。其中有些名字（如"爱国者"是指佛朗哥的支持者，"效忠派"是指政府的支持者）让人起疑，它们中间没有一个是双方都同意使用的。所有的民族主义者都把普及自己的语言、损害对手的语言视为自己的天职，在说英语的民族中，这种斗争采取了比较微妙的方言竞争的形式。有仇英心理的美国人，如果知道某个短语是出自英国，就会拒绝使用该短语，而主张拉丁化的人和主张日耳曼化的人之间的冲突，背后也有民族主义的动机。苏格兰的民族主义者坚称低地苏格兰语的优越性，而那些民族主义采取阶级仇恨形式的社会主义者则激烈地抨击 BBC 的口音，甚至给人造成这样的印象，即他们似乎相信感应巫术——普遍流行的焚烧政敌模拟像，或者用政敌的画像当靶子的做法，也许正是这种信仰的自然流露。

不稳定。民族主义感情虽然强烈，并不能妨碍民族主义者转换门庭。首先，正如我已经指出的，民族主义者可以并且经常钟情于某个外国。你会发现，伟大的民族主义领袖，或者民族主义运动的创始人，甚至不属于他们所美化的那个国家。有的时候，他们完全是外国人，更多的时候，要不就是来自于某个国籍很可疑的边远地区。比如斯大林、希特勒、拿破仑、德·瓦莱拉、迪斯累利、庞加莱、比弗布鲁克等人。泛日耳曼运动部分地是一个名叫休斯顿·张伯伦的英国人创立的。在过去五十到一百年间，改换门庭的民族主义者不计其数，在自由主义的知识分子中间不计其数。拉夫卡迪奥·赫恩转投了日本，卡莱尔和许多同时代的人转投了德国，在我们这个时代，一般都是转投俄国。但特别有意思的是，再次转投也是可能的。崇拜多年的某个国家或者团体，可能突然变得令人厌恶，于是就立刻移情于另外一个对象。在 H. G. 威尔斯所著的《历史概要》的第一版中，你会发现，他对美国赞誉之过分，堪与今日的共产主义者对俄国的赞誉相比肩；但在数年之间，这种不加挑剔的崇拜就转化成了仇恨。固执的共产党人，在几个礼拜甚至几年之内就转变成了同样固执的托洛茨基主义者，这种情况屡见不鲜。民族主义者唯一保持不变的，是他的心理状态：他热爱的对象不仅可变，而且还可以是假想的。

不过，对于知识分子来说，移情有个重要的功能，我在说到切斯特顿的时候已经提到过。移情使他有可能变得更为民族主义——对他的本民族或者任何他确实了解的团体来说更粗俗、更愚蠢、更不诚实。当你看到相当聪明而敏感的人所写的那些吹捧斯大林、红军等的奴颜婢膝或自吹自擂的废话时,你就会明白,只有发生了某些错乱的事情,才可能写出那样的话。在我们这样的社会中,任何可以被称作知识分子的人,如果对他的祖国抱有深深的依恋之情,是极少见的事。公众舆论——即他作为知识分子应当知道的那部分公众的舆论——不允许他那么做。他身边的绝大多数人都多疑而无动于衷,出于模仿或者纯粹的担心,他也可能从众;那样的话,他就抛弃了近在手边的那种民族主义,却没有靠近真正的国际主义。他仍然需要有个祖国,所以很自然地把目光转到了国外的某个地方。找到那个地方以后,他就又沉醉在那些刚刚把自己从中解放的激情之中了。上帝、国王、皇帝、国旗——所有被他自己推翻的偶像,都换了个名字重新出现了,又因为这些偶像都没被认为是其本来的面目,所以他也就能够心安理得地去崇拜它们。移情后的民族主义,就跟替罪羊的作用一样,是一个不用改变自己的行为就能达到解脱的好办法。

不顾现实。对相似的事实之间的相似点视而不见,是所有民族主义者都具备的本事。英国的保守党会拥护欧洲的民族自决,而反对印度的民族自决,同时又能不感觉自己前后不一致。评判行为的好与坏,不是根据行为本身的是非曲直,而是看行为人是谁。几乎所有的暴行——虐待、劫持人质、强迫劳动、集体驱逐、不经审判而监禁、伪造、轰炸平民——假如是"我们的人"干的,就都可以改变其道德性质。比如自由主义的《新闻纪事报》刊登了一组照片,是德国人绞死俄国人的场面,说令人发指;一两年后,又刊登了类似的一组俄国人绞死德国人的照片,并表示了热烈的拥护。① 对历史事件也是如此。民族主义者在很大程度上是从民族主义的角度来看待历史的,像宗教裁判所、星法院的酷刑、英国冒险家的功绩(比如弗朗西斯·德雷克爵士就眼看着西班牙俘虏被活活淹死)、雅各宾专政时期的恐怖统治、用大炮轰击数百个印度人的哗变英雄们,或者克伦威尔时期那些用刀片割爱尔兰女人脸的士兵们,在道德上都成了中性的,甚至成了有美德的,因为大家觉

---

① 《新闻纪事报》建议想看绞刑全过程的读者去看有关的新闻纪录片,里面有特写镜头。《星报》以赞赏的口气刊登了巴黎暴民折磨几乎全裸的女卖国者的照片。这些照片跟纳粹刊登的柏林暴民迫害犹太人的照片如出一辙。

得,这些都是发生在"正义"事业过程中的事情。如果你回头看看过去的二十五年,就会发现,几乎每年都会有世界各地——西班牙、中国、俄国、匈牙利、墨西哥、阿姆利则、士麦那等等——发生的暴行的报道,但英国的知识界作为一个整体,没有对任何一件暴行表示过一致的相信或者谴责。这些暴行是否应受谴责,甚至说它们到底是否发生过,都取决于人们的政治偏好。

民族主义者不光对自己一方干的坏事不予谴责,而且他还有一种特别的本领:对这些坏事充耳不闻。在整整六年的时间里,英国那些崇拜希特勒的人就设法不了解达豪集中营和布痕瓦尔德集中营的存在。而那些最严厉谴责德国集中营的人,常常不知道,或者只是模糊地知道俄国也有集中营。像1933年乌克兰大饥荒这样涉及数百万人死亡的重大事件,实际上都躲过了英国大多数亲俄分子的注意。许多英国人也没听说过这次世界大战中灭绝德国和波兰犹太人的事,因为他们自己的反犹情绪让这类大规模的犯罪远离了良心的评判。在民族主义思想中,有些事实既可以是真的,也可以是假的;既可以知道,也可以是不知道。一个已知的事实是如此无法容忍,因此民族主义者会习惯性地将它撇在一边,不让它进入自己的思维过程,或者它可以进入所有的考虑之中,却从不被承认它是个事实。

每个民族主义者都受到一种信念的困扰,即过去是可以改变的。他将自己的部分时间花在一个幻想的世界中,在那个世界,想发生的事情都会发生——比如,西班牙的无敌舰队是个成功,而俄国革命在1918年遭到了镇压——他会尽可能把这个幻想世界的片段移植到历史书中。我们这个时代的宣传性作品,几乎可以说都是造假。客观事实遭到压制,日期被更改,引文被剥离开上下文,并且被设法改变了原来的含义。如果某件事被认为不该发生,就不会被提及,最终会被否认①。1927年蒋介石处决了几百个共产党人,可在十年之内他却成了左派的英雄。世界政治的重新洗牌将他带到了反法西斯阵营,因此人们觉得处决共产党人的事件"不算数",或者根本就没发生过。当然,宣传的主要目的是影响当代的舆论,而重写历史的人可能真的以为自

---

① 比如《苏德条约》很快就从公众的记忆中被抹掉了。有个俄国记者告诉我,记载最近政治事件的俄国年鉴已经不再提及该条约。

己是在将事实插入过去。苏联曾经有意伪造文件,证明托洛茨基在俄国内战中根本没有发挥过有价值的作用,一想到这个,就很难觉得那些作伪的人仅仅是在撒谎。更有可能的是,他们觉得他们自己对历史的叙述正是在上帝看来确曾发生的事情,因此,他们相应地重新编排历史记载的做法就是正当的。

对客观事实的漠视,受到世界各地相互隔绝这一情况的强化,这种隔绝状态让人们越来越难以发现到底发生了什么事情。对绝大多数重大的事件,人们有理由表示怀疑。比如,我们很难精确地统计这次大战造成的死亡人数。不断报道的灾祸——战争、屠杀、饥荒和革命——似乎会在普通人心里造成一种不现实的感觉。我们无法去核实,甚至不能完全肯定它们究竟是否发生过,而不同来源所做的解释又是各不相同。1944年8月的华沙起义,孰对孰错?德国人真的在波兰安装过毒气炉吗?到底谁该为孟加拉饥荒承担责任?可能我们永远也不可能找到真相。几乎所有的报纸都歪曲真相,因此,普通读者如果轻信了谎言,或者无法形成自己的见解,委实是情有可原。因为几乎不能确定真正发生的事情的真相,人们很容易会固执于疯狂的信念。由于没有一件事可以被证实或证伪,对那些确凿无疑的事实也会被审慎地拒斥。此外,虽然民族主义者没完没了地思索权力、胜利、失败和复仇,但他对客观世界里发生的一切,常常并不太在意。他所想要的,只是他所属的团体能够压倒其他的团体,因此,丑化其对手要比仔细地考察事实、以确定事实是否支持他的论断,能更容易地达到他的目的。

课文导读

《关于民族主义的札记》(1945)一文选自乔治·奥威尔的《政治与文学》(李存棒译,译林出版社,2011年),有删节。乔治·奥威尔(George Orwell,1903—1950),英国记者、小说家、散文家和评论家。奥威尔出生于英国殖民地的印度,童年耳闻目睹了殖民者与被殖民者之间尖锐的冲突,他同情悲惨的印度人民。少年时代,奥威尔受教育于伊顿公学。后来被派到缅甸任警察,他却站在了苦役犯的一边。20世纪30年代,他参加西班牙内战,因属托洛茨基派系而遭排挤,回国后被划入左派,不得不流亡法国。二战中,他在英国广播公司(BBC)从事反法西斯宣传工作。因被怀疑是共产主义者的关系,奥威尔被军情五处和伦敦警察厅特别科自1929年起一直严密监视至1950年逝世。

奥威尔一生短暂,但对战争与和平、极权与民主、社会关怀与人类理想进行了深刻的思考,作出了许多超越时代的预言,不断为历史所见证,被称为"一代人的冷峻良知"。其代表作《动物庄园》(1945年)和《1984》(1948年)两书影响巨大,他以先知般冷峻的笔调勾画出人类的未来,描摹极权主义政治体制下的乌托邦情景,令人震颤。

民族主义(Nationalism),亦称国民主义或国族主义,为包含民族、人种与国家三种认同在内的意识形态,主张以民族为人类群体生活之"基本单位",以作为形塑特定文化与政治主张的理念基础。民族主义与爱国主义经常混淆,人们标举"爱国"的旗帜,实际进行的却是狭隘的民族主义运动。

自2003年美国学者本尼迪克特·安德森《想象的共同体:民族主义的起源与散布》中文版刊行后,他的观点几成不刊之论。安德森认为,现代民族国家的产生不是先有国家和政府等宏大形象的建构,而是依赖于文学想象。小说、报刊等印刷媒介为这一想象的共同体的形成提供了条件,因为它们可以创造一个同质性的时空场域。这说明民族主义具有群体想象的特征。

奥威尔则是从政治学的角度剖析民族主义的特征。1945年奥威尔写成《关于民族主义的札记》一文,1948年他完成了震惊世界文坛的政治讽喻小说——《1984》。如果说小说是以乌托邦的想象方式描画极权主义社会的群像,那么选文则以理论思辨的方式剖析民族主义主要特点——着迷、不稳定、不顾现实。在他看来,"以推进该民族的利益为唯一义务",民族主义者为一种激奋、昂扬的情绪所燃烧,无视现实世界的存在,盲目、冲动、无理性,显示出一种强烈的心理偏执趋向。他们排斥一切违反其政治信仰的个体、团体,在这里,善与恶、是与非、美与丑都丧失了客观、公正的标准。并且,身为知识分子,有时也会有意识或无意识地被裹挟其中,而迷失了正确判断的能力。所以,作为一种极度扭曲自我的心理意识,民族主义,不论对于个体、民族国家,还是世界文明的发展,都是有害的。我们应当警醒而冷静地对待之。

思考题:

一、"多一个人看奥威尔,就多一份自由的保障",作为一个反独裁政治的斗士,不论是在文学界还是在政治学界,奥威尔对人们,乃至对世界的影响都是深远的。你怎样理解奥威尔为民主政治、为个体自由而奋斗的一生?关于民族主义的三大特征,你怎么理解?

二、选取当下世界不同国家、区域的民族主义事件一二,搜集较充分的资料,展开讨论,从社会学的角度予以分析。

第十四课　在北京大学的演讲

比尔·克林顿

从我居住的华盛顿特区白宫的窗口向外眺望,我们第一任总统乔治·华盛顿的纪念碑俯视全城。那是一座高耸的方形尖塔。在这个庞大的纪念碑旁,有一块很小的石碑,上面刻着的碑文是:美国决不设置贵族和皇室头衔,也不建立世袭制度。国家事务由舆论公决。

美国就是这样建立了一个从古至今史无前例的崭新政治体系。这是最奇妙的事物。这些话不是美国人写的,而出自福建省巡抚徐继玉(Xu Jiyu)之手,并于1853年由中国政府刻成碑文,作为礼物送给美国。

我很感激中国送的这份礼物。它道出了我们全体美国人民的心声,即人人有生命和自由的权利、追求幸福的权利,有不受国家的干涉,辩论和持不同政见的自由、结社的自由和宗教信仰的自由。这些就是220年前美国立国的核心理想。这些理想指引我们跨越美洲大陆,走向世界舞台。这些仍然是美国人民今天珍视的理想。

正如我在和江主席举行的记者招待会上所说,我们美国人民正在不断寻求实现这些理想。美国宪法的制定者了解,我们不可能做到尽善尽美。他们说,美国的使命始终是要"建设一个更为完美的联邦"。换言之,我们永远不可能尽善尽美,但我们必须不断改进。

每当我们放弃不断改进的努力,每当我们由于种族或宗教原因,由于是新移民,或者由于有人持不受欢迎的意见,而剥夺我们人民的自由,我们的历史就出现最黑暗的时刻。每当我们保护持不受欢迎的意见者的自由,或者将大多数人享受的权利给予以前被剥夺权利的人们,从而实践《独立宣言》和《宪法》的诺言,而不是使其成为一纸空文,我们的历史就出现最光明的时刻。

今天,我们没有谋求将自己的见解强加于人。但我们深信,某种权利具有普遍性,它们不是美国的权利或者欧洲的权利或者发达国家的权利,而是所有的人们与生俱来的权利。这些权利现在载于《世界人权宣言》。这些就是待人以尊严、各抒己见、选举领袖、自由结社、自由选择信教或不信教的权利。

《独立宣言》的作者、我国第三任总统托马斯·杰斐逊在他一生的最后一封信中写道:"人们正在睁开眼睛关注人权。"在杰斐逊写了这句话172年之后,我相信,人们现在终于睁开眼睛关注着世界各地男男女女应享受的人权。

过去20年以来,一个高涨的自由浪潮解放了成千上万的生灵,扫除了前苏联和中欧那种失败的独裁统治,结束了拉美国家军事政变和内战的恶性循环,使更多的非洲人民有机会享受来之不易的独立。从菲律宾到韩国,从泰国到蒙古,自由之浪已冲到亚洲的海岸,给发展和生产力注入了动力。

经济保障也应该是自由的要素。这在《经济、社会、文化权利国际公约》中获得承认。在中国,你们为培育这种自由已迈出了大步,保证不遭受匮乏,并成为贵国人民的力量源泉。中国人的收入提高了,贫困现象减轻了;人们有了更多的选择就业的机会和外出旅游的机会,有了创造更好生活的机会。但真正的自由不仅仅是经济的自由。我们美国人民认为这是一个不可分割的概念。

在过去的四天中,我在中国看到了自由的许多表现形式。我在贵国内地的一个村庄看到民主的萌芽正在迸发。我访问了一个自由选举村委领导的村庄。我也看到了大哥大电话、录像机和带来全世界观念、信息和图像的传真机。我听到人们抒发自己的想法,我还同当地的人们一起为我选择的宗教信仰祈祷。在所有这些方面,我感觉到自由的微风在吹拂。

但人们不禁要问,我们的发展方向是什么?我们怎样相互合作走上历史的正确一面?贵校伟大的政治思想家之一胡适教授在三十多年前说过:"有些人对我说,为了国家的自由你必须牺牲自己的个人自由。但我回答,为了个人自由而奋斗就是为了国家的自由而奋斗。为了个性而奋斗就是为了国民性而奋斗。"

我们美国人认为胡适是对的。我们相信,并且我们的经验表明,自由加强稳定,自由有助于国家的变革。

我国的一位开国先贤本杰明·富兰克林曾经说过:"我们的批评者是我们的朋友,因为他们指出我们的缺点。"如果这话正确,在美国很多时候,总统的朋友比其他任何人都多。(笑声)但确实如此。

在我们生活的世界,全球性的信息时代,不断的改进和变革是增加经济机会和国力的必要条件。因此,让信息、观念和看法最自由地流通,更多地尊重不同的政治和宗教信仰,实际上将增加实力,推动稳定。

因此,为了贵国和世界的根本利益,中国的年轻人必须享有心灵上的自由,以便最充分地开发自己的潜力。这是我们时代的信息,也是新的世纪和新的千年的要求。

我希望中国能更充分地赞同这个要求。尽管贵国有过辉煌的历史,我认为,贵国最伟大的时光仍在前头。中国不仅顶着20世纪的种种艰难险阻生存了下来,而且正迅速向前迈进。

其他的古老文化消亡了,因为他们没有进行变革。中国始终显示出变革和成长的能力。你们必须重新想象新世纪的中国,你们这一代必然处于中国复兴的中心。

我们即将进入新世纪。我们所有的目光瞄向未来。即使贵国以千年计算历史,即使美国以百年计算历史,贵国的历史也更加悠久。然而,今天的中国和任何一个国家一样年轻。新世纪将是新的中国的黎明,贵国为其在历史上的伟大而自豪,为你们进行的事业而自豪,为明天的到来更加自豪。在新世纪中,世界可能再次转向中国寻求她文化的活力、思想的新颖、人类尊严的升华,这在中国的成就中已显而易见。在新世纪中,最古老的国家有可能帮助建设一个新世界。

美国希望与贵国合作,使那个时刻成为现实。感谢大家。

课文导读

1998年6月29日上午,美国总统克林顿来到刚刚结束百年校庆的北京大学,在北大办公楼礼堂发表了长篇演讲《在北京大学的演讲》(有删节)。威廉·杰斐逊·克林顿(William Jefferson Clinton,1946—),美国阿肯色人,律师、政治家,民主党成员,曾任阿肯色州州长和第42任美国总统。在克林顿的执政下,美国经历了历史上和平时期持续时间最长的一次经济发展。在"美国在线"于2005年举办的票选活动"最伟大的美国人"中,克林顿被选为美国最伟大人物的第七位。

"中国梦"的实现不仅需要我们本国人民的奋发图强,也需要聆听来自异域的声音,以一种思想的冲击波促进自身的反省与努力。在这里,以政治家的身份,克林顿表达了美国对于中国政治、经济、宗教等方面的认知与诉求,引发我们思考社会体制以及自身发展的诸多问题。

  这篇讲演稿的核心理念是"自由"。作为美国之魂,它召唤并引领无数人为之奋斗终生,不论是何时、何种形式。在中国,自19世纪末以来的百年现代史中,"自由"一度是一件何其昂贵的奢侈品。列强侵权之下,国土沦丧;军阀混战之际,民不聊生;经由多年的战事连绵,新中国的诞生及其发展走过一段曲折、蜿蜒的历程。

  享有自由是每个人与生俱来的权利。它不仅包含身体的自由支配,更关涉精神、心灵空间的开阔。它需要政治的安宁、经济的富足、信仰的尊重,以及教育、就业等各种机会的均等为之提供保障。不仅如此,个体与国家的利益也不是绝然对立的,个体的自由、发展程度与国家的繁盛、强大休戚相关,相生相成。而所有个体为之奋斗的目的,不在于一己,一国,一个区域,而在于共建一个和谐、美丽,具有伟大生命力的人类文明社会。

思考题:

  一、关于自由、民主、平等等这些普世价值,乍看起来,似乎很宏大,也很遥远,但实际上,这些命题渗透在我们的日常生活之中。请联系生活,谈谈这些命题的日常表现,阐发你的观点。

  二、自由既是绝对的,又是相对的,既是抽象的,又是具体的。你认为"自由"应该关涉哪些层面?人如何最有效地、最大程度地获取个体的"自由",从而完成自我价值的实现?

第十五课　社会可能患病吗？
——社会正常状态的病症

埃里希·弗洛姆

断定一个社会精神上不健康,这就提出了一个有争议的主张,它与今天绝大多数社会科学家所持的社会学相对主义观点相反。他们认为,一个社会只要还在起作用,那它就是正常的,精神病症不过是个人对其社会生活方式的不适应而已。

论及"健全的社会",就等于提出一个不同于社会学相对主义的理论前提。可以肯定,只要我们断言一个社会可能患病,这个断言会反过来表明有一个衡量精神健康的普遍标准,它适用于人类的精神问题,而且能够用来判断每个社会的精神健康状态。这一规范人本主义的观点,是以几个基本前提为基础的。

"人"不仅具有解剖学和生理学上的特征,而且还具有共同的基本心理特征、左右精神情绪活动的规律,以及最终解决人类生存问题的追求。事实上,我们对于人的认识还是肤浅的,所以我们不能从心理学的角度为人下一个完善的定义。"人学"(Science of man)的任务就是达到准确地认识人性所具有的东西。我们通常所说的"人性",不过是人性诸多表现中的一种——而且还是一种病症的表现,这一错误解释的功用通常在于维护某个社会,把这个社会看作人类精神结构的必然产物。

自18世纪以来,自由主义者就反对这种极端保守的人性观,而强调人性的可塑性和环境因素的决定作用。但自由主义者的这一重要主张,使许多社会科学家得出这样的结论:人的精神世界原是一张白纸,其自身没有什么固有的性质,它的内容要由社会和文化来填写。这一结论同它的对立面一样,自身难以自圆其说并阻碍社会的进步。真正的途径在于,从我们观察到的许多不同个人和文化中的人性表现中,不管它们是正常的还是病态的,去推断人类的共通性。再就是进一步弄清人性固有的规律及其发展方向。

这种人性概念不同于惯常使用的"人类天性"的说法。正像人改造了周围世界,他也在历史过程中改造了自身。人从来就是由自己创造的。但正如人只能按照物质世界的本性来改变物质世界一样,人只能根据自身本性来改变自身。在历史发展进程中,人所能做的就是发展这种潜力,并按其可能性来改造它。这里的观点既不是"生物学的",也不是"社会学的",而是这两者的结合。它克服了生物学和社会学之间的分歧,因为它认定人身上的主要情欲和驱力都来自人的实际生存状况,这些情欲和驱力是可以把握的,它们中有一些可以促成人的健康和幸福,有一些则引起人的疾病和不幸。任何一种社会制度都并不产生人的这些基本欲求,它只是决定着人的某些潜在情欲是否表现出来或起主导作用。在任何一种文化中,人总是作为人性的一种表现而存在的,而这种表现又是人所生活于其中的社会环境的产物。正如婴儿生而俱有的所有人类潜力,在良好的社会文化环境下可以得到发展一样,人类也正是在历史过程中发展其潜力。

规范人本主义的方法以此假设为基础,即同任何其他问题一样,我们对于人类生存的问题也有着正确和错误、全面和片面的解答。人如果按照人性的特性和规律去充分发展,他就可以达到精神的健康。这种发展的受阻就产生了精神病。从这一前提来看,个人是否适应一种社会制度并不是精神健康的标准。是否为人类生存问题找到一个完善的答案,达才是适用于人类的精神健康标准。

一个社会的成员为其精神状态所蒙蔽,这是他们观念中的"认同感"在作怪。他们天真地以为,大多数人共同具有某些思想或感觉,就可以证明这些思想或感觉的真实性。再没有什么观念比这更荒谬了。这种认同感与理性或精神健康不是一回事,正如有过"两个人的疯狂"一样,也有过"数百万人的疯狂"。大家具有相同的恶行,并不能使这些恶行变成美德;大家犯相同的错误,并不能使这些错误变成真理;大家有相同的精神病,并不能使他们变成健全的人。

不过,个人与社会的精神病之间有着重要的区别,其表现就是缺陷和神经病症两个概念之间的区别。如果我们断定自由和自主乃是每个人都必须达到的客观目标,如果一个人没有实现自由和自主这种自我的真正表现,我们就会认为他有严重的缺陷。一个社会的大多数成员如达不到这一目标,我们碰上的就是社会缺陷这一现象。一个人与许多人具有共同的缺陷,他并不知道这是缺陷,他的安全感也就不会受到与众不同和与众隔绝的威胁。他所失去的丰富性和真正幸福,得到一种安全感的补偿,那就是同周围的人一致。事实上,他的文化会把他的缺陷抬高为一种美德,因为使他产生一种膨胀的成功感。

加尔文的教义在人身上唤起的罪恶感和焦虑感就是一个说明。可以这样说,一个人只要被自己的软弱感和自卑感所压倒、被自己能否上天堂和下地狱的无穷忧虑所淹没,一个人只要不能享受真正的快乐,他就有着严重的缺陷,然而,这种缺陷是由文化造成的,它被当作是有独特价值的东西,因而具有这一缺陷的个人就没有患神经病之嫌了。但在另外的文化中,同样的缺陷会使个人深感不适和孤独,从而患上精神病。

斯宾诺莎曾明确论述过社会缺陷的问题。他说:"许多人为同样的感情牢固地控制着。他的一切感觉受制于一个对象的强烈熏陶,以至他坚信有这种东西,即使这种东西压根儿就不存在。如果这个人神志清醒时还是如此,人们就会把他看作是精神错乱……但是,如果贪婪的人只想钱财和占有,有野心的人只想名位,就不会有人认为他们是精神错乱,而只是讨厌他们,往往是蔑视他们。实际上,贪欲和野心等也是不同类型的精神错乱,尽管人们通常不把它们视为'病症'。"

这段写在几百年前的话,今天仍然适用,只是这些缺陷已被文化铸造到这样的程度,人们不再讨厌或蔑视这些东西。我们今天看到的是这样的人,他的行动与感觉同机器一样,他从未有过自己的体验,他感到自己完全是大众所欢迎的人;他虚伪的微笑取代了真实的笑声,无意义的闲聊取代了坦诚的谈话,麻木的绝望取代了真正的痛苦。对于这种人,我们可以指出两点:一是他的缺陷源于他的自发性和个性,这就无可救药了;二是他与同一生活状况中的许多人一模一样,对于大多数人来说,造就他们的文化模式能够让他们保持缺陷而不会患病。似乎每种文化都备有药物,以防神经病的症状发作,这些神经病的症状起源于文化所具有的缺陷。

如果假定电影、广播、电视、体育比赛及报纸,这些西方文化的东西停办四个星期的活动,由于关闭了这些自我逃避的主要途径,人们在失去外在的依靠以后会怎样呢?① 我相信,即使在这短时间内也会出现许多精神病患症,更多的人将会陷入痛苦的焦虑状态,就像临床中的"神经病"一样。如果去掉了维持社会缺陷的麻醉剂,我们这个社会的病症就会完全暴露出来。

对于少数人来说,现代西方文化提供的逃避方式并没有什么作用。他们自身的缺陷远远超过一般人的缺陷,以至这种文化提供的补救方法也不足于防止疾病的发生。(其生活目的在于获取权力和功名的人就是如此。尽管这一生活目的本身是病态的,但有的人会尽自己的力量去达到他的现实目标,患精神病的人则因为从小缺乏自信心,就只能守株待兔而不做任何努力,于是愈发感到自己无能,最终陷入无用和痛苦的情绪中不能自拔)。还有一类人的性格结构和内心冲突都与大多数人不同,所以对大多数人有用的补偿办法无助于这类人。在这类人中间,我们时常发现有一些人比大多数人更富于正直心和敏感性,因而他们就不愿接受文化的麻醉,虽然他们精神上的强健不足于彻底地与此潮流对抗。

上面讨论了神经病与精神缺陷之间的区别,这可能会造成一种印象:不管这个社会有多大的缺陷,只要它有阻止明显病症发生的补救药物,它就会一切正常并继续发挥作用。然而历史告诉我们,情况并非如此。

与动物完全不同,人表现了一种无限的可塑性,就像人可以吃任何一种东西,人实际上也可以生活在任何一种气候之中,并适应这种气候;在任何一种精神状况下,人都能够忍受和挺住。他可以自由地生活,也可以生活在奴隶状态中。他可以过富裕奢侈的生活,也可以在半饥饿状态。他可以与人为敌,也可以与人为善,他既可以是剥削者和强盗,也可以是合作者和慈善家。人能够生活在任何一种精神状态下,能够忍受和习惯任何一种东西。所有这些似乎证实了这一断定,在生理学和解剖学的意义之外不存在人类共通的本性,也就是说根本没有作

---

① 作者曾对大学各年级的学生做过以下实验:让他们设想一下有三天时间被关起来,没有收音机也没有逃避现实的文学作品,只有一些古典文学作品、普通的食物和舒适的安寝之物。看他们对此作何反应。他们中百分之九十的人,都有剧烈的恐慌心理,难以忍受的体验,他们极力用蒙头大睡的办法,做琐事和坐等这段时间的结束来克服这些反应。只有极少数的人,感到这段独居生活很愉快。

为一个种属的"人"。

尽管如此,人类历史却表明了一个为我们忽略的事实:专制君主和统治集团能够成功地驾驭和剥削其民众,但却不能阻挡民众对这种非人待遇的反抗。其臣民会变得胆小、猜忌、孤独,如果不是由于某些外在原因,他们的统治秩序将会毁于一旦,因为胆小、猜忌和孤独最终会使大多数人不能理智地行使其职责。整个国家或所有社会阶层可能会长期忍受屈辱和剥削,但民众是会起来反抗的。他们采取漠不关心或者损害理智、创造力和技能的反抗方式,直至他们不能再为统治者效尽犬马之劳。他们要么蓄积起仇恨和破坏性情绪,最终使自己和统治者及其政权同归于尽。另一方面,他们的反抗也可能产生自立和自由的渴望,而一个更健全的社会就以他们的这些创造性冲动为基础。会爆发哪一种反抗,这取决于许多因素,有经济的、政治的以及人们所处的精神氛围。无论是什么样的反抗,都可以说明人能够在任何条件下生存的断言是片面的。我们必须看到另一面,如果人生活的环境是违背人性、人类发展和心理健全的基本需要,人就不得不反抗。他或者走向堕落和毁灭,或者创造一些更符合人性需要的条件。

人性的需要与社会的需要是相互冲突的,弗洛伊德由此断定整个社会是可能生病的,他在《文明及其不满》一书中有了极为明确和广泛的论述。弗洛伊德首先有个前提,即在整个文化历史的长河中,人类有着共同的人性、共同的内在需要和追求。在他看来,文化与文明的发展日益背离人的需要,因而他提出了"社会神经症"的概念,他写到:"如果文明的发展与个人的发展有着广泛的相似性;如果能够用同样的方法来分析二者的发展情形,我们是否可以说许多文明制度——或者文明的各个时代和整个人类——都在文明进化潮流的重压下患有'神经症',这一诊断是否正确呢?对于这些神经症状的分析解决,精神治疗上的建议是会有很大用处的。我并没有认为用精神分析来诊断文明社会的尝试是异想天开或毫无价值。但是,我们应该非常谨慎。不能忘记我们是在进行类比。不管是研究人还是使用概念,生搬硬套都是危险的。而且,对集体神经症的诊断将会遇上很大的困难。在对个体神经症的诊断中,我们的出发点是把病人与我们认为的'正常'环境进行比较。但是对患有同样神经症的社会,我们就没有这种适用的背景条件,这样我们必须采取其他方法。就运用精神分析的治疗方法来说,因为没有人能够迫使社会接受这种治疗,我们对社会神经症的敏锐分析又有何用呢?尽管困难重重,我们还是相信终究会有人敢于来研究文明社会的这一病症。"

我冒险接受了这一研究课题。本书的基本观点是,健全的社会就是符合人类需要的社会——这里说的人类需要并不是人们想当然的那些需要,因为即使是最严重的病态追求也会使人们以为是最需要的东西,这里讲的是通过对人的研究而确定下来的人类真正需要。所以,我们的首要任务是弄清什么是人的本性,以及由这一本性所派生的各种需要。进而,我们还要考察社会在人类演进过程中所起的作用以及社会在人类发展、人性与社会不断冲突中间所起的推动作用——并揭示这些不断冲突的后果,尤其是现代社会与人性相冲突的各种后果。

课文导读

《社会可能患病吗?》一文节选自埃里希·弗洛姆的《健全的社会》(欧阳谦译,中国文联出版公司出版,1988年)一书。埃里希·弗罗姆(Erich Fromm,1900—1980),美籍德国犹太人。人本主义哲学家和精神分析心理学家。他的人本主义精神分析学说发端于弗洛伊德,但却与弗洛伊德的主要观点有着根本的区别。他提出:"人的基本感情并不是植根于本能需要,而是产生于人类生存的特殊条件。"换言之,人是社会的人,而不是只具有本能的人。弗洛姆曾是法兰克福学派的成员,至1930年代,由于质疑弗洛伊德学说以及在政治革命的功能性等观点上的分歧,与法兰克福学派渐渐疏远,晚年思想回到他早年接受的神学和对道德的关注。他一生坚持临床实践,出版了一系列著作,有《逃避自由》(1941)、《为自己的人》(1947)、《健全的社会》(1955)、《爱之艺术》(1956)等。

弗洛姆对人的研究从两方面入手:一是对人的宏观研究,即着眼于整个人类社会及其各个侧面,如经济、政治、文化、历史、宗教等研究;一是对人的微观研究,即立足于人的主体性,致力于探求人的深奥莫测的精神世界和千变万化的行为表现。《健全的社会》一书即关注人的主体性研究,它寻求人类和人类文化所依据的"先在"的"根",由此重新认识并铸造人与世界、人与社会的关系。他发现,很多人遭受着明显的心理疾患的折磨,如焦虑、抑郁、酗酒、自杀等,而发达工业国家拥有最高的个人失常率,对此,他发问:在满足人们的深层需要方面,现代文明是失败的?如果是,那么这些需要又是什么?在该书中,他首先以资本主义社会为例,提出了社会的病态问题,然后综述前人改造社会的设想及努力,阐释东西方两种社会模式,最后提出了健全社会的构想。

"社会可能患病吗?"乍一看,这是一个非常突兀的问题。我们每天生活在各种社会环境中,从认知环境到努力地改造自我以适应环境,几乎是一种共识。但在弗洛姆看来,就像一个人一样,社会也有精神健康与否的问题。而且,一个社会只要在运行,那人们就认为它是正常的,如果有问题,也只在于个人对其社会生活方式的不适应。故此,关于人与社会的关系,弗洛姆从另一端提出社会的健康问题以及如何诊治的方法。他指出,任何一种社会制度,或者文化,并不产生人的基本欲求,它只是决定着人的某些情欲是否应当表现或起主导作用。所以,社会对于人的压迫形塑着人的各种行为及其心理意识,甚至扭曲而异化之,因为人性的需要与社会的需要常常是相互冲突、难以相容的。

当然,作为个体,我们很难去改造病态的社会,但至少,弗洛姆的"社会可能患病吗"这一发问可以启示我们去反省社会存在的弊端及其后果,而不是一味地压抑自我,作出种种看似适应社会,实则加重社会病态的行为,从而令个体以及社会都陷入一种困顿与胶着状态。反过来,按照弗洛姆的观点,我们应当考察社会在人类演进过程中所起的作用,尤其在现代社会中,人性与社会在不断冲突中所起的推动作用及其后果。惟其如此,人与社会才能构建一种真正意义上的健康的关系。

思考题:

一、生老病死是人生的常态,那么,我们身处的社会可能患病吗?社会中的个体也可能患病吗?它们会呈现怎样的病症、后果?社会抑或个体,究竟会因何而患上种种疾病?

二、为了治愈社会的"病",有志之士有不同的作为。在20世纪的中国历史上,孙中山以"三民主义"给颓败的旧中国下一剂猛药;鲁迅弃医从文,希冀通过文学来唤醒麻木的国民;都取得了非凡的成就。试联系当下的社会现状,择取一种社会病患,分析其症状、病因,并试着提出疗救的方案。

第十六课 大同与小康
——礼记·礼运(节选)

昔者仲尼与于蜡宾,事毕,出游于观之上,喟然而叹。仲尼之叹,盖叹鲁也。言偃在侧,曰:"君子何叹?"

孔子曰:"大道之行也,与三代之英,丘未之逮也,而有志焉。大道之行也,天下为公,选贤与能,讲信修睦。故人不独亲其亲,不独子其子,使老有所终,壮有所用,幼有所长,矜寡孤独废疾者,皆有所养。男有分,女有归。货,恶其弃于地也,不必藏于己;力,恶其不出于身也,不必为己。是故谋闭而不兴,盗窃乱贼而不作,故外户而不闭,是谓大同。"

"今大道既隐,天下为家,各亲其亲,各子其子,货力为己,大人世及以为礼,城郭沟池以为固。礼义以为纪,以正君臣,以笃父子,以睦兄弟,以和夫妇,以设制度,以立田里,以贤勇知,以功为己。故谋用是作,而兵由此起。禹、汤、文、武、成王、周公,由此其选也。此六君子者,未有不谨于礼者也。以著其义,以考其信,著有过,刑仁讲让,示民有常。如有不由此者,在势者去,众以为殃。是谓小康。"

课文导读

《大同与小康》节选自于《礼记·礼运》。《礼记》是儒学经典之一,所收文章是孔子的学生及战国时期儒学学者的作品。汉朝学者戴德将汉初刘向收集的130篇综合简化,一共得85篇,称为《大戴礼记》,后来其侄戴圣又将《大戴礼记》简化删除,得46篇,再加上《月令》、《明堂位》和《乐记》,一共49篇,称为《小戴礼记》。《大戴礼记》至隋、唐时期已散佚大半,现仅留传39篇,而《小戴礼记》则成为今日通行的《礼记》。《礼记》是研究中国古代社会情况、典章制度和儒家思想的重要著作。它阐述的思想包括社会、政治、伦理、哲学、宗教等各个方面,许多篇目言简意赅,意味隽永,可谓文学性与思想性的完美结合。

本课节选自《礼运》首段,是孔子与子游关于理想社会的对话,也是全篇的核心所在。其中的"大同"与"小康"是相对而言的,一"公"一"私",它们都是孔子心目中理想的社会。

"大同"为我们描绘了一幅平等、自由、博爱的大同社会的美丽画卷。"大同"以公有制为基础,强调"天下为公",财产公有,民主自律,合理分工,各尽所能,各得其所,诚实无欺,共同劳动,平等享受。这是孔子心目中最理想的社会。大同社会提出的诸多原则确实在原始社会存在,但随着阶级社会的来临以及人类文明的演进,它只能成为人们频频回首的一种乌托邦远景。尽管如此,人类对于理想世界的憧憬与向往是永存的,千百年来,大同思想影响着诸多有志于社会改革的思想家、政治家,为之提供丰富的思想资源与强大的精神力量,从而成为中国思想史上不可或缺的一部分。

"小康"为我们描绘了一个和谐、有序、安定的社会图景。"小康"以私有制为基础,此时,权利世袭了,财产私有了,爱心分化了,争端也出现了。但这个社会有礼的制定,在礼的约束下,家庭和谐,上下有序,社会安定,如夏、商、西周三个朝代。因此,孔子认为这仍然是一个值得追求的美好时代。

思考题:

一、"大同"与"小康"的区别是什么?哪一个是更高级的社会形态?联系中国历史的发展以及未来的走向,你认为,中国通往"大同"社会的可能性与合理性何在?

二、关于理想社会,中国有陶渊明笔下的桃花源,西方有莫尔想象中的乌托邦,在中西思想史上都富有启迪作用。这两种理想王国虽然形态各异,但也有一些共通之处。试从文化传统、制度建设、社会形态等方面进行比较,分析中西文化的特征及其差异。

第三单元

传承文化

单元导读

　　文化是一种社会历史现象,是人们长期创造形成的产物,包括一个国家或民族的历史、地理、风土人情、传统习俗、生活方式、文学艺术、行为规范、思维方式、价值观念等。在中国古籍中,"文"既指文字、文章、文采,又指礼乐制度、法律条文等。

　　英国人类学家B.K·马林诺夫斯基在《文化论》一书中指出,文化作为有机整体包括物质、人群和精神三方面。在此基础上,人们把文化分为物质文化、制度文化和精神文化三个层面。物质文化是指人类创造的物质产品及其所表现的文化,包括饮食、服饰、建筑、交通、生产工具等,是文化要素或者文化景观的物质表现方面。制度文化,是人类创造的有组织的规范体系,主要包括法律制度、政治制度、经济制度以及民间的礼仪俗规等内容。精神文化包括语言、文艺、哲学等所承载的价值观念、思维方式等。物质文化、制度文化和精神文化互为关联,比如说属于物质文化层面的饮食文化,不仅是对口腹之欲的满足,还有着对人的精神需求包括审美愉悦的满足,而一个时期的制度文化和精神文化又会在服饰和建筑等物质文化方面有所体现。

　　文化是人创造的,文化又制约着每一个人,影响着社会生活的方方面面。文化功能的具体实现可分为个体、群体和社会三个层面。从个人层面上看,文化起着塑造个人人格、让个人实现社会化的功能;从团体层面上看,文化起着目标、规范、意见和行动整合的作用;从整个社会层面上看,文化起着社会整合和社会导进的作用。每一个社会、团体和个人都是由特定的文化塑造出来的,都会打上特定的文化烙印。

　　文化是稳定的,任何一个国家的文化都有其既有的传统和特有的个性。若抛弃传统、丢掉个性,就等于割断了自己的精神命脉,就会丧失文化的活力。文化又是发展的,任何一种文化都不可能处于固步自封的状态,都需要从其他文化中汲取养分。否则,固步自封会带来文化的停滞,也必然带来民族的衰亡。

　　不同文化之间需要交流,也存在冲突。近代西方列强的入侵曾给国人带来强烈的民族危机感,人们对中国文化困惑过、失望过,也为中国文化的出路而艰难地探寻过。20世纪以来,许多中国知识分子对民族文化持辩证分析的理性态度,他们努力向世界介绍中国优秀的文化传统,让世界认识中国,也努力加强国人的文化认同感和文化自信力。许多西方学者也摒弃了西方中心主义的观念,把中国文化放在中国自己的生活世界里考察,不仅看到了中国文化的魅力,也认识到了中国文化的价值——能够纠正西方文化的诸多偏失。

21世纪是一个充分交流的时代,也是一个快速发展的时代,我们必须齐心协力,推进中国文化的传承、交流与创新。这是我们年轻一代的历史使命,也是实现中华民族伟大复兴的"中国梦"的基础。

第十七课

北京的茶食

周作人

在东安市场的旧书摊上买到一本日本文章家五十岚力的《我的书翰》,中间说起东京的茶食店的点心都不好吃了,只有几家如上野山下的空也,还做得好点心,吃起来馅和糖及果实浑然融合,在舌头上分不出各自的味来。想起德川时代江户的二百五十年的繁华,当然有这一种享乐的流风余韵留传到今日,虽然比起京都来自然有点不及。北京建都已有五百余年之久,论理于衣食住方面应有多少精微的造就,但实际似乎并不如此,即以茶食而论,就不曾知道什么特殊的有滋味的东西。固然我们对于北京情形不甚熟悉,只是随便撞进一家饽饽铺里去买一点来吃,但是就撞过的经验来说,总没有很好吃的点心买到过。难道北京竟是没有好的茶食,还是有而我们不知道呢?这也未必全是为贪口腹之欲,总觉得住在古老的京城里吃不到包含历史的精炼的或颓废的点心是一个很大的缺陷。北京的朋友们,能够告诉我两三家做得上好点心的饽饽铺么?

我对于二十世纪的中国货色,有点不大喜欢,粗恶的模仿品,美其名曰国货,要卖得比外国货更贵些。新房子里卖的东西,便不免都有点怀疑,虽然这样说好像遗老的口吻,但总之关于风流享乐的事我是颇迷信传统的。我在西四牌楼以南走过,望着异馥斋的丈许高的独木招牌,不禁神往,因为这不但表示他是义和团以前的老店,那模糊阴暗的字迹又引起我一种焚香静坐的安闲而丰腴的生活的幻想。我不曾焚过什么香,却对于这件事很有趣味,然而终于不敢进香店去,因为怕他们在香盒上已放着花露水与日光皂了。我们于日用必需的东西以外,必须还有一点无用的游戏与享乐,生活才觉得有意思。

我们看夕阳,看秋河,看花,听雨,闻香,喝不求解渴的酒,吃不求饱的点心,都是生活上必要的——虽然是无用的装点,而且是愈精炼愈好。可怜现在的中国生活,却是极端地干燥粗鄙,别的不说,我在北京彷徨了十年,终未曾吃到好点心。

十三年二月

乌篷船

周作人

子荣君:

接到手书,知道你要到我的故乡去,叫我给你一点什么指导。老实说,我的故乡,真正觉得可怀恋的地方,并不是那里;但是因为在那里生长,住过十多年,究竟知道一点情形,所以写这一封信告诉你。

我所要告诉你的,并不是那里的风土人情,那是写不尽的,但是你到那里一看也就会明白的,不必罗唆地多讲。我要说的是一种很有趣的东西,这便是船。你在家乡平常总坐人力车,电车,或是汽车,但在我的故乡那里这些都没有,除了在城内或山上是用轿子以外,普通代步都是用船。船有两种,普通坐的都是"乌篷船",白篷的大抵作航船用,坐夜航船到西陵去也有特别的风趣,但是你总不便坐,所以我就可以不说了。乌篷船大的为"四明瓦"(Symenngoa),小的为脚划船(划读 uoa)亦称小船。但是最适用的还是在这中间的"三道",亦即三明瓦。篷是半圆形的,用竹片编成,中夹竹箬,上涂黑油,在两扇"定篷"之间放着一扇遮阳,也是半圆的,木作格子,嵌著一片片的小鱼鳞,径约一寸,颇有点透明,略似玻璃而坚韧耐用,这就称为明瓦。三明瓦者,谓其中舱有两道,后舱有一道明瓦也。船尾用橹,大抵两支,船首有竹篙,用以定船。船头著眉目,状如老虎,但似在微笑,颇滑稽而不可怕,唯白篷船则无之。三道船篷之高大约可以使你直立,舱宽可以放下一顶方桌,四个人坐着打马将,——这个恐怕你也已学会了罢?小船则真是一叶扁舟,你坐在船底席上,篷顶离你的头有两三寸,你的两手可以搁在左右的舷上,还把手都露出在外边。在这种船里仿佛是在水面上坐,靠近田岸去时泥土便和你的眼鼻接近,而且遇着风浪,或是坐得少不小心,就会船底朝天,发生危险,但是也颇有趣味,是水乡的一种特色。不过你总可以不必去坐,最好还是坐那三道船罢。

你如坐船出去,可是不能像坐电车的那样性急,立刻盼望走到。倘若出城,走三四十里路(我们那里的里程是很短,一里才及英里三分之一),来回总要预备一天。你坐在船上,应该是游山的态度,看看四周物色,随处可见的山,岸旁的乌桕,河边的红蓼和白蘋,渔舍,各式各样的桥,困倦的时候睡在舱中拿出随笔来看,或者冲一碗清茶喝喝。偏门外的鉴湖一带,贺家池,壶觞左近,我都是喜欢的,或者往娄公埠骑驴去游兰亭(但我劝你还是步行,骑驴或者于你不很相宜),到得暮色苍然的时候进城上都挂着薜荔的东门来,倒是颇有趣味的事。倘若路上不平静,你往杭州去时可于下午开船,黄昏时候的景色正最好看,只可惜这一带地方的名字我都忘记了。夜间睡在舱中,听水声橹声,来往船只的招呼声,以及乡间的犬吠鸡鸣,也都很有意思。雇一只船到乡下去看庙戏,可以了解中国旧戏的真趣味,而且在船上行动自如,要看就看,要睡就睡,要喝酒就喝酒,我觉得也可以算是理想的行乐法。只可惜讲维新以来这些演剧与迎会都已禁止,中产阶级的低能人别在"布业会馆"等处建起"海式"的戏场来,请大家买票看上海的猫儿戏。这些地方你千万不要去。——你到我那故乡,恐怕没有一个人认得,我又因为在教书不能陪你去玩,坐夜船,谈闲天,实在抱歉而且惆怅。川岛君夫妇现在偁山下,本来可以给你绍介,但是你到那里的时候他们恐怕已经离开故乡了。初寒,善自珍重,不尽。

十五年十一月十八日夜,于北京。

课文导读

本课所选两篇文章都是周作人的代表作,《北京的茶食》选自周作人散文集《雨天的书》(1924 年出版),《乌篷船》选自《泽泻集》(1933 年出版)。

周作人(1885—1967),号起孟、启明(或作岂明)、知堂等,祖籍浙江绍兴。现代著名的散文家、诗人、文学翻译家,新文化运动的重要代表人物之一。曾与兄长鲁迅一起在南京接受新式教育,后又到日本留学,回国后在北京大学任文科教授,在燕京大学、北平大学等高校任系主任。七七事变后,北大南迁,他留在北平,在日本帝国主义统治下,出任南京国民政府委员、华北政务委员会委员兼教育总署督办,及东亚文化协会会长等伪职。1945 年抗战胜利后因汉奸罪被国民党政府逮捕,判有期徒刑10年。1949年1月保释出狱。中华人民共和国成立后定居北京,先后写有《知堂回想录》及鲁迅作品的说明文章,还翻译了一些日本、希腊文学名著。1967年因病在京去世。

周作人散文集《雨天的书》和《泽泻集》,基本上都属于平和闲适之作。这类散文作品在周作人创作中所占比例最大,作者在草木虫鱼中寄托其个性追求,文章广征博引,知识丰富,语言朴实无华,不重藻饰,却体现了中国传统文人对平和闲适之意趣的追求。

《北京的茶食》从在东安市场的旧书摊上买到一本日本文章家五十岚力的《我的书翰》谈起,赞美了日本点心的精美,批评了北京茶食的粗鄙有违其五百年的历史积淀;认为日常生活中的吃、看、听、闻、喝,不仅仅是为了生活的必需,更应该是一种审美情趣或者雅趣的满足。《乌篷船》中的"子荣"则是作者自己的化身,是作者自己和自己的心灵对话。作者以徐徐道来的笔法谈到了对家乡风物乌篷船的亲近感情,以及以"游山"态度来乘船的趣味。

同时,这两篇散文在对"吃"与"行"所代表的饮食文化和旅游文化的表现中,都体现了对中国传统文化的赞扬。作者以对安闲从容的传统生活方式的寻觅来对抗和批判尚新逐快的现代生活观念。《北京的茶食》表达了对于"新"带来的对传统的"安闲而丰腴"的破坏的担忧,《乌篷船》更是表达了要体会到游山玩水的"真情趣",就必须静下心来,"慢"下来,从容不迫,悠然自得。"要看就看,要睡就睡,要喝酒就喝酒",这种"理想的行乐法",则是艺术化的生活的具体显现。

思考练习

一、怎么理解课文中所说的"我们于日用必需的东西以外,必须还有一点无用的游戏与享乐,生活才觉得有意思"?

二、你平时是怎样理解生活的艺术的?你是否认同课文中作者对生活的看法?为什么?

第十八课　更衣记

张爱玲

如果当初世代相传的衣服没有大批卖给收旧货的,一年一度六月里晒衣裳,该是一件辉煌热闹的事罢。你在竹竿与竹竿之间走过,两边拦着绫罗绸缎的墙——那是埋在地底下的古代宫室里发掘出的甬道。你把额角贴在织金的花绣上。太阳在这边的时候,将金线晒得滚烫,然而现在已经冷了。从前的人吃力地过了一辈子,所作所为,渐渐蒙上了灰尘;子孙晾衣裳的时候又把灰尘给抖了下来,在黄色的太阳里飞舞着。回忆这东西若是有气味的话,那就是樟脑的香,甜而稳妥,像记得分明的快乐,甜而怅惘,像忘却了的忧愁。

我们不大能够想象过去的世界,这么迂缓,安静,齐整——在满清三百年的统治下,女人竟没有什么时装可言!一代又一代的人穿着同样的衣服而不觉得厌烦。开国的时候,因为"男降女不降",女子的服装还保留着显著的明代遗风。从十七世纪中叶直到十九世纪末,流行着极度宽大的衫裤,有一种四平八稳的沉着气象。领圈很低,有等于无。穿在外面的"大袄",在并非正式的场合,宽了衣,便露出"中袄"。"中袄"里面有紧窄合身的"小袄",上床也不脱去,多半是娇媚的,桃红或水红。三件袄子之上又加着"云肩背心",黑缎宽镶,盘着大云头。

削肩,细腰,平胸,薄而小的标准美女在这一层层衣衫的重压下失踪了。她的本身是不存在的,不过是一个衣架子罢了。中国人不赞成太触目的女人。历史上记载的耸人听闻的美德——譬如说,一只胳膊被陌生男子拉了一把,便将它砍掉——虽然博得普通的赞叹,知识阶级对之总隐隐地觉得有点遗憾,因为一个女人不该吸引过度的注意;任是铁铮铮的名字,挂在千万人的嘴唇上,也在呼吸的水蒸气里生了锈。

女人要想出众一点,连这样堂而皇之的途径都有人反对,何况奇装异服,自然那更是伤风败俗了。

出门时裤子上罩的裙子,其规律化更为彻底。通常都是黑色,逢着喜度年节,太太穿红的,姨太太穿粉红。寡妇系黑裙,可是丈夫过世多年之后，如有公婆在堂，她可以穿湖色或雪青。裙上的细褶是女人的仪态最严格的试验。家教好的姑娘，莲步姗姗，百褶裙虽不至于纹丝不动，也只限于最轻微的摇颤。不惯穿裙的小家碧玉走起路来便予人以惊风骇浪的印象。更为苛刻的是新娘的红裙，裙腰垂下一条条半寸来宽的飘带，带端系着铃。行动时只许有一点隐约的叮当，像远山上宝塔上的风铃。晚至一九二〇年左右，比较潇洒自由的宽褶裙入时了，这一类的裙子方才完全废除。

穿皮子，更是禁不起一些出入，便被目为暴发户。皮衣有一定的季节，分门别类，至为详尽。十月里若是冷得出奇，穿三层皮是可以的，至于穿什么皮，那却要顾到季节而不能顾到天气了。初冬穿"小毛"，如青种羊，紫羔，珠羔；然后穿"中毛"，如银鼠，灰鼠，灰脊，狐腿，甘肩，倭刀；隆冬穿"大毛"，——白狐，青狐，西狐，玄狐，紫貂。"有功名"的人方能穿貂。中下等阶级的人以前比现在富裕得多，大都有一件金银嵌或羊皮袍子。

姑娘们的"昭君套"为阴森的冬月添上点色彩。根据历代的图画，昭君出塞所戴的风兜是爱斯基摩式的，简单大方，好莱坞明星仿制者颇多。中国十九世纪的"昭君套"却是颠狂冶艳的，——一顶瓜皮帽，帽檐围上一圈皮，帽顶缀着极大的红绒球，脑后垂着两根粉红缎带，带端缀着一对金印，动辄相击作声。

对于细节的过份的注意，为这一时期的服装的要点。现代西方的时装，不必要的点缀品未尝不花样多端，但是都有个目的——把眼睛的蓝色发扬光大起来，补助不发达的胸部，使人看上去高些或矮些，集中注意力在腰肢上，消灭臀部过度的曲线……古中国衣衫上的点缀品却是完全无意义的。若说它是纯粹装饰性质的罢，为什么连鞋底上也满布着繁缛的图案呢？鞋的本身就很少在人前露脸的机会，别说鞋底了，高底的边缘也充塞着密密的花纹。

袄子有"三镶三滚"，"五镶五滚"，"七镶七滚"之别，镶滚之外，下摆与大襟上还闪烁着水钻盘的梅花，菊花。袖上另钉着名唤"阑干"的丝质花边，宽约七寸，挖空镂出福寿字样。

这样聚集了无数小小的有趣之点。这样不停地另生枝节，放恣，不讲理，在不相干的事物上浪费了精力，正是中国有闲阶级一贯的态度。惟有世界上最清闲的国家里最闲的人，方才能够领略到这些细节的妙处。制造一百种相仿而不犯重的图案,固然需要艺术与时间;欣赏它,也同样地烦难。

古中国的时装设计家似乎不知道,一个女人到底不是大观园。太多的堆砌使兴趣不能集中。我们的时装的历史,一言以蔽之,就是这些点缀品的逐渐减去。

当然事情不是这么简单。还有腰身大小的交替盈蚀。第一个严重的变化发生在光绪三十二三年。铁路已经不那么稀罕了,火车开始在中国人的生活里占一重要位置。诸大商港的时新款式迅速地传入内地。衣裤渐渐缩小,"阑干"与阔滚条过了时,单剩下一条极窄的。扁的是"韭菜边",圆的是"灯草边",又称"线香滚"。在政治动乱与社会不靖的时期——譬如欧洲的文艺复兴时代——时髦的衣服永远是紧匝在身上,轻捷利落,容许剧烈的活动。在十五世纪的意大利,因为衣裤过于紧小,肘弯膝盖,筋骨接榫处非得开缝不可。中国衣服在革命酝酿期间差一点就胀裂开来了。"小皇帝"登基的时候,袄子套在人身上像刀鞘。中国女人的紧身背心的功用实在奇妙——衣服再紧些,衣服底下的肉体也还不是写实派的作风,看上去不大像个女人而像一缕诗魂。长袄的直线延至膝盖为止,下面虚飘飘垂下两条窄窄的裤管,似脚非脚的金莲抱歉地轻轻踏在地上。铅笔一般瘦的裤脚妙在给人一种伶仃无告的感觉。在中国诗里,"可怜"是"可爱"的代名词。男人向有保护异性的嗜好,而在青黄不接的过渡时代,颠连困苦的生活情形更激动了这种倾向。宽袍大袖的,端凝的妇女现在发现太福相了是不行的,做个薄命人反倒于她们有利。

那又是一个各趋极端的时代。政治与家庭制度的缺点突然被揭穿。年青的知识阶级仇视着传统的一切,甚至于中国的一切。保守性的方面也因为惊恐的缘故而增强了压力。神经质的论争无日不进行着,在家庭里,在报纸上,在娱乐场所。连涂脂抹粉的文明戏演员,姨太太们的理想恋人,也在戏台上向他们的未婚妻借题发挥讨论时事,声泪俱下。

一向心平气和的古国从来没有如此骚动过。在那歇斯底里的气氛里,"元宝领"这东西产生了——高得与鼻尖平行的硬领,像缅甸的一层层叠至尺来高的金属项圈一般,逼迫女人们伸长了脖子。这吓人的衣领与下面的一捻柳腰完全不相称。头重脚轻,无均衡的性质正象征了那个时代。

民国初建立,有一时期似乎各方面都有浮面的清明气象。大家都认真相信卢骚的理想化的人权主义。学生们热诚拥护投票制度,非孝,自由恋爱。甚至于纯粹的精神恋爱也有人实验过,但似乎不会成功。

时装上也显出空前的天真,轻快,愉悦。"喇叭管袖子"飘飘欲仙,露出一大截玉腕。短袄腰部极为紧小。上层阶级的女人出门系裙,在家里只穿一条齐膝的短裤,丝袜也只到膝为止,裤与袜的交界处偶然也大胆地暴露了膝盖,存心不良的女人往往从袄底垂下挑拨性的长而宽的淡色丝质裤带,带端飘着排穗。

民国初年的时装,大部份的灵感是得自西方的。衣领减低了不算,甚至被蠲免了的时候也有。领口挖成圆形,方形,鸡心形,金刚钻形。白色丝质围巾四季都能用。白丝袜脚跟上的黑绣花,像虫的行列,蠕蠕爬到腿肚子上。交际花与妓女常常有戴平光眼镜以为美的。舶来品不分皂白地被接受,可见一斑。

军阀来来去去,马蹄后飞沙走石,跟着他们自己的官员,政府,法律,跌跌绊绊赶上去的时装,也同样地千变万化。短袄的下摆忽而圆,忽而尖,忽而六角形。女人的衣服往常是和珠宝一般,没有年纪的,随时可以变卖,然而在民国的当铺里不复受欢迎了,因为过了时就一文不值。

时装的日新月异并不一定表现活泼的精神与新颖的思想。恰巧相反。它可以代表呆滞;由于其他活动范围内的失败,所有的创造力都流入衣服的区域里去。在政治混乱期间,人们没有能力改良他们的生活情形。他们只能够创造他们贴身的环境——那就是衣服。我们各人住在各人的衣服里。

一九二一年,女人穿上了长袍。发源于满洲的旗装自从旗人入关之后一直是与中土的服装并行着的,各不相犯。旗下的妇女嫌她们的旗袍缺乏女性美,也想改穿较妩媚的袄裤,然而皇帝下诏,严厉禁止了。五族共和之后,全国妇女突然一致采用旗袍,倒不是为了效忠于满清,提倡复辟运动,而是因为女子蓄意要模仿男子。在中国,自古以来女人的代名词是"三绺梳头,两截穿衣。"一截穿衣与两截穿衣是很细微的区别,似乎没有什么不公平之处,可是一九二〇年的女人很容易地就多了心。她们初受西方文化的熏陶,醉心于男女平权之说,可是四周的实际情形与理想相差太远了,羞愤之下,她们排斥女性化的一切,恨不得将女人的根性斩尽杀绝。因此初兴的旗袍是严冷方正的,具有清教徒的风格。

政治上,对内对外陆续发生的不幸事件使民众灰了心。青年人的理想总有支持不了的一天。时装开始紧缩。喇叭管袖子收小了。一九三〇年,袖长及肘,衣领又高了起来。往年的元宝领的优点在它的适宜的角度,斜斜地切过两腮,不是瓜子脸也变了瓜子脸,这一次的高领却是圆筒式的,紧抵着下颔,肌肉尚未松弛的姑娘们也生了双下巴。这种衣领根本不可恕。可是它象征了十年前那种理智化的淫逸的空气——直挺挺的衣领远远隔开了女神似的头与下面的丰柔肉身。这儿有讽刺、有绝望后的狂笑。

当时欧美流行着的双排钮扣的军人式的外套正和中国人凄厉的心情一拍即合。然而恪守中庸之道的中国女人在那雄赳赳的大衣底下穿着拂地的丝绒长袍,袍叉开到大腿上,露出同样质料的长裤子,裤脚上闪着银色花边。衣服的主人翁也是这样的奇异的配搭,表面上无不激烈地唱高调,骨子里还是唯物主义者。

近年来最重要的变化是衣袖的废除。(那似乎是极其艰难危险的工作,小心翼翼地,费了二十年的工夫方才完全剪去。)同时衣领矮了,袍身短了,装饰性质的镶滚也免了,改用盘花钮扣来代替,不久连钮扣也被捐弃了,改用撳钮。总之,这笔账完全是减法——所有的点缀品,无论有用没用,一概剔去。剩下的只有一件紧身背心,露出颈项,两臂与小腿。

现在要紧的是人,旗袍的作用不外乎烘云托月忠实地将人体轮廓曲曲勾出。革命前的装束却反之,人属次要,单只注重诗意的线条,于是女人的体格公式化,不脱衣服不知道她与她有什么不同。

我们的时装不是一种有计划有组织的实业,不比在巴黎,几个规模宏大的时装公司如 Lelong's,Schiaparelli's,垄断一切,影响及整个白种人的世界。我们的裁缝却是没主张的。公众的幻想往往不谋而合,产生一种不可思议的洪流。裁缝只有追随的份儿。因为这缘故,中国的时装更可以作民意的代表。

究竟谁是时装的首创者,很难证明,因为中国人素不尊重版权,而且作者也不甚介意,既然抄袭是最隆重的赞美。最近入时的半长不短的袖子,又称"四分之三袖",上海人便说是香港发起的,而香港人又说是由上海传来的,互相推诿,不敢负责。

一双袖子翩翩归来,预兆形式主义的复兴。最新的发展是向传统的一方面走,细节虽不能恢复,轮廓却可尽量引用,用得活泛,一样能够适应现代环境的需要。旗袍的大襟采取围裙式,就是个好例子,很有点"三日入厨下"的风情,耐人寻味。

男装的近代史较为平淡。只有一个极短的时期,民国四年至八九年,男人的衣服也讲究花哨,滚上多道的如意头,而且男女的衣料可以通用,然而生当其时的人都认为是天下大乱的怪现状之一。目前中国人的西装,固然是谨严而黯淡,遵守西洋绅士的成规,即是中装也长年地在灰色、咖啡色、深青里面打滚,质地与图案也极单调。男子的生活比女子自由得多,然而单凭这一件不自由,我就不愿意做一个男子。

衣服似乎是不足挂齿的小事。刘备说过这样的话:"兄弟如手足,妻子如衣服。"可是如果女人能够做到"丈夫如衣服"的地步,就很不容易。有个西方作家(是萧伯纳么?)曾经抱怨过,多数女人选择丈夫远不及选择帽子一般的聚精会神,慎重考虑。再没有心肝的女子说起她"去年那件织锦缎夹袍"的时候,也是一往情深的。

直到十八世纪为止,中外的男子尚有穿红着绿的权利。男子服色的限制是现代文明的特征。不论这在心理上有没有不健康的影响,至少这是不必要的压抑。文明社会的集团生活里,必要的压抑有许多种,似乎小节上应当放纵些,作为补偿。有这么一种议论,说男性如果对于衣着感到兴趣些,也许他们会安分一点,不至于千方百计争取社会的注意与赞美,为了造就一己的声望,不惜祸国殃民。若说只消将男人打扮得花红柳绿的,天下就太平了,那当然是笑话。大红蟒衣里面戴着绣花肚兜的官员,照样会淆乱朝纲。但是预言家威尔斯[①]的合理化的乌托邦里面的男女公民一律穿着最鲜艳的薄膜质的衣裤,斗篷,这倒也值得做我们参考的资料。

因为习惯上的关系,男子打扮得略略不中程式,的确看着不顺眼,中装上加大衣,就是一个例子,不如另加上一件棉袍或皮袍来得妥当,

---

① 威尔斯(Herbert George Wells,1866—1946),英国作家,著有《时间机器》《隐身人》等科学幻想和社会预言小说。

便臃肿些也不妨。有一次我在电车上看见一个年青人，也许是学生，也许是店伙，用米色绿方格的兔子呢制了太紧的袍，脚上穿着女式红绿条纹短袜，嘴里衔着别致的描花假象牙烟斗，烟斗里并没有烟。他吮了一会，拿下来把它一截截拆开了，又装上去，再送到嘴里去吮，面上颇有得色。乍看觉得可笑，然而为什么不呢，如果他喜欢？……

秋凉的薄暮，小菜场上收了摊子，满地的鱼腥和青白色的芦粟^①的皮与渣。一个小孩骑了自行车冲过来，卖弄本领，大叫一声，放松了扶手，摇摆着，轻佻地掠过。在这一刹那，满街的人都充满了不可理喻的景仰之心。人生最可爱的当儿便在那一撒手罢？

课文导读

《更衣记》选自张爱玲的散文集《流言》（北京十月文艺出版社，1994年）。

张爱玲(1920—1995)，中国现代作家。祖籍河北丰润，生于上海。张爱玲系出名门，祖父张佩纶乃清朝高官李鸿章之婿，后来家道中落。1938年，张爱玲考取英国伦敦大学，却因战事激烈无法前往，1939年改入香港大学学习。1942年，香港沦陷，张爱玲未毕业即回上海，1943年开始发表作品，旋即成为"上海最走红的作家"。1952年自上海移居香港，1955年到美国后，创作英文小说多部，1969年以后主要从事古典小说研究，1995年去世。主要出版有中短篇小说集《传奇》(1944年)、散文集《流言》(1945年)、长篇小说《十八春》(1951年)、《赤地之恋》(1954年)、散文小说合集《张看》(1976年)，红学论集《红楼梦魇》(1995年)以及自传体小说《小团圆》(2009年)。

1942年，张爱玲在英文杂志《二十世纪》月刊上发表了散文"Chinese Life and Fashions"，后重写成中文，名为《更衣记》，刊于1943年12月的《古今》上，收入1944年由上海五洲书报社"总经售"的散文集《流言》中。该书收录了三十余篇散文，内容除了张爱玲谈诗、谈画、谈音乐、谈跳舞等对艺术的理解外，还有一些谈论作家自己和家人以及有助于理解其创作的文章等。学者陈子善说："张爱玲的文学生涯是从创作散文起步的。哪怕她没有写过一篇小说，她的散文也足以使她跻身

---

① 芦粟，上海话称一种甜玉米秸秆，可像甘蔗那样咬吮。

20世纪中国最优秀的散文家之列。"全书配有作者亲绘的22题精妙插图,使《流言》焕发出图文并茂的独特的艺术魅力。

张爱玲擅长制衣,她自己的衣服多为自己设计。上个世纪40年代,她独特而大胆的着衣风格成为上海报纸谈论的话题。在《更衣记》中,本着对服装的热爱和熟悉,张爱玲从晒衣服开始引起回忆,介绍了中国服装自清朝到民国三百年来的变化,巧妙地表达了她对服饰文化的独特理解。张爱玲重视穿衣的感觉,从身体的感觉写出衣服的特性;又通过写服装来反映社会现实,力图从不同时期服饰的特点写出当时的文化氛围和社会心理,以服装的"小"来反映社会文化的"大"变化。在张爱玲看来,服饰具有个性,人住在服装里,人与服装合二为一,互为表现。服饰又具有历史性和社会性特点,服饰的变化始终都与政治时事相关联。清朝服饰一成不变的特点,反映了当时社会等级森严、思想禁锢,社会迂腐,缺乏生机。但是,服饰变化也不一定就表明时代精神的自由,在政治混乱期间,人们没有能力改良他们的生活情形,就只能改造他们的贴身环境——衣服。张爱玲还谈了服装与性别的关系,她说女子服装之所以富有变化,那是由于在社会生活中,男性占主导地位,女性从服饰到身体,从身体到生存和自由,始终处于男权目光的审视下。言下之意,在男性社会里,女性不得不以服饰变化吸引和取悦男性。基于此,张爱玲从女性视角出发抨击了男性社会,张扬了女性意识。

思考练习

一、根据课文,说说服饰与时政的关联?女性的服饰为什么比男性的服饰富有变化?

二、你平时着装时尚感强吗?你是否认同课文中的人与衣合二为一的看法?为什么?

第十九课　论中国建筑之几个特征

林徽因

中国建筑为东方最显著的独立系统,渊源深远,而演进程序简纯,历代继承,线索不紊,而基本结构上又绝未因受外来影响致激起复杂变化者。不止在东方三大系建筑之中,较其它两系——印度及阿拉伯(回教建筑)——享寿特长,通行地面特广,而艺术又独臻于最高成熟点。即在世界东西各建筑派系中,相较起来,也是个极特殊的直贯系统。大凡一例建筑,经过悠长的历史,多参杂外来影响,而在结构,布置乃至外观上,常发生根本变化,或循地理推广迁移,因致渐改旧制,顿易材料外观,待达到全盛时期,则多已脱离原始胎形,另具格式。独有中国建筑经历极长久之时间,流布甚广大的地面,而在其最盛期中或在其后代繁衍期中,诸重要建筑物,均始终不脱其原始面目,保存其固有主要结构部分,及布置规模,虽则同时在艺术工程方面,又皆无可置议的进化至极高程度。更可异的是:产生这建筑的民族的历史却并不简单,且并不缺乏种种宗教上、思想上、政治组织上的叠出变化;更曾经多次与强盛的外族或在思想上和平的接触(如印度佛教之传入),或在实际利害关系上发生冲突战斗。

这结构简单,布置平整的中国建筑初形,会如此的泰然,享受几千年繁衍的直系子嗣,自成一个最特殊,最体面的建筑大族,实是一桩极值得研究的现象。

虽然,因为后代的中国建筑,即达到结构和艺术上极复杂精美的程度,外表上却仍呈现出一种单纯简朴的气象,一般人常误会中国建筑根本简陋无甚发展,较诸别系建筑低劣幼稚。这种错误观念最初自然是起于西人对东方文化的粗忽观察,常作浮躁轻率的结论,以致影响到中国人自己对本国艺术发生极过当的怀疑乃至于鄙薄。好在近来欧美迭出深刻的学者对于东方文化慎重研究,细心体会之后,见解已迥异从前,积渐彻底会悟中国美术之地位及其价值。但研究中国艺术尤其是对于建筑,比较是一种新近的趋势。外人论著关于中国建筑的,尚极少好的贡献,许多地方尚待我们建筑家今后急起直追,搜寻材料考据,作有价值的研究探讨,更正外人的许多隔膜和谬解处。

在原则上,一种好建筑必含有以下三要点:实用;坚固;美观。实用者:切合于当时当地人民生活习惯,适合于当地地理环境。坚固者:不违背其主要材料之合理的结构原则,在寻常环境之下,含有相当永久性的。美观者:具有合理的权衡(不是上重下轻巍然欲倾,上大下小势不能支;或孤耸高峙或细长突出等等违背自然律的状态),要呈现稳重,舒适,自然的外表,更要诚实的呈露全部及部分的功用,不事掩饰,不矫揉造作,勉强堆砌。美观,也可以说,即是综合实用、坚稳,两点之自然结果。

一,中国建筑,不容疑义的,曾经包含过以上三种要素。所谓曾经者,是因为在实用和坚固方面,因时代之变迁已有疑问。近代中国与欧西文化接触日深,生活习惯已完全与旧时不同,旧有建筑当然有许多跟着不适用了。在坚稳方面,因科学发达结果,关于非永久的木料,已有更满意的代替,对于构造亦有更经济精审的方法。

已往建筑因人类生活状态时刻推移,致实用方面发生问题以后,仍然保留着它的纯粹美术的价值,是个不可否认的事实。和埃及的金字塔,希腊的巴瑟农庙(Parthenon)一样,北京的坛,庙,宫,殿,是会永远继续着享受荣誉的,虽然它们本来实际的功用已经完全失掉。纯粹美术价值,虽然可以脱离实用方面而存在,它却绝对不能脱离坚稳合理的结构原则而独立的。因为美的权衡比例,美观上的多少特征,全是人的理智技巧,在物理的限制之下,合理地解决了结构上所发生的种种问题的自然结果。

二,人工制造和天然趋势调和至某程度,便是美术的基本,设施雕饰于必需的结构部分,是锦上添花;勉强结构纯为装饰部分,是画蛇添足,足为美术之玷。

中国建筑的美观方面,现时可以说,已被一般人无条件地承认了。但是这建筑的优点,绝不是在那浅现的色彩和雕饰,或特殊之式样上面,却是深藏在那基本的,产生这美观的结构原则里,及中国人的绝对了解控制雕饰的原理上。我们如果要赞扬我们本国光荣的建筑艺术,则应该就它的结构原则,和基本技艺设施方面稍事探讨;不宜只是一味的,不负责任,用极抽象,或肤浅的诗意美谀,披挂在任何外表形式上,学那英国绅士骆斯肯（Ruskin）对高矗式（Gothic）建筑，起劲地唱些高调。

建筑艺术是个在极酷刻的物理限制之下，老实的创作。人类由使两根直柱架一根横楣，而能稳立在地平上起，至建成重楼层塔一类作品，其间辛苦艰难的展进，一部分是工程科学的进境，一部分是美术思想的活动和增富。这两方面是在建筑进步的一个总题之下，同行并进的。虽然美术思想这边，常常背叛他们共同的目标——创造好建筑——脱逾常轨，尽它弄巧的能事，引诱工程方面牺牲结构上诚实原则，来将就外表取巧的地方。在这种情形之下时，建筑本身常被连累，损伤了真的价值。在中国各代建筑之中，也有许多这样的证例，所以在中国一系列建筑之中的精品，也是极罕有难得的。

大凡一派美术都分有创造，试验，成熟，抄袭，繁衍，堕落诸期，建筑也是一样。初期作品创造力特强，含有试验性。至试验成功，成绩满意，达尽善尽美程度，则进到完全成熟期。成熟之后，必有相当时期因承相袭，不敢，也不能，逾越已有的则例；这期间常常是发生订定则例章程的时候。再来便是在琐节上增繁加富，以避免单调，冀求变换，这便是美术活动越出目标时。这时期始而繁衍，继则堕落，失掉原始骨干精神，变成无意义的形式。堕落之后，继起的新样便是第二潮流的革命元勋。第二潮流有鉴于已往作品的优劣，再研究探讨第一代的精华所在，便是考据学问之所以产生。

中国建筑的经过，用我们现有的，极有限的材料作参考，已经可以略略看出各时期的起落兴衰。我们现在也已走到应作考察研究的时代了。在这有限的各朝代建筑遗物里，很可以观察，探讨其结构和式样的特征，来标证那时代建筑的精神和技艺，是兴废还是优劣。但此节非等将中国建筑基本原则分析以后，是不能有所讨论的。

在分析结构之前，先要明了的是主要建筑材料，因为材料要根本影响其结构法的。中国的主要建筑材料为木，次加砖石瓦之混用。外表上一座中国式建筑物，可明显的分作三大部：台基部分；柱梁部分；屋顶部分。台基是砖石混用。由柱脚至梁上结构部分，直接承托屋顶者则全是木造。屋顶除少数用茅茨，竹片，泥砖之外自然全是用瓦。而这三部分——台基，柱梁，屋顶——可以说是我们建筑最初胎形的基本要素。

《易经》里"上古穴居而野处,后世圣人易之以宫室,上栋。下宇。以待风雨"。还有《史记》里:"尧之有天下也,堂高三尺……"可见这"栋""宇"及"堂"(基)在最古建筑里便占定了它们的部分势力。自然最后经过繁重发达的是"栋"——那木造的全部,所以我们也要特别注意。

木造结构,我们所用的原则是"架构制"Framing System。在四根垂直柱的上端,用两横梁两横枋周围牵制成一"间架",(梁与枋根本为同样材料,梁较枋可略壮大。在"间"之左右称柁或梁,在间之前后称枋)。再在两梁之上筑起层叠的梁架以支横桁,桁通一"间"之左右两端,从梁架顶上"脊瓜柱"上次第降下至前枋上为止。桁上钉椽,并排枊笓,以承瓦板,这是"架构制"骨干的最简单的说法。总之"架构制"之最负责要素是:(一)那几根支重的垂直立柱;(二)使这些立柱,互相发生联络关系的梁与枋;(三)横梁以上的构造:梁架,横桁,木椽,及其他附属木造,完全用以支承屋顶的部分。如图一。

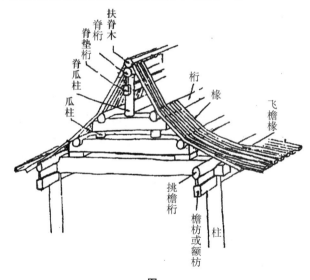

图一

"间"在平面上是一个建筑的最低单位。普通建筑全是多间的且为单数。有"中间"或"明间"、"次间"、"稍间"、"套间"等称。

中国"架构制"与别种制度(如高蠹式之"砌拱制",或西欧最普通之古典派"垒石"建筑)之最大分别:(一)在支重部分之完全倚赖立柱,使墙的部分不负结构上重责,只同门窗隔屏等,尽相似的义务——间隔房间,分划内外而已。(二)立柱始终保守木质,不似古希腊之迅速代之以垒石柱,且增加负重墙(Bearing wall),致脱离"架构"而成"垒石"制。

这架构制的特征,影响至其外表式样的,有以下最明显的几点:(一)高度无形的受限制,绝不出木材可能的范围。(二)即极庄严的建筑,也是呈现绝对玲珑的外表。结构上既绝不需要坚厚的负重墙,除非故意为表现雄伟的时候,酌量增用外(如城楼等建筑),任何大建,均不需墙壁堵塞部分。(三)门窗部分可以不受限制,柱与柱之间可以完全安装透光线的细木作——门屏窗牖之类。实际方面,即在玻璃未发明以前,室内已有极充分光线。北方因气候关系,墙多于窗,南方则反是,可伸缩自如。

这不过是这结构的基本方面,自然的特征。还有许多完全是经过特别的美术活动,而成功的超等特色,使中国建筑占极高的美术位置的,而同时也是中国建筑之精神所在。这些特色最主要的便是屋顶、台基、斗拱、色彩和均称的平面布置。

屋顶本是建筑上最实际必需的部分,中国则自古,不殚烦难的,使之尽善尽美。使切合于实际需求之外,又特具一种美术风格。屋顶最初即不止为屋之顶,因雨水和日光的切要实题,早就扩张出檐的部分。使檐突出并非难事,但是檐深则低,低则阻碍光线,且雨水顺势急流,檐下溅水问题因之发生。为解决这个问题,我们发明飞檐,用双层瓦椽,使檐沿稍翻上去,微成曲线。又因美观关系,使屋角之檐加甚其仰翻曲度。这种前边成曲线,四角翘起的飞檐,在结构上有极自然又合理的布置,几乎可以说它便是结构法所促成的。

如何是结构法所促成的呢？简单说:例如"庑殿"式的屋瓦,共有四坡五脊。正脊寻常称房脊,它的骨架是脊桁。那四根斜脊,称"垂脊",它们的骨架是从脊桁斜角,下伸至檐桁上的部分,称由戗及角梁。桁上所钉并排的椽子虽像全是平行的,但因偏左右的几根又要同这"角梁平行",所以椽的部位,乃由真平行而渐斜,像裙裾的开展。

角梁是方的,椽为圆径(有双层时上层便是方的,角梁双层时则仍全是方的)。角梁的木材大小几乎倍于椽子,到椽与角梁并排时,两个的高下不同,以致不能在它们上面铺钉平板,故此必需将椽依次的抬高,令其上皮同角梁上皮平,在抬高的几根椽子底下填补一片三角形木板称"枕头木"。如图二。

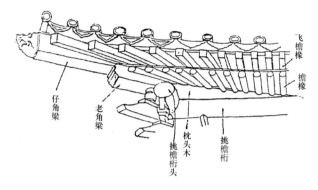

图二

　　这个曲线在结构上几乎不可信的简单，和自然，而同时在美观方面不知增加多少神韵。飞檐的美，绝用不着考据家来指点的。不过注意那过当和极端的倾向常将本来自然合理的结构变成取巧与复杂。这过当的倾向，外表上自然也呈出脆弱，虚张的弱点，不为审美者所取，但一般人常以为愈巧愈繁必是愈美，无形中多鼓励这种倾向。南方手艺灵活的地方，过甚的飞檐便是这种证例。外观上虽是浪漫的姿态，容易引诱赞美，但到底不及北方的庄重恰当，合于审美的最真纯条件。

　　屋顶曲线不止限于挑檐，即瓦坡的全部也不是一片直坡倾斜下来，屋顶坡的斜度是越往上越增加。如图三。

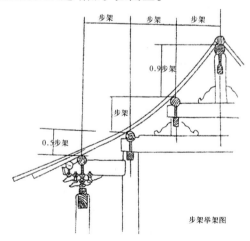

图三

这斜度之由来是依着梁架叠层的加高，这制度称做"举架法"。这举架的原则极其明显，举架的定例也极其简单。只是叠次将梁架上瓜柱增高，尤其是要脊瓜柱特别高。

使檐沿作仰翻曲度的方法，在增加第二层檐椽。这层檐甚短，只驮在头檐椽上面，再出挑一节，这样则檐的出挑虽加远，而不低下阻蔽光线。

总的说起来，历来被视为极特异神秘之屋顶曲线，并没有什么超出结构原则，和不自然造作之处，同时在美观实用方面均是非常的成功。这屋顶坡的全部曲线，上部巍然高举，檐部如翼轻展，使本来极无趣，极笨拙的屋顶部，一跃而成为整个建筑的美丽冠冕。

在周礼里发现有"上欲尊而宇欲卑；上尊而宇卑，则吐水疾而霤远"之句。这句可谓明晰地写出实际方面之功效。

既讲到屋顶，我们当然还是注意到屋瓦上的种种装饰物。上面已说过，雕饰必是设施于结构部分才有价值，那么我们屋瓦上的脊瓦吻兽又是如何？

脊瓦可以说是两坡相联处的脊缝上一种镶边的办法，当然也有过当复杂的，但是诚实的来装饰一个结构部分，而不肯勉强的来掩饰一个结构枢纽或关节，是中国建筑最长之处。

瓦上的脊吻和走兽，无疑的，本来也是结构上的部分。现时的龙头形"正吻"古称"鸱尾"，最初必是总管"扶脊木"和脊桁等部分的一块木质关键。这木质关键突出脊上，略作鸟形，后来略加点缀竟然刻成鸱鸟之尾，也是很自然的变化。其所以为鸱尾者还带有一点象征意义，因有传说鸱鸟能吐水，拿它放在瓦脊上可制火灾。

走兽最初必为一种大木钉，通过垂脊之瓦，至"由戗"及"角梁"上，以防止斜脊上面瓦片的溜下，唐时已变成两座"宝珠"在今之"戗兽"及"仙人"地位上。后代鸱尾变成"龙吻"，宝珠变成"戗兽"及"仙人"，尚加增"戗兽""仙人"之间一列"走兽"，也不过是雕饰上变化而已。

并且垂脊上"戗兽"较大，结束"由戗"一段，底下一列走兽装饰在角梁上面，显露基本结构上的节段，亦甚自然合理。

南方屋瓦上多加增极复杂的花样，完全脱离结构上任务，纯粹的显示技巧，甚属无聊，不足称扬。

外国人因为中国人屋顶之特殊形式，迥异于欧西各派，早多注意及之。论说纷纷,妙想天开。有说中国屋顶乃根据游牧时代帐幕者,有说象形蔽天之松枝者,有目中国飞檐为怪诞者,有谓中国建筑类儿戏者,有的全由走兽龙头方面,无谓的探讨意义,几乎不值得在此费时反证。总之这种曲线屋顶已经从结构上分析了,又从雕饰设施原则上审察了,而其美观实用方面又显著明晰,不容否认。我们的结论实可以简单的承认它艺术上的大成功。

中国建筑的第二个显著特征,并且与屋顶有密切关系的,便是"斗拱"部分。最初檐承于椽,椽承于檐桁,桁则架于梁墙。此梁端既是由梁架延长,伸出柱的外边。但高大的建筑物出檐既深,单指梁端支持,势必不胜,结果必产生重叠的木"翘"支于梁端之下。但单籍木翘不够担全檐沿的重量,尤其是建筑物愈大,两柱间之距离也愈远,所以又生左右岔出的横"拱"来接受"檐桁"这前后的木翘,左右的横拱,结合而成"斗拱"全部(在拱或翘昂的两端和相交处,介于上下两层拱或翘之间的斗形木块称"枓")。"昂"最初为又一种之翘,后部斜伸出斗拱后用以支"金桁"。

斗拱是柱与屋顶的过渡部分。伸支出的房檐的重量渐次集中下来直到柱的上面。斗拱的演化,每是技巧上的进步,但是后代斗拱(约略从宋元以后),便变化到非常复杂,在结构上已有过当的部分,部位上也有改变。本来斗拱只限于柱的上面(今称柱头斗),后来为外观关系,又增加一攒所谓"平身科"者,在柱与柱之间。明清建筑上平身科加增到六七攒,排成一列,完全成为装饰品,失去本来功用。"昂"之后部功用亦废除,只余前部形式而已。如图四。

不过当复杂的斗拱,的确是柱与檐之间最恰当的关节,集中横展的屋檐重量,到垂直的立柱上面,同时变成檐下一种点缀,可作结构本身变成装饰部分的最好条例。可惜后代的建筑多减轻斗拱的结构上重要,使之几乎纯为奢侈的装饰品,令中国建筑失却一个优越的中坚要素。

斗拱的演进式样和结构限于篇幅不能再仔细述说,只能就它的极基本原则上在此指出它的重要及优点。

斗拱以下的最重要部分,自然是柱,及柱与柱之间的细巧的木作。魁伟的圆柱和细致的木刻门窗对照,又是一种艺术上得意之点。不止

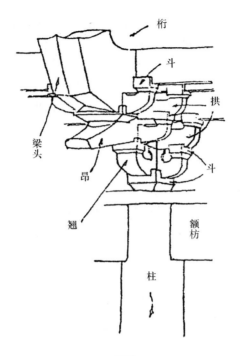

图四

如此，因为木料不能经久的原始缘故，中国建筑又发生了色彩的特征。涂漆在木料的结构上为的是：（一）保存木质抵制风日雨水，（二）可牢结各处接合关节，（三）加增色彩的特征。这又是兼收美观实际上的好处，不能单以色彩作奇特繁华之表现。彩绘的设施在中国建筑上，非常之慎重，部位多限于檐下结构部分，在阴影掩映之中。主要彩色亦为"冷色"如青蓝碧绿，有时略加金点。其他檐以下的大部分颜色则纯为赤红，与檐下彩绘正成反照。中国人的操纵色彩可谓轻重得当。设使滥用彩色于建筑全部，使上下耀目辉煌，必成野蛮现象，失掉所有庄严和调谐。别系建筑颇有犯此忌者，更可见中国人有超等美术见解。

至彩色琉璃瓦产生之后，连黯淡无光的青瓦，都成为片片堂皇的黄金碧玉，这又是中国建筑的大光荣，不过滥用杂色瓦，也是一种危险，幸免这种引诱，也是我们可骄傲之处。

还有一个最基本结构部分——台基——虽然没有特别可议论称扬之处，不过在全个建筑上看来，有如许壮伟巍峨的屋顶如果没有特别舒展或多层的基座托衬，必显出上重下轻之势，所以既有那特种的屋顶，则必需有这相当的基座。架构建筑本身轻于垒砌建筑,中国又少有多层楼阁,基础结构颇为简陋。大建筑的基座加有相当的石刻花纹,这种花纹的分配似乎是根据原始木质台基而成,积渐施之于石。与台基连带的有石栏,石阶,辇道的附属部分,都是各有各的功用而同时又都是极美的点缀品。

最后的一点关于中国建筑特征的,自然是它的特种的平面布置。平面布置上最特殊处是绝对本着均衡相称的原则,左右均分的对峙。这种分配倒并不是由于结构,主要原因是起于原始的宗教思想和形式,社会组织制度,人民俗习,后来又因喜欢守旧仿古,多承袭传统的惯例。结果均衡相称的原则变成中国特有一个固执嗜好。

例外于均衡布置建筑,也有许多。因庄严沉闷的布置,致激起故意浪漫的变化;此类若园庭、别墅、宫苑楼阁者是平面上极其曲折变幻,与对称的布置正相反其性质。中国建筑有此两种极端相反布置,这两种庄严和浪漫平面之间,也颇有混合变化的实例,供给许多有趣的研究,可以打消西人浮躁的结论,谓中国建筑布置上是完全的单调而且缺乏趣味。但是画廊亭阁的曲折纤巧,也得有相当的限制。过于勉强取巧的人工虽可令寻常人惊叹观止,却是审美者所最鄙薄的。

在这里我们要提出中国建筑上的几个弱点。(一)中国的匠师对木料,尤其是梁,往往用得太费。他们显然不明了横梁载重的力量只与梁高成正比例,而与梁宽的关系较小。所以梁的宽度,由近代的工程眼光看来,往往嫌其太过。同时匠师对于梁的尺寸,因没有计算木力的方法,不得不尽量的放大,用极大的 factor of safety,以保安全。结果是材料的大靡费。(二)他们虽知道三角形是唯一不变动的几何形,但对于这原则极少应用。所以中国的屋架,经过不十分长久的岁月,便有倾斜的危险。我们在北平街上,到处可以看见这种倾斜而用砖墙或木桩支撑的房子。不惟如此,这三角形原则之不应用,也是屋梁费料的一个大原因,因为若能应用此原则,梁就可用较小的木料。(三)地基太浅是中国建筑的大病。普通则例规定是台明高之一半,下面再垫上几点灰土。这种做法很不彻底,尤其是在北方,地基若不刨到结冰线(Frost Line)以下,建筑物的坚实方面,因地的冻冰,一定要发生问题。好在这几个缺点,在新建筑师的手里,并不成难题。我们只怕不了解,了解之后,要去避免或纠正是很容易的。

结构上细部枢纽,在西洋诸系中,时常成为被憎恶部分。建筑家不惜费尽心思来掩蔽它们。大者如屋顶用女儿墙来遮掩,如梁架内部结构,全部藏入顶篷之内;小者如钉,如合叶,莫不全是要掩藏的细部。独有中国建筑敢袒露所有结构部分,毫无畏缩遮掩的习惯,大者如梁,如椽,如梁头,如屋脊;小者如钉,如合叶,如箍头,莫不全数呈露外部,或略加雕饰,或布置成纹,使转成一种点缀。几乎全部结构各成美术上的贡献。这个特征在历史上,除西方高矗式(Gothic)建筑外,惟有中国建筑有此优点。

现在我们方在起始研究,将来若能将中国建筑的源流变化悉数考察无遗,那时优劣诸点,极明了的陈列出来,当更可以慎重讨论,作将来中国建筑趋途的指导。省得一般建筑家,不是完全遗弃这已往的制度,则是追随西人之后,盲目抄袭中国宫殿,作无意义的尝试。

关于中国建筑之将来,更有特别可注意的一点:我们架构制的原则适巧和现代"洋灰铁筋架"或"钢架"建筑同一道理,以立柱横梁牵制成架为基本。现代欧洲建筑为现代生活所驱,已断然取革命态度,尽量利用近代科学材料,另具方法形式,而迎合近代生活之需求。若工厂,学校,医院,及其他公共建筑等为需要日光便利,已不能仿取古典派之垒砌制,致多墙壁而少窗牖。中国架构制既与现代方法恰巧同一原则,将来只需变更建筑材料,主要结构部分则均可不有过激变动,而同时因材料之可能,更作新的发展,必有极满意的新建筑产生。

课文导读

《中国建筑之几个特征》选自《林徽因建筑文萃》(上海三联书店,2006年)。

林徽因(1904—1955),福建闽侯人,生于杭州,1928年毕业于美国宾州大学美术学院,为中国第一位女建筑学家,著名诗人。20世纪30年代初至抗日战争爆发期间,林徽因和丈夫梁思成走遍了全中国15个省、200多个县,实地勘察了2000余处中国古代建筑遗构,并写下有关建筑方面的论文、序跋等,为中国古代建筑研究奠定了坚实的科学基础。1949年以后,林徽因参与国徽设计和天安门人民英雄纪念碑设计,改造传统景泰蓝,护卫城墙、牌楼。1951年,林徽因写了《谈北京的几个文物建筑》。1952年,又以"我们的首都"为总题目,写了11篇文章,向人们介绍北京及郊区古建筑,为保护北京古建筑做出了巨大的努力。1955年因肺结核病去世,年仅51岁。

近年来,林徽因建筑学家的身份越来越引起人们的重视,《林徽因建筑文萃》收录了林徽因有关建筑方面的论文、序跋等,另有部分篇什为其与梁思成等合著的建筑论文。书中关于建筑学方面的文章和论述,包括对古代建筑的看法及评价,对居民生活住宅的设计与研究等,展现出林徽因作为建筑学家的耀眼才华和独到见解。

《中国古代建筑之几个特征》原刊于1932年3月《中国营造学社汇刊》第3卷1期,是首次由中国专业学者发表的论述中国建筑的理论性文章。文章认为中国建筑源远流长,历经几千年演变自成一个最特殊、最体面的建筑体系,澄清了外国学者对中国建筑之了解的文化局限和谬误。文章先从国际建筑界公认的建筑审美三项基本原则"实用,坚固和美观"三点入手,认定中国建筑曾经具有这三种要素,并对此进行具体阐明。其次指出中国建筑发展历史经历了"创造,实验,成熟,抄袭,繁衍,堕落"的过程,并在理论上定义了中国木框架结构体系的基本特征,论证了中国建筑卓有特色的"屋顶"、"斗拱"、"柱"、"台基"、"平面布置"五大要素,分析了中国建筑存在梁断面尺寸比例不合理而导致的用料太费、梁架体系缺乏三角形受力关系、地基浮浅等三大弱点。本文融建筑理论、美学思想于一体,专业而不死板,凸显了林徽因敏捷的逻辑思维和艺术美感,体现了她对中国古代建筑文化的理解和热爱。

思考练习

一、根据课文,说说中国古代建筑有哪些主要特征?以你熟悉的某一古建筑为例,谈谈你对中国古代建筑文化的理解。

二、你平时是怎样看待建筑的?在城市发展中,有一些古建筑被拆,可在旅游城市中,又修建了很多仿古建筑。对这种现象,你有什么看法?

第二十课　白先勇说昆曲

白先勇

一　我的昆曲之旅

很小的时候我在上海看过一次昆曲,那是抗战胜利后的第二年梅兰芳回国首次公演,在上海美琪大戏院演出。美琪是上海首轮戏院,平日专门放映西片,梅兰芳在美琪演昆曲是个例外。抗战八年,梅兰芳避走香港留上胡子,不肯演戏给日本人看,所以那次他回上海公演特别轰动,据说黑市票卖到一条黄金一张。观众崇拜梅大师的艺术,恐怕也带着些爱国情绪,景仰他的气节,抗战刚胜利,大家还很容易激动。梅兰芳一向以演京戏为主,昆曲偶尔为之,那次的戏码却全是昆曲:《思凡》、《刺虎》、《断桥》、《游园惊梦》。很多年后昆曲大师俞振飞亲口讲给我听,原来梅兰芳在抗战期间一直没有唱戏,对自己的嗓子没有太大把握,皮簧戏调门高,他怕唱不上去,俞振飞建议他先唱昆曲,因为昆曲的调门比较低,于是才有俞梅珠联璧合在美琪大戏院的空前盛大演出。我随家人去看的,恰巧就是《游园惊梦》。从此我便与昆曲,尤其是《牡丹亭》结下不解之缘。小时候并不懂戏,可是《游园》中《皂罗袍》那一段婉丽妩媚,一唱三叹的曲调,却深深地印在我的记忆中,以致许多年后,一听到这段音乐的笙箫管笛悠然扬起就不禁怦然心动。

第二次在上海再看昆曲,那要等到四十年后的事了。1987年我重返上海,恰好赶上"上昆"演出《长生殿》三个多小时的版本,由蔡正仁、华文漪分饰唐明皇与杨贵妃。戏一演完,我纵身起立,拍掌喝彩,直到其他观众都已散去,我仍痴立不舍离开。"上昆"表演固然精彩,但最令我激动不已的是,我看到了昆曲——这项中国最精美,最雅致的传统戏剧艺术竟然在遭罹过"文革"这场大浩劫后还能浴火重生,在舞台上大放光芒。当时那一种感动,非比寻常,我感到经历一场母体文化的重新洗礼,民族精神文明的再次皈依。大唐盛世,天宝兴亡,一时呈现眼前。文学上的联想也一下子牵系上杜甫的《哀江头》,白居易的《长恨歌》："人生有情泪沾臆，江水江花岂终极"，"天长地久有时尽，此恨绵绵无绝期"。等到乐队吹奏起《春江花月夜》的时刻，真是到了令人"情何以堪"的地步。

从前看《红楼梦》，元妃省亲，点了四出戏：《家宴》、《乞巧》、《仙缘》、《离魂》，后来清楚原来这些都是昆曲，而且来自当时流行的传奇本子：《一捧雪》、《长生殿》、《邯郸梦》还有《牡丹亭》。曹雪芹成书于乾隆年间，正是昆曲鼎盛之时，上至王卿贵族如贾府，下至市井小民，对昆曲的热爱，由南到北，举国若狂。苏州是明清两代的昆曲中心，万历年间，单苏州一郡的职业演员已达数千之众，难怪贾府为了元妃省亲会到姑苏去买一班唱戏的女孩子回来。张岱在《陶庵梦忆》里记载了每年苏州虎丘山中秋夜曲会大比赛的盛况，与会者上千，彩声雷动，热闹非凡。当时昆曲清唱是个全民运动，大概跟我们现在台湾唱卡拉OK一样盛行，可见得中国人也曾是一个爱音乐爱唱歌的民族。由明万历到清乾嘉之间，昆曲独霸中国剧坛，足足兴盛了两百年，其流传之广，历时之久，非其他剧种可望其项背。而又因为数甚众的上层文人投入剧作，将昆曲提升为"雅部"，成为雅俗共赏的一种精致艺术。与元杂剧不同，明清传奇的作者倒有不少是进士及第，做大官的。曹雪芹的祖父曹寅也写过传奇《续琵琶》，可见得当时士大夫阶级写剧本还是一件雅事。明清的传奇作家有七百余人，作品近两千种，存下来的也有六百多，数量相当惊人，其中名著如《牡丹亭》、《长生殿》、《桃花扇》等早已成为文学经典。但令人惊讶不解的是，昆曲曾经深入民间，影响我国文化如此之巨，这样精美的表演艺术，到了民国初年竟然没落得几乎失传成为绝响，职业演出只靠了数十位"昆曲传习所"传字辈艺人在苦撑，抗战一来，那些艺人流离失所，昆曲也就基本上从舞台消失。战后梅兰芳在上海那次盛大昆曲演出，不过是灵光一现。

南京在明清时代也曾是昆曲的重镇。《儒林外史》第30回写风流名士杜慎卿在南京名胜地莫愁湖举办唱曲比赛大会，竟有一百三十多个职业戏班子参加，演出的旦角人数有六七十人，而且都是上了装表演的，唱到晚上，"点起几百盏明角灯来，高高下下，照耀如同白日。歌声飘渺，直入云霄"。城里的有钱人闻风都来捧场，雇了船在湖中看戏，看到高兴的时候，一个个齐声喝彩，直闹到天明才散。这一段不禁教人看得啧啧称奇，原来乾隆年间南京还有这种场面。夺魁的是芳林班小旦郑葵官,杜慎卿赏了他一只金杯,上刻"艳夺樱桃"四个字。这位杜十七老爷,因此名震江南。金陵是千年文化名城,明太祖朱洪武又曾建都于此,明清之际,金陵人文荟萃,亦是当然。

1987年重游南京,我看到了另一场精彩的昆曲演出:江苏昆曲剧团张继青的拿手戏《三梦》——《惊梦》、《寻梦》、《痴梦》。我还没有到南京以前,已经久闻张继青的大名,行家朋友告诉我:"你到南京,一定要看她的《三梦》。"隔了40年,才得重返故都,这个机会,当然不肯放过。于是托了人去向张继青女士说项,总算她给面子,特别演出一场。那天晚上我跟着南京大学的戏剧前辈陈白尘与吴白匋两位老先生一同前往。二老是戏曲专家,知道我热爱昆曲,颇为嘉许。陈老谈到昆曲在大陆式微,忿忿然说道:"中国大学生都应该以不看昆曲为耻!"开放后,中国大学生大概都忙着跳迪斯科去了。当晚在剧院又巧遇在南京讲学的叶嘉莹教授,叶先生是我在台大时的老师,我曾到中文系去旁听她的古诗课程,受益甚大。叶先生这些年巡回世界各地讲授中国古典文学,抱着兴灭继续的悲愿,在华人子弟中,散播中国传统文化的根苗。那天晚上,我便与这几位关爱中国文化前途的前辈师长,一同观赏了杰出昆曲表演艺术家张继青的《三梦》。

张继青的艺术果然了得,一出《痴梦》演得出神入化,把剧中人崔氏足足演活了。这是一出高难度的做工戏,是考演员真功夫的内心戏,张继青因演《痴梦》名震内外。《痴梦》是明末清初传奇《烂河山》的一折,取材于《汉书·朱买臣传》,及民间马前泼水的故事。西汉寒儒朱买臣,年近半百,功名未就,妻崔氏不耐饥寒,逼休改嫁,后来朱买臣中举衣锦荣归,崔氏愧悔,然而覆水难收,破镜不可重圆,最后崔氏疯痴投水自尽。这是一出典型中国式的伦理悲剧:贫贱夫妻百事哀。如果希腊悲剧源于人神冲突,中国悲剧则起于油盐柴米,更近人间。朱买臣休妻这则故事改成戏剧也经过不少转折。《汉书·朱买臣传》,崔氏改嫁后仍以饭饮接济前夫,而朱买臣当官后,亦善待崔氏及其后夫,朱买臣夫妇都是极厚道极文明的,但这不是悲剧的材料。元杂剧《朱太守风雪渔樵记》最后却让朱买臣夫妇团圆,变成了喜剧。还是传奇《烂河山》掌握了这则故事的悲剧内涵,但是在《昆曲大全》老本子的《逼休》一折,崔氏取得休书后在大雪纷飞中竟把朱买臣逐出家门,这样凶狠的女人很难演得让观众同情。江苏昆剧团的演出本改得最好,把崔氏这个爱慕虚荣不耐贫贱的平凡妇人刻划得合情合理,恰如其分,让张继青的精湛演技发挥到淋漓尽致。她能把一个反派角色演得最后让人感到其情可悯,其境可悲,这不是件容易的事,这就要靠真功夫了。张继青演《烂河山》中的崔氏,得自传字辈老师傅沈传芷的真传。沈传芷家学渊源,其父是"昆曲传习所"有"大先生"尊称的沈月亭,他自己也是个有名的"戏包袱",工正旦。张继青既得名师指导,又加上自己深刻琢磨,终于把崔氏这个人物千变万化的复杂情绪,每一转折都能准确把握投射出来,由于她完全进入角色,即使最后崔氏因梦成痴,疯疯癫癫,仍让人觉得那是真的,不是在做戏。《烂河山》变成了张继青的招牌戏,是实至名归。我们看完她的《痴梦》大家叹服,叶嘉莹先生也连声赞好。

　　在南京居然又在舞台上看到了《游园惊梦》!人生的境遇是如此之不可测。白天我刚去游过秦淮河、夫子庙,亦找到了当年以清唱著名的得月台戏馆,这些名胜正在翻修。得月台在秦淮河畔,是民国时代南京红极一时的清唱场所,当年那些唱平剧、唱昆曲的姑娘,有的飞上枝头,变成了大明星、官太太。电影明星王熙春便是清唱出身的。得月台,亦是秦淮水榭当年民国时代一瞬繁华的见证。我又去乌衣巷、桃叶渡,参观了"桃花扇底送南朝"李香君的故居媚香楼。重游南京,就是要去寻找童年时代的足迹。我是1946年战后国民政府还都,跟着家人从重庆飞至南京的,那时抗战刚胜利,整个南京城都荡漾着一股劫后重生的兴奋与喜悦,渔阳鼙鼓的隐患,还离得很远很远。我们从重庆那个泥黄色的山城骤然来到这六朝金粉的古都,到处的名胜古迹,真是看得人眼花缭乱。我永远不会忘记爬到明孝陵那些庞然大物的石马石象背上那种亢奋之情,在雨花台上我挖掘到一枚胭脂血红晶莹剔透的彩石,跟随了我许多年,变成了我对南京记忆的一件信物。那年父亲率领我们全家到中山陵谒陵,爬上那三百九十多级石阶,是一个庄严的仪式。多年后,我才体会得到父亲当年谒陵,告慰国父在天之灵抗日胜利心境。四十年后,天旋地转,重返南京,再登中山陵,看到钟山下面郁郁苍苍,满目河山,无一处不蕴藏着历史的悲怆,大概是由于对南京一份特殊的感情,很早时候便写下了《游园惊梦》,算是对故都无尽的追思。台上张继青扮演的杜丽娘正唱着《皂罗袍》:

　　原来姹紫嫣红开遍

似这般都付与断井颓垣
良辰美景奈何天
便赏心乐事谁家院

在台下,我早已听得魂飞天外,不知道想到哪里去了。离开南京前夕,我宴请南京大学的几位教授,也邀请了张继青,为了答谢她精彩的演出。宴席我请南大代办,他们却偏偏选中了"美龄宫"。"美龄宫"在南京东郊梅岭林园路上,离中山陵不远,当年是蒋夫人宋美龄别墅,现在开放,对外营业。那是一座仿古宫殿式二层楼房,依山就势筑成,建筑典雅庄重,很有气派,屋顶是碧绿的琉璃瓦,挑角飞檐,雕梁画栋,屋外石阶上去,南面是一片大平台,平台有花砖铺地,四周为雕花栏杆。台北的圆山饭店就有点模仿"美龄宫"的建筑。宴席设在楼下客厅,这个厅堂相当大,可容纳上两百人。陈白尘、吴白匋几位老先生也都到了,大家谈笑间,我愈来愈感到周围的环境似曾相识。这个地方我来过!我的记忆之门突然打开了。应该是1946年的12月,蒋夫人宋美龄开了一个圣诞节"派对",母亲带着四哥跟我两人赴宴,就是在这座"美龄宫"里,客厅挤满了大人与小孩,到处大红大绿,金银纷飞,全是圣诞节的喜色。蒋夫人与母亲她们都是民初短袄长裙的打扮,可是蒋夫人宋美龄穿上那一套黑缎子绣醉红海棠花的衣裙就是要比别人好看,因为她一举一动透露出来的雍容华贵,世人不及。小孩子那晚都兴高采烈,因为有层出不穷的游戏,四哥抢椅子得到冠军,我记得他最后把另外一个男孩用屁股一挤便赢得了奖品。那晚的高潮是圣诞老人分派礼物,圣诞老公公好像是黄仁霖扮的,他背着一个大袋子出来,我们每个人都分到一只小红袋的礼物。袋子里有各色糖果,有的我从来没见过。那只红布袋很可爱,后来就一直挂在房间里装东西。不能想象40年前在"美龄宫"的大厅里曾经有过那样热闹的场景。我一边敬南大老先生们的酒,不禁感到时空彻底的错乱,这几十年的颠倒把历史的秩序全部大乱了。宴罢我们到楼上参观,蒋夫人宋美龄的卧居据说完全维持原状。那一堂厚重的绿绒沙发仍旧是从前的摆设,可是主人不在,整座"美龄宫"都让人感到一份人去楼空的静悄,散着一股"宫花寂寞红"的寥落。

这几年来,昆曲在台湾有了复兴的迹象,长年来台湾昆曲的传承全靠徐炎之先生及他弟子们的努力,徐炎之在各大学里辅导的昆曲社便担任了传承的任务。那是一段艰辛的日子,我亲眼看到徐老先生为了传授昆曲,在大太阳下骑着脚踏车四处奔命,那是一幅令人感动的景象。两岸开放后,在台湾有心人士樊曼侬、曾永美、洪唯助、曹馨园等人大力推动下,台湾的昆曲欣赏有了大幅度的发展,大陆六大昆班都来台湾表演过了。每次都造成轰动。有几次在台湾看昆曲,看到许多年轻观众完全陶醉在管笛悠扬载歌载舞中,我真是高兴:台湾观众终于发觉了昆曲的美,其实昆曲是最能表现中国传统美学抒情、写意、象征、诗化的一种艺术,能够把歌、舞、诗、戏糅合成那样精致优美的一种表演形式,在别的表演艺术里,我还没有看到过,包括西方的歌剧芭蕾,歌剧有歌无舞,芭蕾有舞无歌,终究有点缺憾。昆曲却能以最简单朴素的舞台,表现出最繁复的情感意象来。试看看张继青表演《寻梦》一折中的"忒忒令",一把扇子就扇活了满台的花花草草,这是象征艺术最高的境界,也是昆曲最厉害的地方。20世纪的中国人,心灵上总难免有一种文化的飘落感,因为我们的文化传统在这个世纪被连根拔起,伤得不轻。昆曲是中国现存最古老的一种戏剧艺术,曾经有过如此辉煌的历史,我们实在应该爱惜它,保护它,使它的艺术生命延续下去,为下个世纪中华文化全面复兴留一枚火种。

二 白先勇 vs 蔡正仁

……

白先勇(以下简称白):是这样子的。因为昆曲在台湾已经确立了一个信念:这是一种非常精美高雅的艺术,来欣赏就得好好地听、好好地看。台湾的昆曲观众有几个特性,第一是年轻观众多,这很奇怪,不像京剧。一般年龄是二十到四五十岁这个年龄层最多,反而是六七十岁的人不多。这表示很有希望,大学生、研究生、年轻知识分子、教师、教授,许多许多人喜欢昆曲。

蔡正仁(以下简称蔡):所以我说句实话,我们有很多戏在这儿已经久不演了,原因很简单,就是知音不多,《长生殿》上下两本,如果不是到台湾的话,我们就不可能排。这倒不是说这儿没有好的观众,有好的观众,但是整个气场不像台北那么集中,给我留下那么深刻的印象。

白:我想台湾的观众,年轻的、中年的知识分子,我们已经受过很多洗礼了，许多西方一流的艺术都到过台湾，都去看过了，芭蕾、交响乐什么的，当然世界级的东西都很好，也提升了观众的层次，但我们总觉得有种不满足——我们自己的文化在哪里？自己那么精致的表演艺术在哪里？昆曲到台湾第一次真正演出是1992年的《牡丹亭》，是我策划的，把华文漪从美国请回台湾，还有史洁华，也是"上昆"的，从纽约请回去，再跟台湾当地的演员合起来演的。那是第一次台湾观众真正看到三小时的昆剧，是"上昆"演过的那个本子。那个时候，"国家剧院"有1400个位子，我宣传了很久，说昆曲怎么美怎么美，提了七上八下的心，担心得不得了，心想我讲得那么好，对华文漪的艺术我是绝对有信心的，但整个演出效果，观众的心我就不知道了。台湾观众没看过这么大型隆重的昆曲表演，只是听了我的话，我说好，他们来看，等于押宝一样，我的整个信誉押在上面。"国家剧院"连演四天，四天的票卖得精光，我进去看，大部分是年轻人，百分之九十的人是第一次看。看完以后，年轻人站起来拍手拍十几分钟不肯走，我看见他们脸上的激动，我晓得了，他们发现了中国自己的文化的美，这种感动不是三言两语讲得清的。后来很多年轻人跟我讲：白老师，你说的昆曲是真美啊。

蔡：其实严格讲，白先生并不是从小就看昆曲的。

白：不是的不是的。

蔡：白先生小时候是昆曲很衰落的时期，那时是京剧的世界。

白：没有昆曲，昆曲几乎绝了。

蔡：快要奄奄一息了。我们是被一批"传"字辈培养起来的。

白：不错，我觉得最大的功德是把"传"字辈老先生找了回来，训练蔡正仁先生他们那一批。他们是国宝啊，是要供起来，要爱惜他们的。但是我们还是有个很大的很大的误解，昆曲到今天之所以推展不开，就是这个问题，认为昆曲是曲高和寡，只是给少数知识分子看的，一般人看不懂，其实大谬不然。不错，可能在明清时代，在昆曲没落的时候，是这样；像《牡丹亭》《长生殿》，词意很深的，所以你要会背、会唱，你才懂。但别忘了，为什么昆曲在20世纪末、21世纪又会在台湾那么兴起来？我以为很重要的是，现代舞台给了这个传统老剧种新的生命。为什么？有字幕啊，你没有借口，说我看不懂。中学的时候《长恨歌》大家都看过、背过，你能够看懂《长恨歌》，就应该看懂《长生殿》。第二，现代的舞台，它的灯光音响和整个舞台设计，让你感觉这个昆曲有了新的生命。

蔡:接近现代的观众,他感觉到了视觉上的美。

白:我在纽约也看过《牡丹亭》,现代的舞台、音响、灯光、翻成英文法文的字幕,外国人坐几个钟头不走。最近我碰到一个翻译我的小说的法国汉学家,叫雷威安,翻译《孽子》的,他告诉我,他把《牡丹亭》翻成法文了,因为他看了之后受感动,就翻成法文了。听说《长生殿》在大陆有英文本子了,不知是杨宪益还是谁翻的。所以我就跟樊曼侬女士讲,《牡丹亭》可以整本演,《长生殿》那50出重新编过,演四天、五天、六天,每天三小时,全本演出来。这么重要的一段历史,而且我们有演员呢,"上昆"他们有底子啊。

蔡:我要补充白先生说的,昆曲这个剧种,虽然目前我们剧团不多,从事昆曲的人也不是很多,加起来也不过五六百人,但是这个剧种的艺术价值、文学价值,应该说在中国是最高的。

白:没错!

蔡:这是海内外公认的,也是我们的戏曲史、文学史上早就公认的,中国戏曲的最高峰是昆曲。可能因此就产生一个问题,人家说:啊呀,昆曲是曲高和寡。确实,它有曲高和寡的一面。但反过来讲,昆曲也有很通俗的一面。

白:很通俗,这个大家知道。昆曲的小丑很重要的,像你们那个《思凡》、《下山》;还有重要的一点,昆曲爱情戏特别多,《牡丹亭》、《玉簪记》、《占花魁》,爱情戏很多观众要看。昆曲有很多面,它很复杂很丰富的,你那个《贩马记》很通俗吧。

蔡:通俗通俗。

白:讲夫妻闺房情趣,很细腻,看中国人爱老婆疼老婆。

蔡:我小时候听我们老师说,说昆曲中的小花脸、二花脸(白脸),或者大花脸,其中只要两个花脸碰在台上,要把观众笑得肚皮疼。

白:昆曲的丑角要紧,非常逗趣的,一点不沉闷,观众真是误解。我一直要破除这个迷信,说昆曲曲高和寡,我说昆曲曲高而和众。在台湾演,有时候,整个戏院会满的,观众看得热烈极了。

蔡:我觉得需要时间,就像你培养一流演员一样;需要不断努力,才会慢慢出现一流观众,不是那么容易的。我记得刚刚改革开放,大学里头,同学中互问说,你喜欢什么,说我喜欢唱歌跳舞,趾高气扬的,一问到哪位说,我喜欢京剧,或者说喜欢昆曲,大家都笑,而且他也不好意思说,感觉到他是老古董、老落后、小保守。但是现在这个气氛都没有了,那就是一种进步。前十年好像喜欢传统民族的东西很丢脸的,我当时很不理解,可就是那么回事。

白:西方人还不知道我们有那么成熟的戏剧,《牡丹亭》真让他们吓一跳,他们不知道我们在四百年前已经有这么成熟、这样精致的表演艺术,可以一连演十几个钟头的大戏,还不晓得,最近才发觉。所以,这个冲击很大。

蔡:特别是现在我们加入世界贸易组织,这意味着真正的开放,非常深层次的开放,这就给我们每个中国人提出了一个新课题,就是我们既然开放了,就要显示我们民族所特有的东西。你外面的大量进来,我也要大量地出去。

白:出去就选自己最好的出去,不要去学人家,学人家你学得再好都是次要的。当然你可以学西洋音乐、学西洋歌剧,可是你先天受限,你的身量没有他么胖那么大,你唱得再好,他们听起来都是二三流的。从小生活的环境气候不一样,文化不同,你这个体验不对,内心不对。

蔡:我把白先生的话衍生开来,我们作为中国人,能够把昆曲一直保存到现在,我认为这个事实本身就非常了不起,要保存下去,发扬光大。

白:樊曼侬,台湾的昆曲之母,她本身是学西乐的,她是台湾的第一长笛,前不久在这里的大剧院还表演过,她是什么西洋的东西都看过了,我们看的也不少了。凭良心说,不是西洋的东西不好,人家好是人家的,他们芭蕾舞《天鹅湖》跳得好,那是他们的,他们的《阿伊达》、《图兰朵》唱得好,那是他们的,我们自己的呢?

蔡:我们可以花三千万排一个《阿伊达》,我们为什么就不可以花几百万排《长生殿》,把这个排出来,我认为它的意义要远远超过《阿伊达》。

白:我是觉得你排得再好的《阿伊达》,你在哪里去排,你排不过人家的。

蔡:场面很大,而且主演都是外面来的。

白:等于借场地给人家演。唱意大利文,"啊——",你哪里懂,你一句也听不懂。《图兰朵》北京那个戏我在台北看电视了,那个中国公主吓我一跳,血盆大口,一个近镜头过来,谁去为她死啊。歌剧啊,只能听,它没有舞的。我去看一个《蝴蝶夫人》,普契尼的悲剧,唱到最后蝴蝶夫人要自杀了,那个女演员蹲不下去,半天蹲不下去,啊呀,我替她着急,一点悲剧感都没有。我宁愿回去买最好的 CD 听,不要看,破坏我的审美。歌剧声音是美透了,但是没有舞;芭蕾舞美透了,但没声音,有时候你不知道她跳什么,我们昆曲有歌又有舞,还有文学。歌剧的文学没什么的,唱词很一般。

蔡:我现在感觉到一个民族要兴旺,如果对自己民族的东西不屑一顾,那么这个民族兴旺有什么意义呢?

白:兴不起来的。我有次跟朋友谈起,觉得我们这个民族最大的问题,是这么多年来,从 19 世纪鸦片战争以来,中国遭列强入侵,我们最大的伤痕,是我们对民族的信心失去了。失去民族信心最重要的一点表现,是我们的美学,不懂得什么叫好,什么叫美,什么叫丑,这个最糟糕。

蔡:对,你已经把这个问题说到一个非常重要的领域里。

白:你看我们传统戏曲里面的衣服,颜色设计得多美啊,我们怎么不会去欣赏。现在欧美时兴的又是灰的黑的,一点颜色也没有。中国颜色很美的,我们的美学判断丢掉了,糟了!所有的问题都出来了。

蔡:我有个感觉,自己是干了四十多年的昆曲,我真的是深深体会到:有些艺术你一接触它非常好,可是时间一多,就觉得也没什么,渐渐把它淡化了。昆曲很奇怪,没有接触以前,觉得好像很高深,但你一旦跨入门以后,就会觉得愈来愈美,简直其乐无穷。而且,你看我唱了四十多年昆曲,可是我一听到《牡丹亭》的《惊梦》、《寻梦》……

白:那一段我听得心都碎掉。

蔡:它的旋律那么美,你难以想象它美到什么程度。我每次听了以后,都要感叹一番,我们的老祖宗在几百年前就有了那么好的曲子,这种艺术是会愈来愈使人着迷,而且愈来愈觉得里面有广阔的天地,觉得永远学不完,这种艺术真是不太多的。

白:我要说句话,在国际上,中国表演艺术站得住脚的只有昆曲,不是关起门来做皇帝自己说好,要拿去跟别人比的。

蔡:这个我跟您有同感,我到德国、美国去,他们不知道有昆曲,一旦知道有昆曲,外国人绝对是感到很惊讶:怎么有这么精致的艺术,而且他们能接受。两年前我在德国慕尼黑,演了《游园惊梦》《断桥》,还演了一个独角戏《拾画·叫画》。当时我非常担心,德国人怎么知道我一个人在唱什么,他们不要我们打字幕,说:你这样一打字幕,我究竟是看字幕还是看你。他只要一个人,出来把剧情介绍一下,讲三五分钟,之后,我就上去一个人唱《拾画·叫画》,又唱又做。很奇怪,凡是国内有效果的,下面全有。

白:德国的行家多,相通的啦,艺术到某个地方是相通的。

蔡:而我们现在在青年中比较普遍存在着一种浮躁心情,很少有人能很耐心地静下来观赏一门艺术,或是来钻研一门功课,他现在学功课也是比较重实用意义的。

白:都能理解,这有一个时间过程。现在是慢慢赚钱,然后干什么呢?要欣赏艺术,要有精神上的追求。我想要有个过程,台湾要不是樊曼侬,我们几个人大喊大叫,也不见得怎样。我相信大陆也有有心人,大家合起心来,有这个力量。还有政府也要扶植,你看他们外国的芭蕾也好,歌剧也好,都有基金,因为这种高层次的艺术,绝对不能企望它去赚钱,或者是企望它去赚钱来养活自己,不可能的。

蔡:现在从政府的角度来讲,他们也是比较支持的,特别是上海,咱们昆剧团的经费是绝对保证的,这一点应该说是已经做到了。问题是除了这个,这个很重要,还不够。比如说,你怎样让更多的人来欣赏这门艺术,怎样把这门艺术提高推广,我讲的提高还有地位的提高。

白:比如说,要在大剧院,在什么音乐节、艺术节的时候,演全本的昆曲。

蔡:最关键重要的演出活动,就要有昆曲来参与。在日本,如果我把你请到剧场去看能剧,那你就是贵宾。

白:是这样子,看能剧要穿着礼服的。

蔡:那么对外国人来讲,我今天到中国来看昆曲,是主人给我们最高的一种待遇。

白:对了,我赞成这个,昆曲应该是在国宴的时候唱的,因为它代表最高的艺术境界、艺术成就。

课文导读

《我的昆曲之旅》和《白先勇 vs 蔡正仁》都选自《白先勇说昆曲》一书(广西师范大学出版社,2004年)。

白先勇(1938—　),当代作家,广西桂林人,国民党高级将领白崇禧之子。童年在重庆生活,后随父母迁居南京、香港、台湾。1961年于台湾大学外文系毕业,大学时与友人一起创办《现代文学》双月刊,大学毕业后又创办了晨钟出版社。1965年获美国爱荷华大学硕士学位后,在加州大学任教。2004年已经退休的白先勇专门做起昆曲传承和推广,他花费大量精力改编昆曲,几次变卖家产来培养昆曲演员。除此之外,还通过演出、在高校开昆曲欣赏课、举办昆曲讲座来传播中国戏剧文化。2005年,白先勇率领青春版《牡丹亭》剧组到北京高校巡回演出,引起轰动。迄今《牡丹亭》已在世界各地演出二百多场。白先勇还是一个著作丰富的作家,作品有短篇小说集《寂寞的十七岁》《台北人》《纽约客》,长篇小说《孽子》,散文集《蓦然回首》《树犹如此》等。

《白先勇说昆曲》既有《我的昆曲之旅》《与昆曲结缘》《我的昆曲缘由》等讲述自己对昆曲的喜欢的文章,又有与昆曲大师、名旦以及戏剧理论家等人关于昆曲的访谈。白先勇认为昆曲是中华民族的"雅乐",是唯一赢得世界声誉的中国传统艺术,在20世纪的中国,很多人沉湎于学习西方的文化艺术,忽视或者否定本民族的文化艺术。这种行为导致了中国文化精髓的流失。白先勇对传承昆曲具有强烈的历史使命感,他的昆曲文化实践活动寄托着他对中华文化全面复兴的梦想。

《我的昆曲之旅》记述了作者在上海和南京观赏昆曲的经历后,联想到昆曲在历史上曾经的繁华,不无沉痛地说:"20世纪的中国人,心灵上总难免有一种文化的飘落感,因为我们的文化传统在这个世纪被连根拔起,伤得不轻。昆曲是中国现存最古老的一种戏剧艺术,曾经有过如此辉煌的历史,我们实在应该爱惜它,保护它,使它的艺术生命延续下去,为下个世纪中华文化全面复兴留一枚火种。"

《白先勇 vs 蔡正仁》是白先勇与国家一级演员、原上海昆剧团团长蔡正仁的对话。蔡正仁师承俞振飞和沈传芷等昆曲名家,同时得到姜妙香、周传瑛等名家的指点,有"小俞振飞"之美誉。他们认为"昆曲有歌又有舞,还有文学",兼具西方歌剧和芭蕾舞之美,它唱腔旋律的美、戏服色泽的美,演员形体动作的美以及表达感情的含蓄美,对膜拜西方文化而失去了民族审美判断力的国人来说都具有重要的意义。在他们看来,一个民族如果没有自己独特的文化艺术,就不可能兴盛起来,从而把昆曲的接受上升到恢复民族审美能力、建立民族文化自信的层面来思考,希望通过昆曲艺术欣赏,传承中国传统文化。

思考练习

一、结合课文,谈谈昆曲之美。

二、有人说中国戏剧距离现代生活太过遥远,节奏太慢,只适合老年人观赏。你同意这一说法吗?为什么?

第二十一课　西湖梦

余秋雨

一

西湖的文章实在做得太多了,做的人中又多历代高手,再做下去连自己也觉得愚蠢。但是,虽经多次违避,最后笔头一抖,还是写下了这个俗不可耐的题目。也许是这汪湖水沉浸着某种归结性的意义,我避不开它。

初识西湖,在一把劣质的折扇上。那是一位到过杭州的长辈带到乡间来的。折扇上印着一幅西湖游览图,与现今常见的游览图不同,那上面清楚地画着各种景致,就像一个立体模型。图中一一标明各种景致的幽雅名称,凌驾画幅的总标题是"人间天堂"。乡间儿童很少有图画可看,于是日日逼视,竟烂熟于心。年长之后真到了西湖,如游故地,熟门熟路地踏访着一个陈旧的梦境。

明代正德年间一位日本使臣游西湖后写过这样一首诗:

> 昔年曾见此湖图,不信人间有此湖。
> 今日打从湖上过,画工还欠费工夫。

可见对许多游客来说,西湖即便是初游,也有旧梦重温的味道。这简直成了中国文化中的一个常用意象,摩挲中国文化一久,心头都会有这个湖。

奇怪的是,这个湖游得再多,也不能在心中真切起来。过于玄艳的造化,会产生了一种疏离,无法与它进行家常性的交往。正如家常饮食不宜于排场,可让儿童偎依的奶妈不宜于盛妆,西湖排场太大,妆饰太精,难以叫人长久安驻。大凡风景绝佳处都不宜安家,人与美的关系,竟是如此之蹊跷。

西湖给人以疏离感,还有别一原因。它成名过早,遗迹过密,名位过重,山水亭舍与历史的牵连过多,结果,成了一个象征性物象非常稠厚的所在。游览可以，贴近去却未免吃力。为了摆脱这种感受，有一年夏天，我跳到湖水中游泳，独个儿游了长长一程，算是与它有了触肤之亲。湖水并不凉快，湖底也不深，却软绒绒地不能蹬脚，提醒人们这里有千年的淤积。上岸后一想，我是从宋代的一处胜迹下水，游到一位清人的遗宅终止的，于是，刚刚抚弄过的水波就立即被历史所抽象，几乎有点不真实了。

它贮积了太多的朝代，于是变得没有朝代。它汇聚了太多的方位，于是也就失去了方位。它走向抽象，走向虚幻，像一个收罗备至的博览会，盛大到了缥缈。

二

西湖的盛大，归拢来说，在于它是极复杂的中国文化人格的集合体。

一切宗教都要到这里来参加展览，再避世的，也不能忘情于这里的热闹；再苦寂的，也要分享这里的一角秀色。佛教胜迹最多，不必一一列述了，即便是超逸到家了的道家，也占据了一座葛岭，这是湖畔最先迎接黎明的地方，一早就呼唤着繁密的脚印。作为儒将楷模的岳飞，也跻身于湖滨安息，世代张扬着治国平天下的教义。宁静淡泊的国学大师也会与荒诞奇诡的神话传说相邻而居，各自变成一种可供观瞻的景致。

这就是真正中国化了的宗教。深奥的理义可以幻化成一种热闹的游览方式，与感官玩乐溶成一体。这是真正的达观和"无执"，同时也是真正的浮滑和随意。极大的认真伴和着极大的不认真，最后都皈依于消耗性的感官天地。中国的原始宗教始终没有像西方那样上升为完整严密的人为宗教，而后来的人为宗教也急速地散落于自然界，与自然宗教遥相呼应。背着香袋来到西湖朝拜的善男信女，心中并无多少教义的踪影，眼角却时时关注着桃红柳绿、莼菜醋鱼。是山水走向了宗教？抑或是宗教走向了山水？反正，一切都归之于非常实际、又非常含糊的感官自然。

西方宗教在教义上的完整性和普及性，引出了宗教改革者和反对者们在理性上的完整性和普及性；而中国宗教，不管从顺向还是逆向都激发不了这样的思维习惯。绿绿的西湖水,把来到岸边的各种思想都款款地摇碎,溶成一气,把各色信徒都陶冶成了游客。它波光一闪,嫣然一笑,科学理性精神很难在它身边保持坚挺。也许,我们这个民族,太多的是从西湖出发的游客,太少的是鲁迅笔下的那种过客。

过客衣衫破碎,脚下淌血,如此急急地赶路,也在寻找一个生命的湖泊吧?但他如果真走到了西湖边上,定会被万千悠闲的游客看成是乞丐。也许正是如此,鲁迅劝阻郁达夫把家搬到杭州:

> 钱王登假仍如在,伍相随波不可寻。
> 平楚日和憎健翮,小山香满蔽高岑。
> 坟坛冷落将军岳,梅鹤凄凉处士林。
> 何似举家游旷远,风波浩荡足行吟。

他对西湖的口头评语乃是:"至于西湖风景,虽然宜人,有吃的地方,也有玩的地方,如果流连忘返,湖光山色,也会消磨人的志气的。如像袁子才一路的人,身上穿一件罗纱大裖,如苏小小认乡亲,过着飘飘然的生活,也就无聊了。"(川岛:《忆鲁迅先生一九二八年杭州之游》)

然而,多数中国文人的人格结构中,对一个充满象征性和抽象度的西湖,总有很大的向心力。社会理性使命已悄悄抽绎,秀丽山水间散落着才子、隐士,埋藏着身前的孤傲和身后的空名。天大的才华和郁愤,最后都化作供后人游玩的景点。景点,景点,总是景点。

再也读不到传世的檄文,只剩下廊柱上龙飞凤舞的楹联。

再也找不见慷慨的遗恨,只剩下几座既可凭吊也可休息的亭台。

再也不去期待历史的震颤,只有凛然安坐着的万古湖山。

修缮,修缮,再修缮。群塔入云,藤葛如髯,湖水上漂浮着千年藻苔。

三

西湖胜迹中最能让中国文人扬眉吐气的,是白堤和苏堤。两位大诗人、大文豪,不是为了风雅,甚至不是为了文化上的目的,纯粹为了解除当地人民的疾苦,兴修水利,浚湖筑堤,终于在西湖中留下了两条长长的生命堤坝。

清人查容咏苏堤诗云:"苏公当日曾筑此,不为游观为民耳。"恰恰是最懂游观的艺术家不愿意把自己的文化形象雕琢成游观物,于是,这样的堤岸便成了西湖间特别显得自然的景物。不知旁人如何,就我而论,游西湖最畅心意的,乃是在微雨的日子,独个儿漫步于苏堤。也没有什么名句逼我吟诵,也没有后人的感慨来强加于我,也没有一尊庄严的塑像压抑我的松快,它始终只是一条自然功能上的长堤,树木也生得平适,鸟鸣也听得自如。这一切都不是东坡学士特意安排的,只是他到这里做了太守,办了一件尽职的好事,就这样,才让我看到一个在美的领域真正卓越到了从容的苏东坡。

但是,就白居易、苏东坡的整体情怀而言,这两道物化了的长堤还是太狭小的存在。他们有他们比较完整的天下意识、宇宙感悟,他们有比较硬朗的主体精神、理性思考,在文化品位上,他们是那个时代的峰巅和精英。他们本该在更大的意义上统领一代民族精神,但却仅仅因辞章而入选为一架僵硬机体中的零件,被随处装上拆下,东奔西颠,极偶然地调配到了这个湖边,搞了一下别人也能搞的水利。我们看到的,是中国历代文化良心所能做的社会实绩的极致。尽管美丽,也就是这么两条长堤而已。

也许正是对这类结果的大彻大悟,西湖边又悠悠然站出一个林和靖。他似乎把什么都看透了,隐居孤山20年,以梅为妻,以鹤为子,远避官场与市嚣。他的诗写得着实高明,以"疏影横斜水清浅,暗香浮动月黄昏"两句来咏梅,几乎成为千古绝唱。中国古代,隐士多的是,而林和靖凭着梅花、白鹤与诗句,把隐士真正做道地、做漂亮了。在后世文人眼中,白居易、苏东坡固然值得羡慕,却是难以追随的;能够偏偏到杭州西湖来做一太守,更是一种极偶然、极奇罕的机遇。然而,要追随林和靖却不难,不管有没有他的才分。梅妻鹤子有点烦难,其实也很宽松,林和靖本人也是有妻子和小孩的。哪儿找不到几丛花树、几只飞禽呢?在现实社会碰了壁、受了阻,急流勇退,扮作半个林和靖是最容易不过的。

这种自卫和自慰,是中国分子的机智,也是中国知识分子的狡黠。不能把志向实现于社会,便躲进一个自然小天地自娱自耗。他们消除了志向,渐渐又把这种消除当作了志向。安贫乐道的达观修养,成了中国文化人格结构中一个宽大的地窖,尽管有浓重的霉味,却是安全而宁静。于是,十年寒窗,博览文史,走到了民族文化的高坡前,与社会交手不了几个回合,便把一切沉埋进一座座孤山。

结果,群体性的文化人格日趋黯淡。春去秋来,梅凋鹤老,文化成了一种无目的的浪费,封闭式的道德完善导向了总体上的不道德。文明的突进,也因此被取消,剩下一堆梅瓣、鹤羽,像书签一般,夹在民族精神的史册上。

四

与这种黯淡相对照,野泼泼的,另一种人格结构也调皮地挤在西湖岸边凑热闹。

首屈一指者,当然是名妓苏小小。

不管愿意不愿意,这位妓女的资格,要比上述几位名人都老,在后人咏西湖的诗作中,总是有意无意地把苏东坡、岳飞放在这位姑娘后面:"苏小门前花满枝,苏公堤上女当垆","苏家弱柳犹含媚,岳墓乔松亦抱忠"……就是年代较早一点的白居易,也把自己写成是苏小小的钦仰者:"若解多情寻小小,绿杨深处是苏家";"苏家小女旧知名,杨柳风前别有情"。

如此看来,诗人袁子才镌一小章曰:"钱塘苏小是乡亲",虽为鲁迅所不悦,却也颇可理解的了。

历代吟咏和凭吊苏小小的,当然不乏轻薄文人,但内心厚实的饱学之士也多的是。在我们这样一个国度,一位妓女竟如此尊贵地长久安享景仰,原因是颇为深刻的。

苏小小的形象本身就是一个梦。她很重感情,写下一首《同心歌》曰:"妾乘油壁车,郎跨青骢马,何处结同心,西陵松柏下。"朴朴素素地道尽了青年恋人约会的无限风光。美丽的车,美丽的马,一起飞驶疾驰,完成了一组气韵夺人的情感造像。又传说她在风景胜处偶遇一位穷困书生,便慷慨解囊,赠银百两,助其上京。但是,情人未归,书生已去,世界没能给她以情感的报偿。她并不因此而郁愤自戕,而是从对情的执著大踏步地迈向对美的执著。她不愿做姬做妾,勉强去完成一个女人的低下使命,而是要把自己的美色呈之街市,蔑视着精丽的高墙。

她不守贞节只守美，直让一个男性的世界围着她无常的喜怒而旋转。最后，重病即将夺走她的生命，她却恬然适然，觉得死于青春华年，倒可给世界留下一个最美的形象。她甚至认为，死神在她19岁时来访，乃是上天对她的最好成全。

难怪曹聚仁先生要把她说成是茶花女式的唯美主义者。依我看，她比茶花女活得更为潇洒。在她面前，中国历史上其他有文学价值的名妓，都把自己搞得太逼仄了，为了一个负心汉，或为了一个朝廷，颠簸得过于认真。只有她那种颇有哲理感的超逸，才成为中国文人心头一幅秘藏的圣符。

由情至美，始终围绕着生命的主题。苏东坡把美衍化成了诗文和长堤，林和靖把美寄托于梅花与白鹤，而苏小小，则一直把美熨贴着自己的本体生命。她不作太多的物化转捩，只是凭借自身，发散出生命意识的微波。

妓女生涯当然是不值得赞颂的，苏小小的意义在于，她构成了与正统人格结构的奇特对峙。再正经的鸿儒高士，在社会品格上可以无可指摘，却常常压抑着自己和别人的生命本体的自然流程。这种结构是那样的宏大和强悍，使生命意识的激流不能不在崇山峻岭的围困中变得恣肆和怪异。这里又一次出现了道德和不道德、人性和非人性、美和丑的悖论：社会污浊中也会隐伏着人性的大合理，而这种大合理的实现方式又常常怪异到正常的人们所难以容忍。反之，社会历史的大光亮，又常常以牺牲人本体的许多重要命题为代价。单向完满的理想状态，多是梦境。人类难以挣脱的一大悲哀，便在这里。

西湖所接纳的另一具可爱的生命是白娘娘。虽然只是传说，在世俗知名度上却远超许多真人，因此在中国人的精神疆域中早就成了一种更宏大的切实存在。人们慷慨地把湖水、断桥、雷峰塔奉献给她。在这一点上，西湖毫无亏损，反而因此而增添了特别明亮的光色。

她是妖，又是仙，但成妖成仙都不心甘。她的理想最平凡也最灿烂：只愿做一个普普通通的人。这个基础命题的提出，在中国文化中具有极大的挑战性。

中国传统思想历来有分割两界的习惯性功能。一个浑沌的人世间，利刃一划，或者成为圣、贤、忠、善、德、仁，或者成为奸、恶、邪、丑、逆、凶，前者举入天府，后者沦于地狱。有趣的是，这两者的转化又极为便利。白娘娘做妖做仙都非常容易,麻烦的是,她偏偏看到在天府与地狱之间,还有一块平实的大地,在妖魔和神仙之间,还有一种寻常的动物:人。她的全部灾难,便由此而生。

  普通的、自然的、只具备人的意义而不加外饰的人,算得了什么呢?厚厚一堆二十五史并没有为它留出多少笔墨。于是,法海逼白娘娘回归于妖,天庭劝白娘娘上升为仙,而她却拼着生命大声呼喊:人!人!人!

  她找上了许仙,许仙的木讷和萎顿无法与她的情感强度相对称,她深感失望。她陪伴着一个已经是人而不知人的尊贵的凡夫,不能不陷于寂寞。这种寂寞,是她的悲剧,更是她所向往的人世间的悲剧,可怜的白娘娘,在妖界仙界呼唤人而不能见容,在人间呼唤人也得不到回应。但是,她是决不会舍弃许仙的,是他,使她想做人的欲求变成了现实,她不愿去寻找一个超凡脱俗即已离异了普通状态的人。这是一种深刻的矛盾,她认了,甘愿为了他去万里迢迢盗仙草,甘愿为了他在水漫金山时殊死拼搏。一切都是为了卫护住她刚刚抓住一半的那个"人"字。

  在我看来,白娘娘最大的伤心处正在这里,而不是最后被镇于雷峰塔下。她无惧于死,更何惧于镇?她莫大的遗憾,是终于没能成为一个普通人。雷峰塔只是一个归结性的造型,成为一个民族精神界的怆然象征。

  1924年9月,雷峰塔终于倒掉,一批"五四"文化闯将都不禁由衷欢呼,鲁迅更是对之一论再论。这或许能证明,白娘娘和雷峰塔的较量,关系着中国精神文化的决裂和更新?为此,即使明智如鲁迅,也愿意在一个传说故事的象征意义上深深沉浸。

  鲁迅的朋友中,有一个用脑袋撞击过雷峰塔的人,也是一位女性,吟罢"秋风秋雨愁煞人",也在西湖边上安身。

  我欠西湖的一笔宿债,是至今未到雷峰塔废墟去看看。据说很不好看,这是意料中的,但总要去看一次。

课文导读

  《西湖梦》选自余秋雨的《文化苦旅》(《余秋雨文集》,贵州人民出版社,2001年)。余秋雨,出生于1946年,浙江余姚人,当代著名的艺术理论家、散文作家。主要著述有《戏剧理论史稿》、《戏剧审美心理学》、《中国戏剧史》、《文化苦旅》、《山居笔记》、《霜冷长河》、《千年一叹》等。

余秋雨是当代文化散文的代表人物。其散文既能做到博通古今，驰骋中外，含有丰富的文史知识，又具有文辞优美，描写、记叙、抒情、议论等各种手法水乳交融等特征。同时，作者本人具有深厚的文化感悟力，行文充满睿智，富含哲理。因此，其散文往往磅礴气势，读起来令人荡气回肠。

《西湖梦》第一部分先说"烂熟于心"，又说"不能在心中真切起来"，引出西湖文化密集稠厚的特征。第二部分概述西湖山水对文化人格的影响——能把各种棱角分明乃至剑拔弩张的思想融化成和顺宜人的"嫣然一笑"。第三部分具体讲述了西湖边两种正统的文化人格，白居易、苏东坡是代表积极入世的，林和靖是代表隐居避世的。第四部分具体讲述了西湖边两种非正统的文化人格，且都以女性为对象：苏小小代表了对生命意识的关注，白娘娘代表了对更基本的"人"的关注。

《西湖梦》关注得更多的是历史与传说，是文化与人格，似乎并未涉及自然风光问题。但是，这些文化与历史都是以西湖的山水为依托而存在的，有了西湖的山山水水，有了西湖的自然风韵，才会凝聚如此丰富的人文风采；从作者的文化感慨中，我们仍然可以看到西湖的自然之美。《西湖梦》也再次印证了这样一个常识：自然和人文是互相依存的，只有充分地尊重自然、保护自然，才能收获更丰富、更美丽的人文成果。

思考练习

一、该怎么理解课文中的观点：西湖的盛大，在于"极复杂的中国文化人格的集合体"？

二、说不尽的西湖美，每人心目中都有自己的西湖印象。近年来，利用优质旅游资源，地方政府开发了融自然景观与历史文化于一体的大型实景演出，比如"印象西湖"、"印象刘三姐"等，对此，你有什么看法？

第二十二课　南方与北方

林语堂

　　研究任何一时期的文学,或者任何一时期的历史,首先要认真研究那个时期的人,因为在文学创作和历史事件的背后,总是那些单个的人使我们产生最大的兴趣。提起衰亡的罗马时代,我们就会想起马库斯·奥里利厄斯①或者卢西恩②,提起中世纪,就会想起佛朗西斯·维龙③。于是,这些时代一下子就变得十分亲切,变得十分容易理解。像"约翰逊时代"这样的名词就比"十八世纪"对我们更有意义。因为只有回想起约翰逊④是怎样生活的,回想起他经常光顾的酒店,回想起他讨论问题的朋友们,这个时代才会成为一个真实可信的时代。也许约翰逊时代一位小有名气的文学家或一个普通的伦敦人会同样使我们联想到这个时代。然而,普通伦敦人的意义可能不大,因为一代代的普通人都是相差无几的。普通人是喝淡色啤酒还是喝李普顿茶,这仅仅是一个不同的社会行为方式,不是什么了不起的区别,因为他们是平凡的人。然而,约翰逊抽烟,经常光顾18世纪的酒店,都是具有重要历史意义的事情。伟大人物对周围的社会环境有着自己独特的反映,这一点对我们很重要。他们会影响自己所接触的事物,或者受其影响,他们有这种天才;他们也受到自己所阅读的书籍的影响,受到所接触的妇女的影响。而这些对另一个缺乏天才的人却毫无触动。他们充分利用并享受了他们那个时代的生活;他们吸收了所有能吸收的东西,并且用最纤细、最有力、最敏锐的眼光对此作出反映。

　　然而,分析研究一个国家时,又不能忽视普通人。古希腊人并不都

---

① 马库斯·奥里利厄斯(Marcus Aurelius,121—180),罗马皇帝,161—180 年在位。
② 卢西恩(Lucian,约120—200),希腊自由思想家。
③ 佛朗西斯·维龙(Fran Cois Villon,1431—1463),法国诗人。
④ 塞缪尔·约翰逊(Samuel Johnson,1709—1784),英国辞典编纂者及作家。

是索福克勒斯①,伊丽莎白的英国也并非遍地都是培根②和莎士比亚。谈到希腊时,仅仅提及索福克勒斯、伯利克利③和阿丝帕霞④,并不能得到对雅典人的正确印象。我们还应该经常提到索福克勒斯的儿子来作补充,他曾向法院控告父亲治家不力;还有阿里斯托芬⑤的戏剧所描写的人物,他们并不都是爱美的,不都是倾心于对真理的探索,而是经常喝醉酒,贪吃,爱吵架,贪污受贿,喜怒无常,就和普通的雅典人一样。也许雅典人这种多变的性格有助于我们理解雅典共和国崩溃的原因,正如伯利克利和阿丝帕霞能帮助我们理解雅典的伟大一样。他们这些人,作为个人无关宏旨,但作为一个集体,却在很大程度上影响了国家和民族的命运。过去时代的普通人也许现在很难描述出来,然而当代的普通人却不同,他们每天都和我们生活在一起。但是,谁是普通人? 他是干什么的? 中国人在我们心目中仅仅是一个抽象物。南方与北方的中国人被文化纽带连在一起,成为一个民族。但他们在性格、体魄、习俗上的区别之大,不亚于地中海人与北欧日耳曼人的区别。幸而在中国文化发展的轨迹上,民族主义没有能够发展起来,有的不过是地方主义,而地方主义也许正是多少世纪以来整个帝国得以和平的重要因素。相同的历史传统,相同的书面语言——它以其独特的方式解决了中国的"世界语"问题,以及相同的文化,这最后一点是多少世纪以来社会文明以其缓慢而平和的方式逐渐渗入相对温和的土著居民之后的结果;这些共同点使中国获得了一种人类博爱的共同基础,这也是现代欧洲所缺乏的。就是口头语言也不会造成欧洲人之间讲话那么大的困难。一个满洲人能够使云南人听懂自己在讲什么,尽管有一些困难,这也实在是语言上的奇迹。这是经过缓慢的殖民化过程才获得的成果,并在很大程度上依靠汉字的书写系统这个民族团结的有形象征。

  这种文化上的共同性有时使我们忘记了种族差异,即血统差异的客观存在。这里,中国人这个抽象概念几乎消失,代之而来的是一幅多种族的画卷,身材大小不同,脾气与心理构成各异。只有当我们试图让

---

① 索福克勒斯(Sophocles,约前495—前406),古希腊悲剧作家。
② 培根(Bacon,1561—1626),英国作家及哲学家。
③ 伯利克利(Pericles,约前495—前429),雅典政治家,将军,演说家。
④ 阿丝帕霞(Aspasia,生活于公元前五世纪),希腊名妓,曾为伯利克利的情妇。
⑤ 阿里斯托芬(Aristophanes,约前448—前385),雅典诗人兼喜剧作家。

一个南方出生的将军去领导北方的士兵时,我们才会发现这种客观差异。一方面,我们看到的是北方的中国人,习惯于简单质朴的思维和艰苦的生活,身材高大健壮,性格热情幽默,吃大葱,爱开玩笑。他们是自然之子,从各方面来讲更像古蒙古人,与上海以及江浙一带的人相比更为保守,他们没有丧失自己的种族活力。他们是河南拳匪、山东大盗以及篡位的窃国大盗。他们致使中国产生了一代代的地方割据王国,他们也为描写中国战争与冒险的小说提供了人物素材。

在东南边疆,长江以南,人们会看到另一种人。他们习惯于安逸,勤于修养,老于世故,头脑发达,身体退化,喜爱诗歌,喜欢舒适。他们是圆滑而发育不全的男人,苗条但神经衰弱的女人。他们喝燕窝汤,吃莲子。他们是精明的商人,出色的文学家,战场上的胆小鬼,随时准备在伸出的拳头落在自己头上之前就翻滚在地,哭爹喊娘。他们是在晋代末年带着自己的书籍和绘画渡江南下的有教养的中国大家族的后代。那时,中国北方被野蛮部落所侵犯。

在中国正南的广东,我们又遇到了另一种中国人。他们充满了种族的活力,人人都是男子汉,吃饭、工作都是男子汉的风格。他们有事业心,无忧无虑,挥霍浪费,好斗,好冒险,图进取,脾气急躁,在表面的中国文化之下是吃蛇的土著居民的传统,这显然是中国古代南方粤人血统的强烈混合物。在汉口的南北,所谓华中地区,是信誓旦旦却又喜欢搞点阴谋的湖北人,被其他省市的人称作"天上九头鸟,地下湖北佬",因为他们从不服输,他们认为辣椒要放在油里炸一下,否则还不够辣,不好吃。而湖南人则以勇武和坚韧闻名,是古代楚国武士后裔中较为使人喜欢的一些人。

由于贸易,由于皇家规定入仕的才子要到外省做官,而这些官吏家属也随往定居的缘故,种族开始有些混合,使省与省之间的区别有所减小。然而,总的倾向依旧存在。一个明显的事实是,北方人基本上是征服者,而南方人基本上是商人。在所有以武力夺取了政权而建立自己的朝代的盗匪中,没有一个是江南人。吃大米的南方人不能登上龙位,只有吃面条的北方人才可以,这是一贯的传统。事实上,除了唐与后周两代创业帝王来自甘肃东北,于是颇有土耳其血统之嫌以外,所有伟大王朝的创业者都来自一个相当狭窄的山区,即陇海铁路周围,包括河南东部、河北南部、山东西部以及安徽北部。如果我们以陇海铁路的某一点为中心画一个方圆若千里的圆圈,并不是没有可能,圈内就是那些帝王们的出生地。汉朝的创业帝王来自徐州的沛县,晋室始祖来自河南,宋室来自河北南部的涿县①,明太祖朱洪武则来自安徽凤阳。

今天,除了蒋介石是浙江人,其家族谱系仍然待考以外,大部分将军们是从河北、山东、安徽、河南来的,仍然是陇海线周围。山东出了吴佩孚、张宗昌、孙传芳、卢永祥;河北出了齐燮元、张景琳、张之江、鹿钟麟;河南出了袁世凯;安徽出了冯玉祥、段祺瑞。江苏没有产生伟大的将军,却出了一些出色的旅馆茶房。半个世纪之前,华中的湖南出了曾国藩,是个例外,却也恰好证明规则的正确②:尽管曾国藩是一流的学者和将军,但因为他生在长江以南,吃稻米而不是吃面条长大,所以他命里注定只能是一个显贵的大臣,而不可能建立一个新的王朝。这后一项工作需要北方人的粗犷与豪放,需要一点真正可爱的流浪汉性格,需要爱好战争和混乱的天才——对费厄泼赖,对学问及儒家伦理都嗤之以鼻,直到自己稳稳地坐在龙位之上,再将儒家的君主主义捡起来,这是个极有用的东西。

粗犷豪放的北方,温柔和婉的南方,这些区别在他们各自的语言、音乐和诗歌中都能看到。我们来对比一下陕西乐曲与苏州乐曲的差异。陕西乐曲用一种木板控制速度,声调铿锵,音节高昂而响亮,有如瑞士山歌,使人联想到呼号的风声,似在高山上,似在旷野里,又似风吹沙丘。另一方面,苏州乐曲的低声吟唱,介乎于叹息与鼾声之间,喉音和鼻音很重,很容易使人联想到一个精疲力竭的气喘病人,那习惯性的叹息和呻吟已经变成了有节奏的颤抖。在语言上,我们听到的是北京话宏亮,清晰的节奏,轻重交替,非常悦耳;而苏州妇女则轻柔,甜蜜地唠唠叨叨,用一种圆唇元音,婉转的声调,其强调的力量并不在很大的爆破音,而在句尾拖长了的,有些细微差别的音节。

曾经有一段故事讲一位北方军官,在检阅一队苏州籍的士兵。他用洪亮的声音喊:"开步——走!"但是,士兵们没有挪动脚步,一位在苏州住过很长时间,知道奥妙的连长请求用他的办法来下命令。军官允许了。于是他没有用通常洪亮清晰的声音喊:"开步——走!",而是用真正婉转诱

---

① 涿县,现在河北中北部。

② 英语有一格言云:有规则就有例外。

人的苏州腔喊道:"开——步俛——嗳!"嗨,你瞧!苏州连前进了。

在诗歌中,这种区别就更加明显了,尤其在公元4、5、6世纪。当时,北方中国第一次被鞑靼人征服,北方的文人移居南方。这时,伤感的爱情诗在南朝盛行。许多南朝的君主都是了不起的抒情歌手。一种题材别致的爱情小曲《子夜歌》也在民间产生并发展起来了。对比一下这些感伤的诗歌与北方新鲜、质朴的诗歌是很有启发的。南方佚名的诗人在这种很流行的小曲中唱道:

  打杀长鸣鸡,
  弹去乌白鸟。
  愿得连暝不复曙,
  一年都一晓。

另一首小曲唱道:

  路涩无人行,
  冒寒往相觅。
  若不信侬时,
  但看雪上迹。

南宋之际,一种称作"词"的独特风格的抒情诗发展起来了。其内容不外是妇女的深闺幽怨,红烛泪干,中意的胭脂、眉笔、丝绸、帷帐、珠帘朱栏,无可挽回的春天,清瘦的恋人,羸弱的心上人儿等等。写这种伤感的诗歌的人应该被写那种简短、质朴、直接描写北方荒凉风景而不加雕饰的诗歌的人所征服,这实在也是自然的事。下面是一首典型的北方诗歌:

  敕勒川,阴山下。天似穹庐,笼盖四野。
  天苍苍,地茫茫,风吹草低见牛羊。

一个北方将领在遭到惨败之后,正是用这首诗把他的士兵又集合起来,送上前线去战斗。我们再来看一首歌咏新买宝刀的诗歌,与南方的爱情诗歌作一对比:

  新买五尺刀,
  悬著中梁柱。
  一日三摩挲,

剧于十五女。

另一首诗是这样写的：

遥望孟津河，
杨柳郁婆娑；
我是胡家儿，
不解汉儿歌。
健儿须快马，
快马须健儿；
跸跋黄尘下，
然后别雄雌。

这些诗歌也曾被胡适博士引用，来证明同一个主题。这样一些诗歌开阔了我们思考问题的视野，使我们对构成中华民族的北方血统与南方血统的不同有了更深刻的认识，使我们有可能去了解一个具有2000多年叩头、室内生活、缺乏流行运动的文明历史的国家何以能够避免社会民族退化的命运，避免像埃及、希腊、罗马等文明古国那样落后于人。中国是如何做到这一点的呢？

课文导读

《南方与北方》选自林语堂著，郝志东、沈益洪译《中国人》(学林出版社，1994年)。

林语堂(1895—1976)，中国现代著名学者、文学家、语言学家。福建龙溪人，出生于贫穷的牧师家庭。早年留学国外，回国后在北京大学、厦门大学等著名大学任教，1935年创办《宇宙风》，提倡"以自我为中心，以闲适为格调"的小品文，成为"论语派"主要人物。1966年定居台湾，1976年在香港逝世，享年82岁。林语堂既有扎实的中国古典文学功底，又有很高的英文造诣，他一生笔耕不辍，著作等身。代表作有散文集《翦拂集》(1928年)、《欧风美雨》(1933年)、《大荒集》(1934年)、《中国人》(1935年，旧译为《吾国吾民》)、《生活的艺术》(1937年)以及长篇小说《京华烟云》(1939年)等。林语堂于1940年和1950年两度获得诺贝尔文学奖的提名。

1933年林语堂在上海应美国著名女作家赛珍珠(她于1938年凭

借描写中国生活的小说《大地》荣获诺贝尔文学奖)之邀,写了这本用英文介绍中国的书。《中国人》是一部有关中国社会、历史和文化的著作,作者希望超越国家、民族与语言的隔阂,让更多的西方人对中国人及其文化有比较客观、全面的认识。赛珍珠在序中说此书"是关于中国最完美、最重要的一本书,是有关中国的杰作,全书渗透着中国人的基本精神"。1935年该书在美国出版后,一举荣登畅销书排行榜首,短短四个月内就印刷发行了七版。1939年伦敦的威廉·海涅曼公司出版该书修订本时,在"中国人"、"中国人的性格"、"中国人的心灵"、"人生的理想"、"妇女生活"、"社会生活和政治生活"、"文学生活"、"艺术生活"、"人生的艺术"等九章外增加了"中日战争之我见"一章。作者以一种整体式的笔触向人们展示了一位文化学者眼中的中国,其方方面面的精细描写让人重新认识一个伟大的中国。

《南方与北方》选自《中国人》第一章"中国人"。文章从地域文化的角度,对南方人与北方人做了比较。在林语堂看来,由于文化血缘上的差异,造成了南方人与北方人在身材、脾性、个性心理乃至生活情趣、文学表达风格等方面的不同,甚至影响到南方人与北方人在职业、社会角色上的不同。北方人高大健壮,粗犷豪放,质朴热情,敢做敢当,具有流浪者的品格。南方人中,虽不乏好冒险、图进取,人人都是男子汉的广东人,但是,江浙、两湖人又各有不同。历史上的皇帝多为陇海线方圆千里内吃面条的北方人,江浙一带多"精明的商人,出色的文学家,战场上的胆小鬼",湖北人不服输,"爱搞点小阴谋",总之,南方人具有纤细绵软,温和柔婉的特点。在今天看来,作者的某些看法有一定的局限性。但是,作者对北方人及其文学作品的赞赏,与抗日战争这一时代背景有关,在作者看来,北方人的粗犷有力有助于抗战胜利和民族生存。文章笔调坦率幽默,语言睿智通达,可读性极强。

思考练习

一、课文中谈到南方人与北方人有诸多不同,你是否同意,为什么?

二、你是南方人还是北方人?你在与来自不同地域的人打交道时,有地域优越感或自卑感吗?你是如何做到去除定见,与其和平相处,相融共赢的?

第二十三课　中国文化本质及其特征

钱　穆

一

我们上面已经讲过中国民族和社会的历史,现在我们要讲中国的文化。要讲中国的文化,我们先要讲"文化"二字究竟指的什么。这两个字,西方人也有各种讲法,没有一个统一的意见。我今天所讲,也不一定就是其中最好的意见。我以为"文化"就是人群整个全体的生活。个人的人生,不能就叫做文化,文化一定是指大群的,因此要从全体来讲。而且这个全体还不是一个平面的,应该是一个立体的。不仅是人生的各部门、各方面,还要有一个历史的传统在里面。因为我们的生活,不论任何一部门、一方面,都有一个历史性的传统在里面。譬如我们穿衣服、吃东西、住房子,都有长时期的历史演变直传到今天,而且尚有将来无穷的持续。因此我们讲文化,要拿各时代、各部门、各方面,过去、现在、未来,综合在一块来讲。所以文化必有一个体系。外国人一到中国,就会觉得中国人的生活,从各方面讲,都和欧洲不一样,这就是文化的不同。由这一点,我们可得到一个很浅的印象,觉得这个地方的社会和那个地方的社会有不同。因为这已经是人生的各部门、各方面、各时代,都融合在里面了。

我们今天讲文化的体系,我以为要拿我们的生活分成几个阶层来讲。第一阶层是"物质的",也可以说是经济的,包括衣、食、住、行等等。这是文化的第一个基础,没有衣、食、住、行,就没有人生、没有文化,这是很重要的。这是最底层的第一个基础。进到第二个阶层,就是一种"群体组织的",也就是人与人相处的一种社会的生活。譬如我们处家庭、处社会、处国家,都在这种生活中。一个人开始生到社会上来,首先就是要解决他第一阶层的生活。这种第一阶层的生活,普通动物也有。第二阶层,就要组织家庭、社会,有政府、有国家了。这是群体生活,惟人类始有之。到了第三个阶层,这就应该到了"心灵陶冶"生活了。到了心灵上的生活,这就有文学、有艺术、有哲学、有宗教信仰了。

我想大体上我们可以拿文化的各部门、各方面分成这三阶层,从第一个跑进第二个,再跑进第三个。当然我们也不能严格的分,譬如我们的衣、食、住、行,吃饭是一个家庭在一起,住房子也是一个家庭在一起,我们的经济,从深处讲来,实不啻一个民族、一个社会、一个国家和合在一起。在群体生活的这个阶层中,父子夫妇就各已有了心灵的生活在里面。夫妇有爱情,父子有孝慈,这就是第三阶层已经在第二阶层中现出了。

今天的人生,这三阶层早已融成一个了,但我们为研究讨论方便起见,不妨分成三个阶层来讲。譬如我们最先组织了家,当时还许不懂得讲夫妇父子之爱,慢慢的在这里面就发现出一种精神的、心灵的生活来。我们固然不可能没有第一阶层物质经济的生活,可是我们不能只停留在第一阶层的生活中,而第一阶层的生活也不能决定了第二第三阶层的生活。这就是说,生产条件不一定能决定家庭组织和宗教信仰等。共产唯物观的一偏之见,今天我们不必讲。我们且把此三阶层,来看世界各个民族的文化体系。我们今天只想粗略的来讲三个大体系,一个是中国、一个是欧洲、一个是印度。

二

在这三个大的文化体系中,我们只能说印度是一个早熟的文化,它的发展是畸形的。印度的气候炎热,物产丰富,物质生活很容易解决,因此在物质生活上,反而不能发展到一个高度去。再拿印度的地理来看,三面环海,海边还有高山,北方也有高山阻障,只有西北有一条路可以向外交通。现在的印度人也是从这条路跑进印度的,以后从这条路跑进印度的就很少。像亚力山大和蒙古的军队打进去,这在历史上是不多见的。因此印度对于第二阶层国家群体的发展也不高,因他们不感觉有此需要。但印度文化也曾发展到最高的一个阶层去。如其在宗教、文学、艺术、思想方面,不能说印度没有一番成功。这种情形,就等于一个人心脏、肠胃、手足都不健康,而那人的脑力特别丰富,智慧特别高。这可以说是一个天才,也可以说是一个病态的人。所以我说印度文化是一个畸形的、病态的。这当然也是受了天地自然的影响。

西方人的文化,我们可以说是从希腊人的个人主义,罗马人法律、军事、政治的群体组织,再加上希伯来的宗教信仰,由这三方面合起来。实际上西方的宗教起得后,先有希腊、罗马,才有耶教。耶教到罗马去,当然也要受罗马的影响。因此在耶稣教里面,自然就已经有了希腊文化和罗马文化的成分。耶稣固然有一种"博爱"精神,实在说起来,里面也有一种希腊的所谓"个人主义"。譬如我们同在一个教堂里,多少人同在一起祷告,但是我的祷告和你的祷告,相互间可以没有关系。每个人都想直接接触上帝。这就是一种个人主义了。我们研究耶稣教的理论,它是很多采用希腊哲学的。诸位倘使是教友,研究他们的神学,有的是采用亚里士多德,有的是采用柏拉图。拿希腊的哲学思想和耶稣的教义配合起来,主要的还是有个人主义的色彩。不过同时耶稣教特别坚强的有一个组织,这就是罗马精神之表现。天主教的教会,到今天教皇在梵蒂冈,他可以没有国家、没有政府,而在全世界保留一个严密的组织,可以维持这许多年下来。这个教会组织就是罗马精神了。因此耶稣教开始只有耶稣的教言,后来的神学就有希腊文化参入,教会组织就有罗马文化参入;实在耶稣教已经容纳了希腊精神和罗马精神。以后又有文艺复兴,我们更不能认为今天的耶稣教就是耶稣教,和希腊、罗马文化分开讲。这样再加上现代科学,四个来源凑合起来,就是今天的西方文化了。

我们拿中国文化这个体系来同印度的体系作比较,我们觉得中国文化是健全的。是从物质阶层进到群体阶层,再到心灵阶层;这三阶层又分配得很均匀,不像印度人单在一方面发展。倘使拿中国文化同西方文化作比较,西方文化是复体的,希腊的、罗马的、耶稣教的,再加上他们自己原始的民族性,再加上近代的科学。他们的文化多半是外来的,宗教固然是外来的,哲学也是外来的。因为今天的欧洲人,不是希腊人,也不是罗马人,有他们原始的民族精神,有他们本来的天性,加上这三种外来文化和现代科学,因此西洋文化是多彩多姿的,其短处在不容易调融和合,时时在内部起波澜、起冲突。中国文化是一本而来的。我们今天拿中国文化同西方文化比较,当然中国文化有它的发展,也有它的短处。

我们谈文化比较,不能空洞的讲,要拿现实成绩来讲。我们要知道文化演进,决不是一条直线向前的;从来的历史都不是直线向前的。我们近代接受了达尔文进化论的观念,往往认为下一代比上一代进化了;这话实在不可靠。尤其是我们看历史,历史是波浪式的往前进,决不是直线的。

倘使我们把中国历史照波浪式画出来,又把欧洲历史也照波浪式画出来,再来两面相比,应该是中国的比欧洲的平均高一些。在清代乾隆以前,中国人在此三个阶层的文化造诣上,决不下于西方人。马可孛罗来中国,回到西方,写了一部游记,西方人见了,决不相信世界上会有这样一个国家。偌大的地区,只有一个统一政府,到处有城市、有商业,而没有关卡,没有军队,大家安居乐业。这样的世界,在西方当时是不可想像的。我们即拿今天的西方来看,各位到西方去,坐在餐车里打一个盹,就会换一个国家,就有人上来查你的护照。直要到近两三百年,现代科学出现,世界才变了样。

我们拿物质文明来讲,罗马也绝对不能比中国的唐代。双方纵说富强相似,唐代的宗教、文学、艺术种种人生的高境界,罗马都比不上。而如罗马的斗兽场之类,在唐代也没有。我们尽往上看,无论哪一时期,把中西文化,拿波浪形画出两条线,中国文化决不比西方文化来得差。可是从道光以后,我们是在直线下降,西方是在直线上升。这时以来,处处相形见绌不用说。但我们总不该单把此一横切面来推断双方之全进程。

三

一百年来,中国受西方帝国主义的压迫,使中国变成一种"次殖民地"的地位。此事说来亦简单,主要一件,像如纺织物的侵入到中国的乡村。当时中国乡村,每个家庭里,纺纱织布本是一个重要的辅业。自从英国的纺织品卖到中国来,中国人都买洋布穿,此种家庭妇女的手工业就完全崩溃了,中国人的金钱财富源源流到英国去。衣服是人人要穿的,春、夏、秋、冬四季,每人做一身衣服,当时的中国四万万人,要多少尺布?英国的洋布,棉花从印度来,纺织成了布,就向全世界销,而销数最多的是中国。中国农村破产,就从买洋布开头。所以印度的甘地反抗英国,第一件事就教印度人不要买英国布。他自己带一架手摇车,由自己亲手来纺纱。这是很有意义的。不料一百年后,香港的布匹转而畅销到英国去，英国兰开夏的资本家讲话了，他们说香港布再这样销，他们就不能生存了。英国国会当然代表民众，出来要求限制香港布的入口。这虽是一件小事，却大可玩味。首先我们该把眼光放远一点，世界的情形不是到今天就切断，下边不再有变化。

我们讲文化，岂能专据眼前讲。即就专据眼前，英国人到香港来贩鸦片，中国人反对，才有鸦片战争，把香港割让给英国。现在是香港的中国人到英国贩布匹，英国人说该限制，香港纺织商人也就答应了。中国人固然好说话，然而这件事不能不说是英国人的一种耻辱，这是一件历史文化上的耻辱呀！香港是哪样到英国手里的呢？还不是因贩鸦片打来的。布匹与鸦片不同，而且香港目前是他们的殖民地，他们却要限制香港布匹去英国。若就我们东方人的传统文化观念来评观，这哪能算合理？写在历史上，哪能算光荣？又如何能服得人？

我们当知一个国家也不能纯讲武力和经济，总应有一个"人生大道"在里面。倘使我们真信仰有上帝，或真信仰孔子的理论，倘使我们真认识人类几千年历史不断的演变前进，我敢告诉诸位，若单就这一点言，英国的前途，不会老在中国人之上。我此十年住在香港，香港这一个小地区，十年来流亡到那里的人，居然能把他们的纺织业威胁了兰开夏的存在。兰开夏的纺织业，就是一百年来大英帝国殖民政策的一根大管子，中国人的血都从那根大管子抽去。而今天他们却说受了香港流亡人压迫了。这不是值得发人深省的一件事吗？

我们总说科学为什么不到中国来。我敢说这只因社会不安定，并不需要打倒孔家店，把线装书扔毛厕里，废除汉字，把大家洗了脑，科学才会来中国。中国这几十年来，一年到头在打仗，社会不安，科学怎么能生根？在殖民地的香港，才有十年安定，各种事业也都起来了。倘使中国大陆也能有十年安定的话，就以香港为例，香港人就是中国人，可见孔家店不必打，线装书不必扔，汉字也不必废，科学仍然会来中国。中国人去西方学科学，尽有成绩出人头地的。中国人哪个不喜欢发财？哪个人不能经营一个公司行号？我们不用怕，政治一安定，科学就在中国社会生根了。道在迩而求诸远，许多人闭着眼睛瞎讲，说中国文化同西方文化冲突了。其实何尝是这样？科学到中国来，中国不是不能接受的。这一百年来中国社会不安定，科学不容易生根，这也是简单易明的事。

我们今天不如西方人，这也是一时代的事。明天的中国，谁也不知道。从第一次世界大战到第二次世界大战，再到今天，英国领导世界的地位已让给了美国人，法国人更像在走下坡路。中国人至少在此五十年间是在翻身往上爬。这个端倪，从辛亥革命就已经见到了。

四

所以我们讲文化，应该把双方作一个比较，而这个比较一定要放大眼光，要拿人类历史全进程来讲，不能横切一短时期来讲。在今天的横切面上，当然中国不如西方，谁也不反对这话。可是今天的我们，不能代表中国文化的光荣面。我们的时期，不是中国文化到达了最高表现的时期。如果说我们现在就是中国文化最高表现的代表，我想谁也不能这样讲。我们今天是在堕落时期中，我们的祖宗并不曾永远在堕落。堕落的是我们，而今天的我们不自负责，却说中国传统文化不好。今天的我们，懂得了世界潮流，懂得了时代趋势，懂得了从前的中国人一路都是错。我想我们如此讲，似乎太不公道吧！简单说一句，大家不研究历史，随随便便提出文化改造的口号，哪里有如此简单的事呢？

文化体系好像七巧板，七块板子拼起来，可以拼成一个建筑物，拼成一匹马、一条船，或者一个人。用各种方法可以拼成各种花样。文化体系，乃是更复杂的七巧板。就物质人生讲，就有农、工、商、矿、渔、牧等各业。就群体生活讲，就有家庭、国家、政治、法律种种。就心灵生活讲，又有艺术、文学、哲学、宗教等。各系文化中各部门的内容，似乎都是差不多。因此有人说，大家是个人，文化只该是一个，如何硬分东方和西方？西方人进步了，东方人落后了。东方人能进步，也就会像现在的西方。今天的中国，则只能同西方的中古时期相比。这种话虽不是在主张"唯物史观"，实已很近乎唯物史观的道路了。

前面我们讲过，共产主义和我们最大的一个不同之点，就是他们不承认有"异"。他们不承认有异民族，不承认有异文化。照他们讲，人类是一体的，没有东方和西方。中国在共产主义的蔓延时期，高谈文化问题的人，其实也一样。所以他们要来做启蒙运动，要来一个中国的文艺复兴。因为他们想中国人往前一步，便会像西方人。这种讲法，可以说和共产主义貌离神合，样子不同，精神却一。我的看法，这七块板中，只要一块的位置换了,块块都得换;只换一块板,其他六块都要跟着动。

　　我姑举一个浅显的例。中国人讲孔子,西方人讲耶稣。此两人是有其不同之点的。他们在中西文化体系中,也如七块板中的一块。虽然孔子不是宗教主,他也在那里教人做人的道理,和耶稣有其相同点。但我们今天主要在求其"异"。我觉得中国孔孟像是板着面孔讲话的。忠孝呀!仁义呀!道德呀!甚至说:"鱼我所欲,熊掌亦我所欲。二者不可得兼,舍鱼而取熊掌。生我所欲,义亦我所欲,二者不可得兼,舍生而取义。"孔子说"杀身成仁",孟子说"舍生取义"。中国人讲道德,连生命都可以舍。当然耶稣也上十字架,然而双方的讲法确有些不同。中国人讲道德,总是你该这样、该那样。你该孝,父母不慈仍该孝;你该忠,国家昏乱还该忠。西方人跑进教堂,或者晚上在自己床前跪下祷告,他说:"我错了,请上帝赦我。"西方人的宗教,像是放你一条路似的。一个儿子去从军,老母送行,没办法,只好请上帝保佑。中国人怎样呢?如像岳武穆的母亲教她儿子,她尽说你该为国忘家,到前线再不要怕死。这就是中国道德教训和西方宗教不同之处。

　　中国人沉浸在此种道德教训中,似乎一举一动,处处受束缚。这里便该谈到中国的文学和艺术。我认为孔孟之书,和中国的文学和艺术,是一张一弛,相互为用的。这两块七巧板配搭在一起,就有一个平衡。西方的文学、艺术,是站在人生前面的,它在鞭策你向前;倘使碰了壁,就到教堂里,上帝赦我!上帝帮我忙!他们的文学常是火辣辣的,教堂里的唱诗祷告则是温暖的。倘使我们拿中国常用的"阳刚阴柔"四个字来讲,孔孟道德教训是阳刚的,而中国的文学、艺术则是阴柔的。西方人的文学、艺术是阳刚的,是刺激人积极向前的,而西方人的宗教则是阴柔的,解放人,安慰人。中古时期的人,老在教堂里祷告。一旦文艺复兴,他们的文学、艺术、音乐、舞蹈、戏剧,都教人向前;此所谓"由灵返肉"。碰了壁还有个教堂在那里。

　　今天我们中国人,能欣赏中国文学、艺术的太少了,大家都喜欢跑进电影院看电影。看了回来,晚上会使人睡不着觉。这些都是热辣辣的,刺激人,兴奋人。它就是要你的心不安,要你往前跑。西方人碰了壁,闯出问题来,还有个慈母耶稣教在旁边。我们怎样办呢?所以我们尽爱外国文学,看外国小说,也就该信耶稣教。因为人生尽向前,该有碰壁的。碰了壁,有一个慈亲在那可以安抚你,慰勉你。孔子、孟子讲忠、孝、仁、义、道德,我们今天的教育,还脱不了此种传统。如我现在住在山上,房间是忠字第几号,那边是孝字几号。社会上还是要我们忠,我们孝。我们得闲夜间去听一段平剧,如梅兰芳《贵妃醉酒》,载歌载舞,听了,全心都放下,晚上睡觉,没有一件在心里。即如像《四郎探母》之类,剧情是紧张,够刺激人的,但剧情放在清歌妙唱中,不比西方话剧,硬绷绷,太现实了。而且如《四郎探母》,临收场,两个国舅由小丑扮,胡闹一场,仍使人心下轻松,叫你不要太郑重,太认真。又如看一幅中国画,几根竹子,一双小燕,溪边小船,山上白云,那都是何等洒脱,几使人如在世外。我们读陶渊明的诗,心地自淡。读杜工部的诗,虽是这样艰苦备尝,关心君国,读他的诗仍是心中解放。异代同情,好像得了一安慰。

所以我们若真要认真接受中国孔孟教训,同时应该了解一些中国的文学和艺术。这些不是老在你背后鞭策你向前,或老在你前面引诱你向前。鞭策你诱导你的是孔孟,犹如家中父兄。退下来有陶渊明、杜工部,这就是慈母和姊姊,可以使你解放得抚慰。西方文化这两面是颠倒过来的。倘使中国的小孩子,看了西方电影,跑进学校,还是在"学而时习之"呀!"何必曰利"呀!这样地教他,那将如一种苦痛的刑罚,将会使他内心失却平衡与调和。因此事情总是要各方面有配合的。中国社会直到今天还能安顿在这里,其中必有一道理。如果什么都不注意,随便一句话说我要这样,要那样,是会入歧途闯乱子的。

西方的宗教,讲上帝、讲天国、讲灵魂、讲身后,这些东西都不在眼前,都是凌空的。我们读他们的小说,看他们的电影,看他们的画,那就现实得很,都像是实实在在在你面前的。一篇小说里叙述一个人,就如这人在你面前;描写一个房间,就像你真跑进了这房间。中国人的教训,父子、兄弟、夫妇、君臣、忠孝、仁义,都是具体的,现实的,一点也不玄虚,不脱空。但是一到文学、艺术,境界就不同了。风花雪月,流水行云,都像离开了人世间,都凌空了。

现在我要告诉各位,中国的文学家,具体说来,他们的生命实都是悲剧性的。最早如屈原,便是一例。最具体,人人俱知,最可作代表性的,便如宋代的苏东坡。他的一生,进过监狱,几乎遭了死刑。屡遭贬谪,最远到了海南岛。即如他在黄州的一段生活,也可算得十分悲凉了。他有名的《赤壁赋》,便成在当时。即如他同时稍前的欧阳修,又如欧阳修最所崇仰的唐代韩愈，他们的具体生活，也就十分悲凉，甚难详说了。我上面举到的陶渊明和杜工部，已可算得是文人中命运较好的。所以韩愈说："文以鸣不平。"其实除古文外，骈文、诗词、歌赋，乃至以下的传奇、戏剧全如此。这哪能和西方文学家、戏剧家的实际生活相比呢？要在西方文学家中找位和我们中国文学家生活比较能约略相似的，似乎只有俄国的托尔斯泰一人了。所以中国的文学、艺术，全是在艰难痛苦的实际生活中来自作安慰的。而西方的文学艺术，则是在引诱人、领导人，进向一想望快乐的生活中去。那又是中西文化一绝大不同点。但我这里所讲，实在亦不止于文学之士，即如"孔、颜乐处"，亦就可想。这些留待下面再讲。

五

所以我们要了解一件东西，要在他的整个里面去了解，要在全体中间去了解。讲到任何一项学问，也该在整个文化体系中去了解其意义与地位。这就关系落实到具体问题上来了，那就很复杂。譬如民主政治中之竞选吧！在西方，像像样样一个人，到处去演讲，你们只举我就行，他当众指摘对方的竞选人。史蒂文生在批评艾森豪；艾森豪也在批评史蒂文生。竞选完毕，双方握手，如无其事。可恨中国社会急切学不成那一套，大家推举他，他还得说：怕我不胜任，既然大家相强，让我勉为其难吧！这在中国还说是"君子之道"。我不能公开骂你，也不能自己说我比你强。在中国这种传统之下，一旦要移风易俗，来作西方式的民主竞选，真是谈何容易？文化体系之不同，实是很具体，亦很复杂的。所以我们讲文化，讲历史，定要从全体里面去了解其各部门。拿各部门分开来，我研究政治，你研究法律，要能大家配合起来。譬如造房子，我做窗，你也做窗；我做门，你也做门；窗有长短，门有大小，大家各不相关，埋着头去做，拿来配不成一所房子的。定要先有一个整所房子的计划，由此计划图样分头做门窗，拿来才配得上。

因此，我觉得，我们将来应该添一门学问，就是"文化学"。从前没有经济学，现在有了。从前没有社会学，现在有了。从前没有文化学，不久亦当会有。这不是讲历史，不是谈哲学，需要把人类文化的各方面各部分整合起来，做一门学问来研究，这是将来极大的一个工作。今天西方虽也没有这样一门功课,但讲历史的人讲文化,讲哲学的人也讲文化,早已注意到此了。我们这几十年来,也慢慢喜欢讲文化,但还没有认真地去讲,好像一讲到文化就什么都可讲。当然我们也可说抽大烟,打麻雀,女子裹小脚,这些都在文化里面。可是真讲文化,不能如此专在太琐碎处讲。以前女子裹小脚,中国社会是这般;以后放了天足,中国社会还是这般。今天中国,已很难找到女子裹脚的,但是中国社会并没有大变;因为女子裹脚在文化大体系中,实在并不占重要位置。譬如一所房子,偶然在那里有一点脏,拿扫帚一扫就行了。你不能专着眼在这一点脏上,说这所房子根本要不得。果使一所房子的价值,就在这一点脏的有无上,那就太简单了。打麻雀,也如此。我们今天可以订下一个办法,像冯玉祥以前在洛阳一样,大家都在打麻雀,他晚上派人出来查,查着,叫这四个人抬着桌子出来游街,以后大家就不敢打麻雀。但大家不打麻雀了,中国的政治、社会、人生还是照常,没有能真把中国救了。这因主要问题并不在这些上。若真在这些上,那就容易了。

西方人初来中国,就喜欢看这些。他遇见一辆独轮车,一边坐一位老太太,一边放一头猪。他就说,这就代表中国的人生和文化了。他必然会拍张照片,写条新闻,作一报告。他不知他所见甚小,值不得大惊小怪。从前前清时代我们都拖一条辫子,后来全把辫子剪了,但中国文化传统还是照常。这些全是外皮,一个人面上生一个疤或疮,这不比心脏有病,我们不要太看重这一个疤和疮,要看重心脏。但什么是文化中的疤和疮?什么又是文化中的心脏呢?这就该有研究了。

课文导读

本文选自《钱穆先生著作系列:民族与文化》(新校本)(九州出版社,2012年)。

钱穆(1895—1990),中国现代历史学家,国学大师。江苏无锡人,吴越国太祖武肃王钱镠之后。字宾四,笔名公沙、梁隐、与忘、孤云,晚号素书老人、七房桥人,斋号素书堂、素书楼。历任燕京、北京大学、清华大学、四川大学、齐鲁大学、西南联大等大学教授,也曾任无锡江南大学文学院院长。1949年迁居香港,创办新亚书院。1966年,钱穆移居台湾台北市,在"中国文化书院"(今中国文化大学)任职,为"中央研究院"院士,"故宫博物院"特聘研究员。1990年8月30日在台北逝世。

1992年归葬苏州太湖之滨。钱穆先生毕生以复兴中国文化为己任,被20世纪学术界称为"最后的国学大师"。

《钱穆先生著作系列:民族与文化(新校本)》一书汇集了钱穆先生在台湾讲授"民族与文化"课程的讲义与演讲词两部分而成。全书以"民族"和"文化"为主题,分析了两者之间的关系,并分别叙述了中华民族与中国文化的形成、融凝、前途,以及在此过程中所表现出的本质和特征。同时,作者在对中西方文化作比较的基础上,阐明中华民族和中国文化能够不断相互生发和完成,绵亘几千年而不绝的内在原因,以及我们所应有的民族信心和文化信心。该书1960年6月,在台湾台北联合出版中心出版。1989年,钱穆先生重读此书,曾加增修,交台湾东大图书公司再版发行。本文版本即以东大增修本为底本。

《中国文化本质及其特征》一文,强调文化的体系性,并把文化体系分为三个阶层来认知。衣食住行等为物质阶层,家庭、社会、政府国家等为集体阶层,第三个阶层是文学、艺术、哲学宗教等所代表的心灵阶层;进而把中国文化与印度文化、西方文化分别进行比较,认为印度文化是畸形的病态的,西方文化是个人主义。与印度文化体系相比,中国文化体系是健全的,家庭、社会、国家三个阶层分配得很均匀;西洋文化虽然多姿多彩,但也不易调和,易产生冲突。

在谈到中西文化比较时,钱穆强调求其异,而不重在指其同;强调应着眼于大处,作总体的宏观把握,抓重要的,而不主要作具体的微观研究,要舍弃细枝末节;特别强调整体性,要求把文化放在人类历史全过程来评价其优缺点,要以长远的眼光看待中国文化;强调文化发展是有轨迹的,是波浪式的发展,认为中国文化的发展的波浪式曲线要高于西方,只是在清道光之后,西方文化直线上升,中国文化直线下降,但一时代的落后,并不意味着以后也会落后。钱穆对中国文化充满信心,坚决反对否定中国传统文化。

在钱穆看来,文化的体系性还体现在文化各阶层之间具有相互协调和互补的特点。比如,中国的孔孟哲学与中国人的艺术之间就搭配得很好,孔孟的道德训诫多,但中国人的艺术却令人解放和轻松。如果仅接受西方艺术,而西方艺术是让人奋进的,若再配着中国的道德观就会活得很累,就会出问题。针对西方人所说的中国古代文化中不重视科学以及不重视财富,钱穆也进行了批驳。鉴于各种文化体系的差异性以及复杂性,钱穆建议把"文化学"作为一门学问来研究。

思考练习

一、根据课文,说说中国文化与印度文化、西洋文化的区别。

二、你是否认同课文中的对中国文化的看法?请说明理由。

第二十四课　中国文化与西方文化的对比

伯兰特·罗素

在当今的中国,封建中国固有的文化与我们的文化之间有着紧密的联系。这种联系将孕育出一种比双方更优越的新文化,或者只会毁灭中国固有的文化而代之以美国的文明,现在还是一个疑问。在人类前进的历程中,不同文化之间的联系过去通常是成功的,竖起了一座座里程碑。希腊学埃及,罗马学希腊,阿拉伯学罗马帝国,中古欧洲学阿拉伯。文艺复兴的欧洲学拜占廷帝国。在许多这类史例中,学生常常超过先生。在中国的情形,如果我们视中国为学生,结果也可能一样。实际上,我们彼此都有需要学习的东西,但我们能学到手的可能性太小了。假如我视中国为学生而不是相反,仅仅是因为我担心我们不堪教化。

我打算在这儿谈谈中西文化的结合所提出的问题,只谈这些问题的文化形态方面。除开16世纪西班牙和美洲的文化结合外,我想不出任何各自经历了漫长发展过程的两种文化结合的例子,像中国和欧洲文化相结合的情形。试想两地如此遥远,中西之间的相互了解却没遇到更大的困难,这真令人惊奇。为了阐明此点,有必要追溯一下这两种文化的历史渊源。

西欧和美国具有事实上相似的心理,溯其源有三:一、希腊文化;二、犹太教及其伦理;三、现代工业主义——这本身就是现代科学的产物。我们可以柏拉图、《旧约》和伽利略作为这三者的代表,发展至今,彼此仍然脉络分明。我们从希腊人那里继承了文学艺术、哲学和理论数学,以及我们社会观的更加文雅的部分。从犹太人那里继承了狂热的信仰,或如其信徒所称的"信念";由于罪恶观念而产生的道德热忱;宗教的偏执,以及我们的部分爱国精神。从科学那里,像应用于工业的情形那样,我们获得了力量和对力量的信念,相信我们是神,可以当之无愧地成为野蛮种族的生死主宰。我们还继承了实验主义方法,我们的一切真知几乎都是由此获得的。我认为,以上三种因素可以说明我们的基本心理。

在中国的发展过程中,上述三者没有哪一桩起过积极作用,除了希腊间接地影响过中国的绘画、雕塑和音乐。中国在其历史发端时期属于几个大河流域帝国之一,其中埃及和巴比伦曾为我们的文化源头作过贡献,它们对希腊人和犹太人产生了直接的影响。正如尼罗河、幼发拉底河和底格里斯河的肥沃冲积土上的子孙使他们的文化成为可能,中国最初的文化是黄河浇灌出来的。即使在孔子的时代,中央帝国的疆域也未伸到黄河南北多远的地方。但尽管有地理和经济环境的相似条件,中国人与埃及人和巴比伦人的思想观念之间却很少共同之处;同属于公元前6世纪的老子和孔子就具有了我们今天看到的现代中国的特征。把一切都归结为经济因素起作用的人,会难以对中国与埃及和巴比伦之间的差异作出解释。我自己也提供不出别的理论。在现阶段,我不认为科学能够完全解释国家的特性。气候和经济条件可以说明部分问题,但不可能说明整个问题。也许在很大程度上,取决于恰好在平创年代临世的卓绝人物的个性,比如像摩西、穆罕穆德和孔子那样的人物。

中国最早的贤哲是老子,道家的创始人。"老子"并不是一个适当的名字,仅仅表明他是一个"古代的哲学家"。他与孔子同一个时代(按传统说法),比孔子年长,但他的哲学在我看来远更有趣。他认为,每一个人、每只动物和每件事物,都具有某种与他、她或它相宜的行为准则;我们自己应当遵循这一自然的法则,也应鼓励别人这样做。"道"即"道路",但多少带有一种神秘的意味,正像在《圣经》里的这句话:"我即道、真理和人生。"我想他认为,死亡是由于离开"道"的结果,倘若我们都严格按自然之道行事,我们就会像天体一样永生。道家在后世沦为巫术,主要热衷于追求长生不老的金丹。但依我看,道家哲学一开始就包含着逃避死亡的企求。

老子的著作,或者说归在他名下的著作,篇幅很短,但他的思想被他的弟子庄子发展了,庄子比他的老师更有趣。他们两人都倡导自由哲学,都鄙视政府以及对自然的任何干预。他们抱怨当代生活忙忙碌碌,并用来与他们称为"古之真人"的安静生活相对照。道家的教义带有一点儿神秘意味,因为它认为尽管众生各警,在某种意义上道仍为一,所以如果大家以此为生活的准绳,世上就不会有纷争了。

但是，这两位贤哲身上已经有了中国特色的幽默、节制和含蓄。他们的幽默可以用孔子的伯乐论来说明，伯乐"善治马"，驯马至死过半。拿他们与西方的神秘主义者相比，他们的节制和含蓄是显而易见的。中国的文学艺术具有这两方面的特点，当今有教养的中国人的谈吐也这样。中国各阶层人士都喜欢诙谐，从不错过说笑话的机会。受过教育的阶层，其幽默隐晦精妙，因此西欧人常常领悟不到，这更增添了中国人的快乐。他们谈吐克制的习惯是很卓越的。

有一天，我在北京遇见一位中年人，他对我说，他对政治理论抱着学术性的兴趣。由于初来乍到，我便信以为真，但后来我发现他是一省之长，而且早就是一位出类拔萃的政界人物。中国诗歌明显地缺乏热情，这也是由于克制含蓄的缘故。他们认为，智者应当经常保持缄默；虽然他们也有热情奔放的时候（事实上是一个很容易激动的民族），但不愿意让感情表现于艺术而使之长存，因为很藐视它们。我们的浪漫主义运动曾引导人们热爱激情，就我所知，他们的文学里找不到相似的文学运动。他们的古乐，有一些是很美妙的，但乐音轻微，只能勉强听见而已。他们的艺术讲究雅致，他们的生活追求合理。莽撞的武夫不会受到称赞，无节制的热情不会受到赏识。经历了西方的较为喧嚣的生活的人，开始全然看不见他们正在追求的种种目标，但他们生存的优雅和尊严渐渐变得显明起来，因此，在中国居住最久的外国人最喜爱中国人。

道家虽然作为术士幸存了下来，却全然失宠于儒家培养出来的知识阶层。我得承认自己难于欣赏孔子提倡的德行。他的著作大部分谈论繁文缛节，他主要的关注在于教导人们举止得体。但是，如果将他同别的时代和民族的传统的精神首领相比，必须承认他具有高尚德行，即使那些德行基本上是消极的。由他的信徒加以发展而形成的一套体系是纯伦理性的，不带任何宗教的信条，没有造成一个强大的教主阶层，没有导致宗教迫害。显然，它成功地造就了一个彬彬有礼的国家。中国的礼仪不止是因袭惯例，没有先例可循的情形也照样合乎礼仪；而且，不局限一个阶级，甚至存在于最卑鄙的苦力中间。目睹中国人以尊严的态度冷静地接受白人的傲慢而不屑于以无礼，这真叫人感到耻辱。欧洲人常以此为懦弱，但它真是真正的力量，就是用它，中国人治服了历来的征服者。

中国传统文化之中惟一仅有的重要外来因素是佛教。佛教是在耶稣纪元的头几百年间由印度传入中国的,并在这个国家的宗教领域里确切地占了一席位置。我们从犹太人那里继承了不容异教的观点,认为一个人皈依了一种宗教便不能信奉另一种。基督教和回教的正统教义就是限定性的:谁也不能接受两种宗教。但在中国却不存在这种不相容性,一个人既可以信佛教,也可以信儒教,两者之间没有什么水火不相容的地方。同样,在日本大多数既信佛教又信道教。不过,儒佛之间有气质上的区别,这使信仰的个人有所侧重,即使两者均信。佛教这种宗教,我们可以从该词的含义去理解,它有神秘的教义,讲求超度和来世。它告诉想要治愈绝望的世人,它认为对于那些没有信仰的人来说,感到绝望是自然的事。它明显地持悲观主义态度,这种悲观只有以某种信念才能加以消除。儒教没有这一切,它认为人与世界基本上是和谐的,不需要鼓励人们生存,只需要教导人们如何生存。而且它的伦理教育并不建立在任何玄奥的或宗教的教条之上,完全是世俗的一套。这两种信仰在中国并存的结果是,信仰更虔诚、忏悔更真切的人转向佛教,积极入世的人则安于儒家学说。这种学说成了官方历来的主张,求取功名仕途的应试科目;结果,千百年来中国政府操在不信神的文人学士手里,他们的治理缺乏蓬勃的朝气和敢破敢立的冲动,而这种品质是西方国家要求其统治者具备的。实际上,中国的统治者的做法很接近庄子的学说。这样的结果,除了内乱带来的疾苦外,民众一直是安居乐业的;属国被给予自治权利,外国没有必要惧怕中国,尽管她拥有众多的人口和丰富的资源。将中国的文化与欧洲的文化相比,人们会发现中国文化中有许多见之于希腊文明的东西,而呈现于我们文化的另外两种因素——犹太教和科学,则几乎全然没有。中国实际上是一个不信教的中国,不仅在上层阶级,整个民众都如此。中国存在着一套非常明确的伦理准则,但它并不残酷或压迫人,也不包含"罪恶"的观念。迄今为止,除了近年来受欧洲的影响而兴起的项目,中国几乎没有科学和工业。

这一古老文化与欧洲文化相接触会产生什么结果呢?我考虑的不是政治的或经济的影响,而是对中国的思想观念的影响。当然这两者是难于截然分开的,因为与西方文化的接触必然要受其政治和经济的影响。然而,我希望尽量孤立地谈论文化问题。

目前大中国已有一股获得西方知识的巨大热情,不纯粹是为了增强国力、抵御外侮,许多人把学知识本身当作一件好事。中国有崇尚知识的传统,但是过去却只向经典文学索取知识。现在大家都意识到,西方知识更有实用价值。每年都有许多学生去欧洲各大学学习,去美国的更多,去学自然科学、经济学、法律或政治理论。这些人回到中国后,大都当教师、公务人员、记者或从事政治。他们迅速地使中国人的观点现代化,尤其在受过教育的阶层。

中国传统的文化已经变得停滞不前,在文学艺术方面不再产生很多富有价值的成果。我认为这不是由于这个民族堕落了,而仅仅是因为缺乏新的素材。西方知识的注入恰好提供了所需要的刺激。中国学生很能干,特别敏慧。高等教育缺乏资金和图书,但绝不缺少优秀的人才。尽管中国的文化迄今为止在科学方面很薄弱,但没有任何敌视科学的因素,因此,科学知识的传播没有遇到像在欧洲所经历的类似教会之类的障碍。我相信,中国人要有一个稳定的政府,充足的资金,他们在 30 年内就会逐渐创造出杰出的科学成果。很有可能,他们会超过我们,因为他们带着新的热情,具有一种振兴的气势。事实上,从中国年轻一代身上表现出来的求知热情,不断使人联想起 15 世纪意大利的文艺复兴精神。

值得注意的是,中国人不同于日本人,他们希望从我们这儿学习的不是那些带来财富或增强国力的东西,而更多的是具有伦理和社会价值的东西,或者是纯学术性的东西。对于我们的文化,中国人绝不是没有批评地兼收并蓄。他们之中有人告诉我,1914 年前他们没有这样持批评态度,但那次战争引起了他们深思,西方人的生活方式一定有不完善之处。然而,当时向西方求知的风气很盛,有一些青年人认为,布尔什维克或许能满足他们的寻求。这种希望一定会遭到失望,不用多久,他们就会意识到,得靠全新的办法来解救自己。日本人学了我们的短处,保留了自己的宿弊,但是不可能希望,中国人能作相反的选择,保持他们自己的优点,汲取我们的长处。

应当说,我们文化的显著长处在于科学的方法,而中国文化的显著长处则是人生目标的合理观念,这就是人们希望看见逐渐结合的两点。

老子把道描写成"生而不有,为而不恃,长而不宰"。我想人们会从这几句话里领会到富于沉思的中国人所持的人生终极观念;应当承认这与大多数白人确定的人生观念是大为不同的。对于白人来说,无论是国家或个人,都迫切地追求财富的占有、自我的表现和支配的地位。这些观念已升华为尼采哲学,而尼采的信徒不限于德国才有。但是人们会说,这是在把中国的实践和西方的理论加以比较,要是把中国的实践和西方的理论相比,情形便会截然两样。当然,这话有道理。老子希望人们放弃三者之一的占有,普通的中国人自然也是很热心的。作为一个民族,他们对金钱是看重的——或许不如法国人,但肯定胜过英国人或美国人。他们的政治腐败,有权势的人为了金钱不择手段。这一切都是无可否认的事实。

尽管如此,在表现自我和追求支配权这两种恶习方面,中国人的实践却显然比我们超脱得多。比起白人民族来他们统治别人的欲望远为淡薄。中国为世界所知的软弱性,既可以归于种种腐败现象,又可以归于这种德性,而我们却总是把腐败归为惟一的原因。如果世界上存在任何"不屑于战"的国家,那便是中国,中国人的态度的本色是容忍和友善,待人以礼,也希望别人以礼相待。要是中国人愿意的话,他们会成为世界上最强大的国家,但他们只希图自由,不追求统治地位。倘若别的国家要强迫他为自身的自由而战,他们也许会失去那种德性而滋长出建立帝国的愿望,这也不是不可能的。但是在目前,尽管已有2000年的封建帝国的历史,他们对于建立帝国的热情是极为淡薄的。

虽然中国发生了许多战乱,但中国人的本来观点是主张和平的。我不知道在别的国家里,有像白居易所做过的那样,将一个断臂以逃避兵役的老翁作为一首诗的主人公,这首诗韦利译作《新丰折臂翁》。中国人的和平主义植根于深思熟虑的观点,植根于他们不愿思变的愿望。正如他们的绘画所表明的,他们乐于让各种各样的生命尽呈其态,无心强使万物整齐划一。他们没有通行于西方各国的发展观念,这种观念为我们的自发冲动提供了合理的解释。当然,发展的思想甚至于我们也是很现代的,这该归功于科学和工业主义。当今中国的有教养的保守分子,嘴上谈的完全与他们先贤笔下所写的一样。如果友人向他们指出这点,他们会说:"知足常乐,何求发展?"这种观点欧洲人乍一听来是过时的懒惰,但逐渐地会怀疑是我们自己不明智,会认为我们所说的发展只是变化不定而已,不会使我们接近任何理想的目标。

把中国在西方的探求与西方在中国的追逐两相对照,是很有趣的。

中国在西方寻求知识,希望知识能作为智慧的敲门砖——这恐怕多半要落空。白人揣着三种动机到中国:作战、赚钱、使中国人皈依我们的宗教。最后一种动机具有理想化的长处,激励过许多人英勇地献身。但是士兵、商人和传教士一个样,都热心于在世界上打下我们文化的烙印。在某种意义上说,三者都是逞强好斗的。中国人却无意使我们皈依儒教,他们说:"教门纷繁,其理则一。"于是,他们听任我们自行其是。他们是精明的商人,但他们经商的方法与在华的欧洲商人的手腕截然不同。欧洲人老是要求让步,垄断铁路、矿山,靠炮舰的支持来满足自己的要求。一般说来,中国人不善于作战,因为他们知道,要求他们为之战斗的理由并不值得。但是,那只证明他们通情达理。

我想,中国人的容忍性,欧洲人凭自身在国内的经验是无法想象的。我们以为自己很宽容,这只是和我们的祖先相比而言。但是我们仍然在进行政治的和社会的迫害。而且完全以为我们的文化和生活方式无比地优越于别的任何文化,因此当我们遇到像中国这样的国家,便深信我们最友好的行动是使他们仿效我们。我认为这是一个绝大的错误。在我看来,即使是一个贫困可怜的中国人,也比普通的英国人更幸福的原因是中国建立在一个比我们更加合乎人性、更加文明的思想观念上。烦躁不安,逞强好斗,不仅会带来明显的痛苦,而且使我们对生活十分不满,使我们不能感知美好事物,几乎失去了思辨的能力。在这方面,我们的状况在过 100 年间迅速地恶化了。我不否认,中国人在相反的方面走得太远,但正是由于这个缘故,我认为东西方的接触很可能对双方都会富有成果。他们可以学习我们的不可缺少的务实效率,我们则可以学习他们那种富于沉思的智慧;这种智慧使中国绵延至今,而别的所有古老国家却衰亡不存在了。

我到中国是去讲学的,但我住在那儿的每一天,该教他们什么的问题却考虑得不多,考虑得更多的是向他们学习什么。我发现在中国住过较长时间的欧洲人当中,这种态度很普遍,但在那些停留短暂的人中,或在那些纯粹去赚钱的人中,这种态度却很罕见。罕见的原因是,中国人不擅长于我们所珍视的尚武精神和事业进取心。但是,凡珍视智慧、美好的事物,甚至淡泊的生活的人,在中国会比在狂乱动荡的欧洲更多地发现这些东西,会乐意居住在这些东西受到珍视的地方。但愿我能希望,作为吸取我们的科学知识的回报,中国会把她的宽容大度的气量和恬然自得的心境赐些给我们。

课文导读

《中国文化与西方文化的对比》选自《中国问题》(伯兰特·罗素著,秦悦译,学林出版社,1994年)。

伯兰特·罗素(Bertrand Russell,1872—1970)是20世纪享誉世界的英国哲学家和思想家。他一生著述颇丰,涉及哲学、数学、伦理、社会、教育、历史、宗教、政治等领域。他的数理逻辑、逻辑实证主义、自由教育思想以及和平主义思想曾受到各国学术界的极大赞赏。1920年10月12日至1921年7月11日,罗素应邀到中国讲学。当时的中国,正处在军阀混战、列强欺侮的时代。在进行了为期9个月的北京、上海等地讲学回到英国之后,罗素在英国各大报纸发表了一系列关于中国问题的文章。1922年,他出版《中国问题》一书,阐述了他对中国文化的看法。在这本书里,罗素一反当时西方人把中国视为"东亚病夫"的藐视立场,对中国文化大加赞赏,他说:"要判断一个社会的优劣,我们必须不仅仅考虑这个社会内部有多少善与恶,也要看它在促使别的社会产生善与恶方面起何作用,还要看这个社会享有的善较之于他处的恶而言有多少。如此说来,中国要胜于我们英国。""中国现在虽然政治无能,经济落后,但它的文化与我们不相上下,其中有些是世界所急需的。""中国有一种思想极为根深蒂固,即正确的道德品质比细致的科学知识更重要。现在的西方人正好走向另一个极端,认为技术上的功效最可贵而道德毫无用处。"

《中国文化与西方文化的对比》一文主要解决一个问题,即中西文化相遇会出现什么问题?作者先对中西文化进行溯源分析,指出西方文化主要受到希腊文化、犹太文化和科学工业主义三大影响,中国文化主要受到道家儒家和佛教文化影响,中国文化类似于希腊文化,西方文化的"显著长处在于科学的方法,而中国文化的显著长处则是人生目标的合理观念",这应该是两者逐渐结合、向对方学习的两点。在作者看来,古老的中国文化已经变得停滞不前,需要新的素材才能发展,而西方文化正好为它提供了刺激,但是,当时的中国人到西方乃至美国学习,往往关注的是伦理社会价值(有点类似于文艺复兴),而不是对如何增强财富和国力感兴趣。

由于中西方文化的差异,相对于西方人而言,中国人缺乏自我表现和对支配权的追求,他们讲求礼仪,"不屑于战",奉行"知足常乐"而不愿"思变",具有强大的包容性与和平主义精神。但是,西方基于科学带来的工业主义的发展或许导致了社会的"变化不定",以至于没有理想目标,从而缺乏幸福感。作者不无夸张地说"一个贫困可怜的中国人,也比普通的英国人更幸福",其根本原因在于"中国建立在一个比我们更加合乎人性、更加文明的思想观念上"。在以上分析的基础上,作者提出希望中国人能够学习西方的务实效率,西方可以学习中国那种"富于沉思的智慧"。

思考练习

一、课文中说中国人是幸福感较强的国民,"一个贫困可怜的中国人,也比普通的英国人更幸福",但是,现在的国人感受幸福的能力有所退化,请对这一现象进行分析。

二、作者在上个世纪20年代,在对中国进行观察、研究的基础上撰写了本文。经过近一个世纪的中西文化交流,今天的中国、中国人、中国文化都有了较大的变化。按照你对当代中国社会的观察和理解,就课文中所谈的中西文化的某个不同点谈谈你的看法。

第四单元
完善自我

单元导读

自我,英文是 ego。据心理学研究,人类与动物的差别之一,是人类较早出现自我意识,而动物却没有自我意识。人类婴儿在六个月大时初次面对镜子,会凝神注视,端详良久。只要他的监护人指着镜中人反复说出婴儿名字,不久,婴儿就能获得关于自己的认知,知道镜中人就是他自己。而一只六个月大的猩猩,却不会对镜子中的自己保持长久关注,即使反复训练,它也不能获得镜中猩猩就是自己的认知。它认为那是另一只猩猩。通过镜子获得初步的自我意识,心理学称之为自我的"镜像"阶段。

英语"水仙花"narcissus 一词,与"自恋"有密切联系。古希腊传说中,河神的儿子那喀索斯是个美貌少年,深得众女神喜爱和追逐,但他却不爱她们中任何一位。他出生时,父母曾得神谕:不要让他认识自己。所以,父母想尽办法不让他从任何东西中看到他自己。直到 16 岁,他还不知道自己是什么模样。有一天,他在林中打猎,巧遇一个从未见过的清澈湖泊,当他望向湖水,发现湖中正有一位俊美无比的少年望向自己。那喀索斯不知道湖中少年正是自己的倒影,误以为那是另一个人。他从未见过如此美貌非凡的人,禁不住爱上了他自己,可是却无法靠近。当他去触摸湖中"少年"的脸,他的脸立即就变了形。那喀索斯不知如何是好,为此日渐憔悴,最后竟悒郁而死,死后化成水仙。Narcissism"自恋"一词就源于这个传说。过度沉浸于对自我的迷恋而罔顾其他,这就是自恋。

对每个人来说,"自我"始终是个问题。据传,德尔斐的阿波罗神庙的柱子上镌刻的著名箴言之一是:认识你自己。苏格拉底一生都在追寻智慧,当人们认为他是希腊最具智慧的人时,苏格拉底说:"我之比别人多一点点的智慧仅在于,我知道我是无知的。"

不仅仅认识到自己是无知的,认识到自己是怯懦的,认识到自己在撒谎,甚至认识自己的身体……都不是容易的事。同样,认识到自己是勇敢的,认识到自己是聪明有才的,认识到自己是美丽的,也不是容易的事。

人怎样才能认识自己呢？尼采在《成为你自己》一文中写道："如果说兔子有七张皮，那么，人即使脱去了七十乘七张皮，仍然不能说'这就是真正的你了，这不再是外壳了'。"可是，认识自己也并非难比登天。尼采略授机宜，教读者一个简单的认识自己的方法："你不妨给自己列举这一系列受珍爱的对象，而通过其特性和顺序，它们也许就向你显示了一种法则，你的真正自我的基本法则。"自我从你珍爱的对象中缓慢浮出，像一面镜子照出你想要成为的那个自己。

"你的真正的本质并非深藏在你里面，而是无比地高于你，至少高于你一向看做你的自我的那种东西。"完善自我，抑或实现自我，就是向着无比高于你的那个自己毫不迟疑地走去，不知疲倦地前往。

第二十五课　心灵与肉体

阿尔弗雷德·阿德勒

是心灵支配肉体，还是肉体控制心灵？唯物论哲学家与唯心论哲学家对这个问题进行了旷日持久的论争，尽管双方都提出数以千计的论据，仍然未能弄个水落石出，且于事无补。亟待治疗的病人都具有肉体及心灵，如果我们治疗的理论基础错误，我们便无法帮助他。我们的理论必须经得起实践的考验。

个体心理学所造成的紧张情势，不再把这个问题看成是水火不相容的。我们研究的是肉体和心灵的动态关系。我们认为肉体和心灵二者都是生活的表现，都是整体生活的一部分，并且也开始以整体的概念来了解其相互关系。动物与植物有着本质的不同。动物能预见未来，植物不能预见未来。植物是生了根的，它只能停留在固定的地方，即使植物能想："有人来了，他马上就要踩到我，我将死在他脚下了。"可是这有什么用呢？它仍然在劫难逃。

然而，所有的动物，都能预见并计划他们所要行动的方向，因此只发展肉体对人而言显然是不够的。人都具有心灵或灵魂。"当然你有思虑，否则你就不会有动作。"

预见运动的方向是心灵最重要的功用。认清了这一点，我们就能了解：心灵如何支配着肉体且确定动作的目标，如果没有努力的目标，即使做此动作，也是没什么用的。因为心灵的功能决定动作的方向，所以它在生活中占着主宰的地位。同时肉体也影响着心灵，作出动作的是肉体。心灵只能在肉体所拥有的及它可能被训练发展出来的能力之内指使肉体。比方说，假使心灵想要使肉体奔向月亮，那除非是它先发明一种可以克服身体限制的技术，否则它便注定要失败。

人类比其他动物更善于活动。他们不仅活动的方式较多（这一点，可从他们手能做出的复杂动作中看出），而且，他们也较能利用活动来改变环境。因此，我们可以预料：人类心灵中，预见未来的能力必将有高速发展，而且，人类也必会有目的地奋斗，以改进他们在整个情境中所处的地位。

在每个人身上,我们还能发现:在朝向目标的各种动作之中,还有一个可包含一切的单一动作。我们所有的努力都是为达到一种能使我们获得安全感的地位,所有的动作和表现都必须互相协调而结合成一个整体。肉体和心灵也努力要成为整体,例如,当皮肤擦破时,整个身体都忙着要使它自己再复原为一个整体。然而,肉体并不只是单独地挖掘其潜能,在其发展过程中,心灵也会给予帮助。运动、训练及一般卫生学的价值都已经被证实,这些都是肉体努力争取其最后目标时,心灵所提供的帮助。

人类从生命第一天开始,肉体和心灵就像是不可分割整体的两部分,而彼此互相合作。心灵犹如一辆汽车,它利用其在肉体中能够发现的所有潜能,把肉体带入一种安全而优越的地位。在肉体的每种活动中,在每种表情和病征中,我们都能看到心灵目标的铭记。人活动,即有意义存在,他动自己的眼、自己的舌及脸部的肌肉,使得他的脸有一种表情、一种意义,而在此给予意义的,则为心灵。总之,心理学的领域是:探讨个人各种表情中的意义,找寻了解其目标的方法,并以此和别人的目标互相比较。

在争取安全的最后目标时,心灵必须使其目标变得具体化,他要时时计算:"安全位于某一特定点,我一定要走某一特定方向,才能接近它。"此时当然有发生错误的可能性,但是没有十分固定的目标和方向,则根本不可能有动作。当我抬头时,我心中必然已有此种动作的目标存在。心灵所选择的方向,事实上可能是有害的,但它之所以被选上,则是因为心灵误以为它是最有利者。所有心理上的错误,都是选择动作方向时的错误。安全的目标是全体人类所共有的,但是他们有些人认错了安全所在的方向,而其固执的动作,则将他们带向堕落之途。

如果我们要了解一种表现或病征背后的意义,那么最好的方法就是将它分析成简单的动作。让我们以偷窃的表现为例。偷窃就是把别人的所有物通过罪恶手段据为己有。它的目标是使自己富有,让自己觉得安全。因此,这种动作的出发点是感到自己贫穷或匮乏。其次要找出这个人是处于何种环境中,以及他在什么情况下才觉得匮乏。然后我们要看他是否采取正当方式来改变环境,并消除其匮乏之感,他的动作是否都遵循着正确的方向,或他是否曾经错用了方法,最后我们即能指出他在实现其目标时,是否选择了错误的途径。

人类对其环境所作的改变,我们称之为文化,我们的文化就是人类心灵激发其肉体所作的各种动作的结果。我们的工作被我们的心灵所启发。我们身体的发展则受着我们心灵的指导和帮助。总而言之,人类的表现到处都充满了心灵的效用。然而,过度强调心灵的分量,却绝非我们所愿。如果要克服困难,身体的合宜是绝对必需的。由此可见,心灵参加控制环境的工作,以使肉体受到保护,而免于虚弱、疾病和死亡,并避开灾害、意外及功能的损伤。我们感受快乐与痛苦、创造出各种幻想以及认出环境之优劣等等能力,也都有助于这个目标的达成。幻想和识别是预见未来的方法。不仅如此,它们还能激起许多感觉,使身体随之而行动。个人的感情负有其赋予生活的意义,以及为奋斗所定下目标的记号。它们控制肉体的程度虽然相当大,可是它们却不受制于肉体,它们主要是依其目标和生活方式而定。

显而易见,支配个人的,并不单单是生活方式而已。如果没有其他力量,它的态度并不足以造成病征。它们必须被感情加强后,才能引起行为。个体心理学概念中的新观念就是我们观察到:感情绝对不会和生活方式互相对立,目标一旦订下,感情就会为了要获得它而适应自身。此时,我们谈的已经不在生理学或生物学的领域之内了;感情的发生不能用化学理论来解释,也不能用化学检验来加以预测。在个体心理学中,我们先假设生理过程的存在,但我们更感兴趣的,却是心理的目标。我们并不十分关心焦虑对交感神经或副交感神经的影响,我们要研究的是焦虑的目的和结果。

依照这种研究方向,焦虑不能被当作是性的压抑所引起的,也不能认为是出生时难产所留下的结果。这种解释都太离谱了。我们知道,习惯于被母亲伴同、帮助并保护的孩子,很可能发现,焦虑——不管其来源为何——是控制他母亲的有效武器。我们也不以只描述愤怒时的生理状况为满足,我们的经验告诉我们,愤怒是控制一个人或一种情境的工具之一。我们承认,每一种身体或心灵的表现都是以天生的材料为基础,但是,我们的注意力却在于如何应用这些材料,以获取既定的目标,这就是心理学研究的惟一真正对象。

在每个人身上,我们都可以看到:感情是依照他获取其目标所必要的方向和程度而成长、而发展的。他的焦虑或勇气、愉悦或悲哀,都必须和他的生活方式协同一致,它们适当的强度和表现,都能恰恰合乎个人的期望。用悲哀来达成其优越感目标的人,并不会因为其目标的达成而感到快活或满足。他只有在不幸的时候,才会快乐。只要稍加注意,我们还可发觉,感情是可以随需要而呼之即来或挥之即去的。一个对群众患有恐惧症的人,当他留在家里或指使另一个人时,他的焦虑感即会消失掉。所有精神病患者都会避开生活中不能使他们感到自己是征服者的部分。

情绪的格调也像生活方式一样的固定。比方说,懦夫永远是懦夫,虽然他在和比他柔弱的人相处时,可能显得傲慢自大,而在别人的护翼下时,也会表现得勇猛万分。他可能在门上加三把锁,用防盗器和警犬来保护自己,而坚称自己勇敢异常。没有人能证实他的焦虑感,可是他性格中的懦弱部分,却在他不厌其烦地保护自己中表露无遗。

性和爱情的领域也能提供类似的证据。当一个人想接近他的性目标时,必然会出现性的感情。为了要集中心意,他必须放开有妨碍性的工作和兴趣,如此,他才能唤起适当的感情和功能。缺少这些感情和功能——例如阳痿、早泄、性欲倒错和冷感症——都是拒绝放弃不合宜的工作和兴趣所造成的。不正确的优越感目标和错误的生活方式都是导致此种异常现象的因素。在这类病例中,我们常发现有只期望别人体贴他,自己却不体贴别人,缺乏社会兴趣,在勇敢进取的活动中失败等现象。

我的一个病人,一个在家中排行第二的男人,因为无法摆脱犯罪感而觉得痛苦万分。他的父亲和哥哥都非常重视诚实。在他七岁时,有一次他告诉老师说他的作业是自己做的。事实上,作业是他的哥哥代做的。三年后,他实在忍受不了这种犯罪感,向老师供认了那个谎言,而老师只是一笑置之,接着,他哭着向他父亲认错,父亲深以他的可爱与诚实为荣,不但夸奖他,还安慰他。但是这孩子仍然非常沮丧而猛烈地责备自己。从这个事例,我们即可做出结论:家庭的道德风气使他在诚实方面有超越别人的冲动,为此,他便不得不用上述方式来获取优越感。

在以后的生活中,他因其他各种自责而感到痛苦。他犯了手淫,而且在功课中也没有完全戒掉欺骗行为。当他面临考试时,他的犯罪感总会逐渐增强,他的负担远较他的哥哥为重。因此,当他想和哥哥并驾齐驱而又无法做到时，他强迫性的犯罪感立即变得尖刻异常，整天都要祈求上帝原谅。

后来，他的情况坏得使他被送到精神病收容所。在此，他被认为是无可救药了。可是，过了一段时间后，他的病况却大有起色，他离开了收容所。在离开前，院方要他答应：万一旧病复发，必须再回来入院。以后，他即改行攻读艺术史。有一次，在考期临近前的一个星期日，他跑到教堂去，五体投地拜倒在众人面前，大声哭喊道："我是人类中最大的罪人！"就这样，他再次成功地以诚实的良心引起了别人的注意。

在收容所又度过一段时间后，他回到了家里。有一天，他竟然赤裸裸地走进餐厅去吃午饭！他是个身体健美的人，这一点毋庸置疑。

他的犯罪感是使他显得比其他人更诚实的方法，而他也朝此方向挣扎着要获取优越感。然而，他因此而走上了生活中的旁门左道。他对考试和职业工作的逃避，给了他一种懦弱的标志和高涨的无所适从之感。他的各种病症都是有意地避开每一种能使他觉得被击败的活动。显然，他在教堂中的卧拜认罪和他感情冲动地进入餐厅，也同样都是用拙劣的方法来争取优越感。他生活的样式要求他做出这些行为，而他引发的感情也是完全合宜的。

我们说过，在生命最初的四五年之间，个人正忙着构造他心灵的整体性，并在他的心灵和肉体间建立起关系。他利用了由遗传得来的材料和从环境中获得的印象，并将它们修正，以配合他对优越感的追求。在第五年末，他的人格已经成形——他赋予生活的意义、他追求的目标、他趋近目标的方式、他的情绪倾向等等，也都已经固定。以后它们虽然也可能改变，但在改变它们之前，他必须先从儿童期固定成形时所犯的错误中解脱出来。正如他以前所有的表现都和他对生活的解释互相配合一样，现在他的新表现也会和他的新解释天衣无缝。

个人是以他的感官来接触环境，并从其中获得印象的。个人的举动十分重要。它能显示个人准备从环境中获得哪一种印象以及他将如何运用他的经验。因此，如果我们能留心观察个人的举动就能对他有充分的了解。举动是永远受到人生意义的制约的。

现在我们可以在个体心理学定义上再添加一点个人对身体印象的态度。我们还可以开始讨论：人类心灵之间的巨大差异是如何造成的。肉体与环境不能谐调一致，心灵就会产生一种负担。因此，身体器官有缺陷的儿童在心灵的发展上比其他人蒙受了更多的阻碍,他们需要用更多的心力与精力,才能获得相同的目标。受着器官缺陷和行动困难的困扰,他们便没有多余的注意力可供留心外界之用。他根本找不到对别人发生兴趣的闲情逸致,结果他的社会感觉和合作能力的发展便较其他人差。

器官的缺陷造成了许多阻碍,但是这些阻碍绝不是无法摆脱的。如果心灵主动设法克服这些困难,那么这个也会获得成功。事实上,器官有缺陷的人通常比身体正常的人有更大的成就。例如,视力不良的儿童可能因为他的缺陷而感到异常的压力。他要花费较多的精神,才能看清东西。他对视觉的世界——如色彩和形状必须给予较多的注意力。结果,他对视觉世界的经验即比常人更多。多数画家和诗人都曾有过视力的缺陷。这些缺陷被训练有素的心灵驾驭之后,这些人比正常人更能运用他们的眼睛来达成多种目的。在天生惯用左手而又未被当作是左撇子看待的儿童之中,也很容易看到同样的补偿。在家庭里,或在其学校生活开始之际,他们会被训练运用他们不灵巧的右手——事实上,它们不是十分适合于书写、绘画或做手工艺的。但是,假使心灵能被妥善运用以克服此种困难,我们相信:不灵巧的右手必定会训练出高度的技巧。事实也是如此。在许多例子中,惯用左手的儿童往往学会较漂亮的书法,也较有绘画的才能,在工艺方面也较有技巧。找寻出正确的技术后,再加上兴趣、训练和练习,他们即能够将劣势转变成优势。

只有决心要对团体有所贡献而兴趣又不集中于自己身上的人,才能成功地学会补偿其缺憾之道。只想避开困难的人必然落于他人之后。如果他们努力地争取某种身外之物,他们自然会训练自己,使自己具有获得它们的能力。困难只是通向成功之路必须克服的关卡。反过来说,假使他们把兴趣集中在担心不如别人上,那么他们就不会真正的有所进步。一只笨拙的右手是无法用凭空妄想来使其变得灵巧的。它们只是在练习出实际的成就之后,才会变得较为灵巧。而达到此种成就的原因,也必须比长期存在的笨拙所造成的气馁更深刻地被人感觉到。如果一个孩子想要集中全力来克服他的困难,则在他身外必须有一个他要全力以赴的目标,这个目标是以他对现实的兴趣,对别人的兴趣,以及对合作的兴趣为基础的。

我对患有肾管缺陷家族的研究,可以作为遗传性缺陷被转变运用的好例子。这种家庭中的孩子经常患有夜尿症。器官的缺陷是现实的,可以从肾脏、膀胱或脊椎分裂中看出来。而腰椎附近皮肤上的青痕或胎记,也能使人看出这一部位可能有此类缺陷。但是器官的缺陷却不足以造成夜尿症。这种孩子并不是在他的器官压迫之下才患上夜尿症。例如,有些孩子在晚上会尿床,可是在白天却不会小便失禁。有时,当环境或父母态度改变时,这种习惯也会突然消失。假如儿童不再利用器官上的缺陷作为达成某一目的的手段,那么除了心智低能的儿童之外,夜尿症都是可以克服的。

但是患有夜尿症的儿童所受到的待遇,大都不会使他想克服它,反倒会想继续保留它。经验丰富的母亲能给他正确的训练,假使母亲经验不足,这种令人讨厌的毛病却会继续蔓延下去。在患有肾脏病或膀胱疾患的家庭中,和排尿有关的每件事情大多会被过分强调,因此,母亲很可能错误地用尽各种方法想消除他的夜尿症。如果孩子注意到这一点是多么受人重视,他就可能再坚持下去。它供给他一个非常好的机会来表明他对这种教育的反对。假如孩子想反抗父母赐予他的待遇,他必然会找出他自己的方法来攻击他们最大的弱点。德国有一个著名的社会学家发现:在罪犯中,有相当惊人的比例是出自以压抑犯罪为职业的人,如法官、警察、狱吏等家庭中。我也常发现这些都是真的。我还发现:在医生的子女中神经病患者的数目和教师子女中不良少年的数目都相当惊人。同样,当父母过分重视排尿时,儿童就有一条很明显的途径可供他们表明他们有自己的意志。

夜尿症还说明:我们如何利用梦引起适当的情绪来配合我们想做的行为。尿床的孩子常常梦见他们已经起床并且走到了厕所。他们用这种方式原谅自己后,便理所当然地将尿溺在床上。夜尿症所要达成的目的通常是:吸引别人的注意,使别人听从他,要别人在晚上也像白天一样地注意他。有时,这种习惯是一种敌意的表示,它是反抗别人的方法之一。不管是从哪一个角度,我们都可看出:夜尿症实在是一种创造性的表现,这种孩子不以他们的嘴巴而以他们的膀胱说话。器官的缺陷给了他一种表明自己态度的方法。

用这种方法表现自己的孩子都处于一种紧张状态之下。通常,他们多是属于被宠惯后又丧失唯我独尊地位的一群。也许是由于另一个孩子的出生,他们难以再得到母亲的全部关怀。此时,夜尿症即代表了一种想向母亲更紧密接近的动作,尽管它是一种令人不快的方法,它却有效地说:"我还没长得像你想象的那么大,我还要被照顾呢!"在不同环境下,或在不同器官缺陷下,他们便会采用其他的方法。他们也许会利用声音来建立和别人的联系,在这种情况下,他们一到晚上,便会哭闹不安。有些孩子还会梦游、做噩梦、跌下床,或口渴吵着要喝水。然而,这些表现的心理背景都是类似的。病症的选择,一部分决定于身体的情况,一部分则视环境和态度而定。

这些例子都很清楚地显示出心灵对肉体的影响。事实上,心灵不仅能影响某种特殊病症的选择,它还能支配整个身体的结构。如果一个孩子是胆小的,他的胆小便会表现在他的整个发展过程中,他不关心体格上的成就,甚至不敢想象自己可能达到此种成就。结果,他便不会用有效的方法来锻炼他的肌肉,而且也拒绝接受通常会引起肌肉发展的所有外来刺激。别的孩子对锻炼自己的肌肉有浓厚兴趣,且在体格健美方面遥遥领先,他却由于兴趣的缺乏而远落于他人之后。

由此可见,身体形状的变化和发展不仅受心灵的影响,而且可反映出心灵的错误和缺点。肉体的许多表现只是心灵无法找出补偿其困难的正确方法所造成的结果而已。例如,我们已经确知,在生命开始的最初四、五年之间,内分泌腺本身也会受到心灵的影响。有缺陷的腺体对行为并不会有强迫性的影响,反之,外在环境、儿童想接受印象的方向和心灵在他感兴趣情境中的创造性活动等等,却能不断地影响腺体。

课文导读

本文选自阿尔弗雷德·阿德勒《生命对你意味着什么》(李心明译,江苏人民出版社,2012年),略有删节。

阿尔弗雷德·阿德勒(Alfred Adler,1870—1937),奥地利著名精神病学家,个体心理学创始人。曾是弗洛伊德精神分析学派的核心成员之一,也是第一个反对弗洛伊德心理学体系的人。他反对弗洛伊德泛性论的本我研究,更强调社会文化作用对个体心理的影响。1911年他与弗洛伊德关系破裂,另行建立自由精神分析研究会,并创立个体心理学,对后来西方心理学的发展有重要影响。

肉体保证了人类活动的能量,心灵则使人成为区别于动物的生物。

心灵与肉体，是人探索自我言之不尽的话题。阿德勒依据各种精神病案例，从治疗的角度讨论心灵与肉体的关系。首先，二者是互动的。第二，二者是整体的。不应把心灵与肉体分开来对待，"二者都是生活的表现，都是整体生活的一部分，并且也开始以整体的概念来了解其相互关系"。第三，"人类的表现到处都充满了心灵的效用"，但过分强调心灵，却绝非所愿。第四，心灵对肉体有各种各样影响的方法，这仍是一个远未穷尽的探索领域。心灵使人高贵，肉体却是让这颗高贵的心灵得以存在的物质基础。通过探究不协调甚至错误的身体行为，我们往往能觉察到心灵选择的错误方向。了解心灵，可以藉由了解肉体之路。同样，不了解肉体，你就不能真正了解心灵。

思考题：

一、你怎样理解课文中的"器官有缺陷的人通常比身体正常的人有更大的成就"这句话？

二、本文举出多个案例以描述身心不和谐的个体现象，你能否设想出一个身心和谐的人应是怎样的？

第二十六课　成为你自己

F.W·尼采

　　一个到过许多国家、民族以及世界许多地方的旅行家,若有人问他,他在各处发现人们具有什么相同的特征,他或许会回答：他们有懒惰的倾向。有些人会觉得,如果他说他们全是怯懦的,他就说得更正确也更符合事实了。他们躲藏在习俗和舆论背后。从根本上说,每个人心里都明白,作为一个独一无二的事物,他在世上只存在一次,不会再有第二次这样的巧合,能把如此极其纷繁的许多元素又凑到一起,组合成一个像他现在所是的个体。他明白这一点,可是他把它像亏心事一样地隐瞒着——为什么呢？因为惧怕邻人,邻人要维护习俗,用习俗包裹自己。然而,是什么东西迫使一个人惧怕邻人,随大流地思考和行动,而不是快快乐乐地做他自己呢？在少数人也许是羞愧。在大多数人则是贪图安逸,惰性,一句话,便是那位旅行家所谈到的懒惰的倾向。

　　这位旅行家言之有理：人们的懒惰甚于怯懦,他们恰恰最惧怕绝对的真诚和坦白可能加于他们的负担。唯有艺术家痛恨这样草率地因袭俗套,人云亦云,而能揭示每个人的那个秘密和那件亏心事,揭示每个人都是一个一次性的奇迹这样一个命题,他们敢于向我们指出,每个人直到他每块肌肉的运动都是他自己,只是他自己,而且,只要这样严格地贯彻他的唯一性,他就是美而可观的,就像大自然的每个作品一样新奇而令人难以置信,绝对不会使人厌倦。当一个伟大的思想家蔑视人类时,他是在蔑视他们的懒惰：由于他们自己的原因,他们显得如同工厂的产品,千篇一律,不配来往和垂教。不想沦为芸芸众生的人只需做一件事,便是对自己不再懒散；他应听从他的良知的呼唤："成为你自己！你现在所做、所想、所追求的一切,都不是你自己。"

　　每个年轻的心灵日日夜夜都听见这个呼唤,并且为之战栗；因为当它念及自己真正的解放时,它便隐约感觉到了其万古不移的幸福准则。只要它仍套着舆论和怯懦的枷锁,就没有任何方法能够帮助它获得这种幸福。而如果没有这样的解放,人生会是多么绝望和无聊啊！大自然中再也没有比那种人更空虚、更野蛮的造物了,这种人逃避自己的天赋,同时却朝四面八方贪婪地窥伺。结果,我们甚至不再能攻击一个这样的人,因为他完全是一个没有核心的空壳,一件鼓起来的着色的烂衣服,一个镶了边的幻影,它丝毫不能叫人害怕,也肯定不能引起同情。如果我们有权说懒惰杀害了时间,那么,对于一个把其幸福建立在公众舆论亦即个人懒惰的基础上的时代,我们就必须认真地担忧这样一段时间真正是被杀害了,我是说,它被从生命真正解放的历史中勾销了。后代必须怀着怎样巨大的厌恶来对付这个时代的遗产,彼时从事统治的不是活生生的人,而是徒具人形的舆论;所以,在某一遥远的后代看来,我们这个时代也许是历史上最非人的时期,因而是最模糊、最陌生的时期。我走在我们许多城市新建的街道上,望着信奉公众意见的这一代人为自己建造的所有这些面目可憎的房屋,不禁思忖,百年之后它们将会怎样地荡然无存,而这些房屋的建造者们的意见也将会怎样地随之倾覆。与此相反,所有那些感觉自己不是这时代的公民的人该是怎样地充满希望,因为他们倘若是的话,他们就会一同致力于杀害他们的时代,并和他们的时代同归于尽——然而,他们宁愿唤醒时代,以求今生能够活下去。

可是,就算未来不给我们以任何希望吧——我们奇特的存在正是在这个当下最强烈地激励着我们,要我们按照自己的标准和法则生活。激励我们的是这个不可思议的事实:我们恰恰生活在今天,并且需要无限的时间才得以产生,我们除了稍纵即逝的今天之外别无所有,必须就在这个时间内表明我们为何恰恰产生于今天。对于我们的人生,我们必须自己向自己负起责任,因此,我们也要充当这个人生的真正舵手,不让我们的生存等同于一个盲目的偶然。我们对待它应当敢作敢当,勇于冒险,尤其是因为,无论情况是最坏还是最好,我们反正会失去它。为什么要执著于这一块土地,这一种职业?为什么要顺从邻人的意见呢?恪守几百里外人们便不再当一回事的观点,这未免太小城镇气了。东方和西方不过是别人在我们眼前画的粉笔线,其用意是要愚弄我们的怯懦之心。年轻的心灵如此自语:我要为了获得自由而进行试验;而这时种种阻碍便随之而来了:两个民族之间偶然地互相仇恨和交战,或者两个地区之间横隔着大洋,或者身边有一种数千年前并不存在的宗教被倡导着。它对自己说:这一切都不是你自己。谁也不能为你建造一座你必须踏着它渡过生命之河的桥,除你自己之外没有人能这么做。尽管有无数肯载你渡河的马、桥和半神,但必须以你自己为代价,你将抵押和丧失你自己。世上有一条唯一的路,除你之外无人能走。它通往何方?不要问,走便是了。"当一个人不知道他的路还会把他引向何方的时候,他已经攀登得比任何时候更高了。"说出这个真理的那个人是谁呢?

然而,我们怎样找回自己呢?人怎样才能认识自己?他是一个幽暗的被遮蔽的东西。如果说兔子有七张皮,那么,人即使脱去了七十乘七张皮,仍然不能说:"这就是真正的你了,这不再是外壳了。"而且,如此挖掘自己,用最直接的方式强行下到他的本质的矿井里去,这是一种折磨人的危险的做法。这时他如此容易使自己受伤,以至于无医可治。更何况倘若舍弃了我们的本质的一切证据,我们的友谊和敌对,我们的注视和握手,我们的记忆和遗忘,我们的书籍和笔迹,还会有什么结果呢?不过,为了举行最重要的审问,尚有一个方法。年轻的心灵在回顾生活时不妨自问:迄今为止你真正爱过什么?什么东西曾使得你的灵魂振奋?什么东西占据过它同时又赐福予它?你不妨给自己列举这一系列受珍爱的对象,而通过其特性和顺序,它们也许就向你显示了一种法则,你的真正自我的基本法则。不妨比较一下这些对象,看一看它们如何互相补充、扩展、超越、神化,它们如何组成一个阶梯,使你迄今得以朝你自己一步步攀登。因为你的真正的本质并非深藏在你里面,而是无比地高于你,至少高于你一向看作你的自我的那种东西。你的真正的教育家和塑造家向你透露,什么是你的本质的真正的原初意义和主要原料,那是某种不可教育、不可塑造之物,但肯定也是难以被触及、束缚、瘫痪的东西:除了做你的解放者之外,你的教育家别无所能。这是一切塑造的秘诀:它并不出借人造的假肢,蜡制的鼻子,戴眼镜的眼睛——毋宁说,唯有教育的效颦者才会提供这些礼物。而教育则是解放,是扫除一切杂草、废品和企图损害作物嫩芽的害虫,是光和热的施放,是夜雨充满爱意的降临,它是对大自然的模仿和礼拜,在这里大自然被理解为母性而慈悲的;它又是对大自然的完成,因为它预防了大自然的残酷不仁的爆发,并且化害为利,也因为它给大自然那后母般的态度和可悲的不可理喻的表现罩上了一层面纱。

课文导读

尼采（Friedrich Wilhelm Nietzsche，1844—1900），德国哲学家。出生于德国一个牧师家庭。1864 年，入波恩大学学习神学和古典语文学。1869 年，大学刚毕业即受聘于瑞士巴塞尔大学，担任古典语文学教授。1879 年，因健康恶化提前退休。1889 年初，精神失常，直至去世。

本文选自尼采 30 岁时发表的一部激情之作《作为教育家的叔本华》（周国平译，译林出版社，2012 年）。当尼采在一个小书店偶然翻阅叔本华的书时，叔本华已经去世 5 年，而立志于哲学的尼采竟然对此人一无所知。一读之下，尼采成为叔本华的崇拜者。他称叔本华为"教育家"，指他是人生的教导者、人生导师。每个人的生命只有一次，每个人都是这个世界上独一无二的存在。然而，现实是这世界上的大多数人徒具人形，浪费或者杀害了自己的天赋，因为怯懦，因为懒惰，任由习俗、舆论的枷锁捆缚，不愿承担人之为人的责任。尼采用饱含激情的诗人笔触，向人们吁喊"成为你自己！你现在所做、所想、所追求的一切，都不是你自己"，"每个年轻的心灵日日夜夜都听见这个呼唤，并且为之战栗；因为当它念及自己真正的解放时，它便隐约感觉到了其万古不移的幸福准则。只要它仍套着舆论和怯懦的枷锁，就没有任何方法能够帮助它获得这种幸福。而如果没有这样的解放，人生会是多么绝望和无聊啊"！我们每个人身上都藏着一个更高的自我，发现这个自我，打开枷锁解放他/她，成为真正的自己，尼采认为这才是属于人的幸福人生。

思考题

一、每个人都有必要知道真正的自己是怎样的吗？不管你的回答是什么，能说说你的理由吗？

二、"成为你自己"意味着有一个"成为"的过程存在。你认为这个过程一定与"幸福"相联系吗？不管回答是什么，请说说你的理由。

第二十七课　论人的命运

D.H·劳伦斯

人是必须思考的居家动物。因为思维,他稍低于天使,而喜欢居家又使他有时不如猴子。

硬说大多数人不思考是没有意义的。诚然,大多数人没有独到的见解,或许大多数人根本就不会独自思考。但这改变不了这么一个事实:每个人,每时每刻都在思考,甚至睡着后大脑也不会空白。大脑拒绝出现空白。只要一息尚存,生命之流不断,大脑的磨坊水车就不会终止碾磨。它将不停地碾磨大脑所存的一切思维之谷。

这思维之谷也许十分古老,早就碾成了齑粉。没有关系,大脑的磨臼会一遍又一遍地碾下去。就这一点而言,非洲最野蛮的黑人同威斯敏斯特最高贵的白人议员毫无二致。冒着死亡的危险、女人、饥饿、酋长、欲望以及极度的恐慌,所有这一切是非洲黑蛮所固有的思想。不错,这些思想的产生都基于黑人心与腹部的某些感官反应,无论多么原始,它们仍不失为一种思想。而原始的思想和文明的思想之间并没有很深的鸿沟。从原始到文明,人的基本思想几乎没有发生什么变化,这是十分出人意料的。

人们如今喜欢谈论自发性,自发的感情,自发的情欲,自发的情感。但我们最大的自发性其实只是一种思想。现代所有的自发行为都是先在大脑中孕育,在自我意识中酝酿出来的。

自从人类很早就成了会思维的居家动物、略逊于天使一筹以来,他就不再是受本能役使的野兽了。我也不相信人曾经是那种动物,在我看来,那些最原始的穴居人也不过是一种理想的四足兽而已。他也在那儿碾磨他原始而朦胧的思想。同我们一样,他也不是出没于山间的野鹿和豹子。他在他沉重的头盖骨下笨重而缓慢地碾磨自己的思想。

人从来不会自发行事,不像我们想象中的鸫或雀鹰那样,总是受本能的驱使。无论人多么原始、野蛮、明显地不开化,无论是东南亚的达雅克人还是西南非洲的霍屯督人,你都可以确信他在碾磨自己固有而奇特的思想。他们不会比伦敦汽车上的售票员更自发行事,或许还稍稍差一些。

绝对天真无知的自然之子是不存在的。如果偏偏来个人类意识中的意外,出现华兹华斯笔下的那个露茜,那也是因为她的生命力比较弱,她单纯的本性非常接近傻子的缘故。你尽可以和叶芝一样,赞赏这些傻子,把他们称为"上帝的呆子",但对我来说,乡村白痴是个毫无情趣的怪物。

即便让人降到原始得不能再原始的地步,他还是有思想。只要与此同时在他的性格中注入某种激情,在他的激情与大脑之间便会产生思想,多少有些裨益的思想,抑或多少有些怪异的思想,但无论是益是畸,它终究是一种思想。

比较而言,野蛮人对他的物神、图腾或禁忌的思考,要比我们对爱情、救世以及行善的思索更专注,更认真。

还是打消无辜的自然之子的念头吧。这样的人是不存在的,过去没有,将来没有,也不可能有。无论人处在文明的哪个阶段,他都有自己的头脑,也有情欲,而在大脑与激情中间便产生了思想的窝子,如果你愿意的话,可以把它称为主持理想的天使。

让我们接受自己的命运。人不可能凭本能生活,因为他有大脑。蛇,即便头被砸烂了,还知道沿它的脊骨盘算,让嘴里吐出毒液。蛇具有非常奇特的智慧,但即便如此,它还是不会思维。人有大脑,会思维。因此,向往纯朴无知和天真的自发是十分幼稚的。人从来没有自发性,小孩也没有,绝对没有。他们显得那样,是因为他们那很少几个占主导地位的幼稚想法没有组成逻辑的联系。小孩的思想也很顽强,只不过组合的方式有些滑稽,而个中产生的情感搅得他们有些荒唐可笑罢了。

思想是大脑与情感结合的产物。你也许会说,情感完全可以不受充满理性的大脑的束缚而自由发挥。

这是不可能的。因为,既然人吃了禁果,获得了思想,或者说有了思维意识,人的情感就像个出了阁的女人,失去了丈夫,她就不成其为完人。情感不可能"自由自在"。你喜欢的话,可以随心所欲地放纵情感,可以让它们"撒野",但这种放纵和自由相当糟糕,它们留给你的只能是烦恼和无趣。

不经大脑管束的情感只会变成烦恼,而缺乏情感的思想则是个干巴巴的尤物,使一切索然无味。怎么办呢?

只好将它们结合成一对。两者分开,有害无益。不经大脑批准而点燃的情感只能是歇斯底里的发作,而不经情感同意和激励的大脑无异于一根干柴,一棵死树,除了用作棒子去威胁和抽打别人之外,毫无其他用处。

所以,就人的心理而言,我们有了这么一个简单的三位一体:情感、大脑,以及这对令人起敬的夫妻的结晶——思想。人受其思想的制约,这是毋庸置疑的。

让我们再来看一个例子。一对被解放的情人决定摆脱他们所厌恶的理想的束缚,去过自己想过的日子。这就是全部的目的,去过他们自己的生活。

让我们来看看他们!他们在"过自己的日子"时,做的都是他们知道别人在过"自己的日子"时做的事。他们极力想按照自己的想法不是去行善,而是闹顽皮。结果怎么样呢?还是老方一帖。他们表演的仍是老一套,只不过方向相反而已。不是从善而是顽皮,以逆向重踏旧辙,以相反的方向围着同一个古老的磨臼打转。

如果有个男人去找妓女,那又怎么样?他做的与他同自己的妻子做的是一样的事,只是方向相反。他不是从正直的自我出发,而是从顽皮的自我出发去做一切。起初,摆脱正直的自我也许给他带来轻松感。但过不了多久,他就会垂头丧气地发现,自己只不过是以相反的方向在走老路。康索特亲王认认真真地围着磨臼打转,以他的善行搞得我们头昏目眩,而爱德华国王则以相反的方向围着磨打转,以他的淘气搅得我们难辨是非。我们对乔治时代十分惶惑,因为我们对整个循环的正反两个方向了如指掌。

循环的中心还是情感问题。你爱上了一个女人,娶了她,共享天伦,生了孩子,你一心扑在家庭和为人类谋福的事业上,其乐融融。或者,同一种意念,但从另一个方向出发:你爱上了一个女人,但没有娶她,却秘密地与她生活,不顾社会的反对,纵情享乐。你让你妻子去怨恨,去流泪,还把女儿的嫁妆花得干干净净,坐吃山空,尽情挥霍人类堆积起来的食粮。

拉磨的驴子从这个方向走,可以把粮食从壳里碾出来,换个方向,则可能将粮食踩进泥里。这里的中心还是老问题:爱情、服务、自我牺性,以及生产效率。关键就看你朝哪个方向走。

这就是你的命运,可怜的人!你们能做的就是像一头驴子那样地打转,不是朝这个方向,就是朝那个方向,围着某个固定的中心思想,沿着一系列不那么重要的边缘思想轨道——爱的思想、服务、婚姻、繁殖等等边缘性理想。

即使是最俗气的自我寻找者也在同样的轨道上疾走,得到同样的反应,只是没有中心情感的激奋罢了。

怎么办?现在正在采取什么措施?

人生的角斗场越缩越小。俄国是个各种思想的混合地,古老而野蛮的王权思想、不负责任的强权思想,以及神圣的奴役思想,同平等、社会公仆、生产效率等现代思想互相冲突,混乱不堪。这种状态必须清理。俄国以其辉煌、苦痛、野蛮和神秘曾像个巨大而令人迷惑的马戏团。Il faut changer tout cela(一切都必须改变)。于是,现代人改变了它。那个表现人类畸形的马戏团也终将变成一个生产的打谷场,一个理想的磨坊,即一个已达到目的的思想磨坊。

怎么办?人是理想的动物:一种会制造思想的动物。纵然有思想,人还是动物,而且常常连猴子都不及。而另一方面,尽管他具有动物属性,却只能按照那些脱离现实的思想行事。怎么办?

同样很简单,人并没有被他的思想所束缚,那就让他冲破那只禁锢他的罐子吧。从观念上说,他是被禁锢的,如同困在一只罐子里,根须伸不开,受到挤压,生命正在离开他,就像一棵长在土罐里的小苗,慢慢失去了浆液。

那么,就把罐子打破吧。

不能等到条件逐渐成熟再来打破罐子。现在的人正是喜欢那样做。他们知道罐子迟早要被打破,知道我们的文明迟早会被击得粉碎,因而说:"顺其自然吧!还是让我先过过小日子。"

这无可厚非,却完全是懦夫的态度。他们会辩解说:"呵,是的,任何文明最后都将消亡,罗马就是一例。"很好,那就看看罗马吧。你瞧见什么呢?当一大批所谓"文明的"罗马人在那儿大谈特谈"自由"之时,成群结队的野蛮人——匈奴人或其他部落的人冲上去将他们消灭,并在这一举动中扩张自己的势力。

中世纪的情况又怎么样呢?当时,意大利大片土地荒芜,如同不曾开发过的原野,成群的饿狼和笨熊漫步在里昂的大街上,那又怎么样呢?

好极了!可还有什么呢?看看另一点点事实吧。罗马原被罐子禁锢着,后来罐子被击为碎片,高度发达的罗马生命之树躺在一边,死掉了。可不久,新的种子又开始萌芽。在龟裂的土壤中,孕育着基督教的小树,它细小而微贱,几乎难以识辨。在屠杀和动乱留下的荒野里,那些因过于卑微而免遭劫掠的寺院,始终把人类不朽的艰辛努力之火维持不灭,保持着清醒的意识。几个可怜的主教,奔走于动乱之中,联络思想家以及传道士的勇气。一些被冲得七零八落的人找到了一条通往上帝的新径,一条探求生命之源的道路。他们为重新同上帝取得联系而欣喜,为找到新路,使知识之火不灭而兴奋不已。

这便是罗马王朝灭亡后中世纪的基本历史。我们现在谈起来,就好像人类勇气的火焰曾经完全熄灭过,后来又奇迹般地不知从哪儿重新点燃,产生了种族的融合,造就了新的野蛮血统,等等。真是一派胡言,纯属阿谀!事实上,人的勇气从未中断过,虽说有时勇气的火焰变得十分微弱,人类不断更新的意识之光从未熄灭过。大城市的灯光可以熄灭,使一切沦为黑暗,但自从有人类以来,纯真而笃信上帝的人类意识之光一直闪亮着;有时,比方说在中世纪,这种意识之光十分微弱,但虔诚的火光星星点点,遍布各地;有时,比方说在我们伟大的维多利亚时代,人类的"理解"之光大放光芒。总之,意识之光从未熄灭过。

这就是人类的命运:意识之光不灭,直至世界的末日。人类对意识的探索,说到底,就是对上帝认识的探索。

人类对上帝的认识,时盛时衰,仿佛烧的是不同的燃油。人可谓一艘奇怪的船,他身上有一千种不同的油,供意识之光所用。然而,很明显,他一时只能用一种油。而一旦他使用的那种油枯竭,他便面临一个危机:或挖掘新的油井,或让意识之光默默地熄灭。

罗马时代便是这种情况。异教徒古兰的知识之火渐渐熄灭了,其源泉干枯了。这时,耶稣点起了一个崭新而陌生的小火星。

今天,漫长的基督教之火行将熄灭,我们应该在自己身上找到新的光源。

等待大动荡是无济于事的。我们不能说:"噢,这世界不是我创造的,因此怎样修补不由我决定,那是时间和事变的事儿。"不,时间和事变什么作用也不起,一次大的动荡之后,人只会变得更糟。那些从革命的恐怖中"逃"出来的俄国人,大多已不再称得上是人了。人的尊严已荡然无存,剩下的只是垮掉的行尸走肉,还在那儿解嘲说:"看看我,我还活着,还能吃更多的香肠。"

  动荡救不了人类。几乎每次动荡以后,人们灵魂中那些正直和自豪便会在灾难的恐慌中消失殆尽,使人成为痛苦而孱弱的动物,耻辱的化身,什么也干不了。这便是动荡带来的最大危险,特别在信仰出现危机的今天更是如此。人丧失了信念和勇气,无法使自己的灵魂始终保持清醒、激奋,不受破坏。接下去,便是漫长的忍辱负重。

  可怜、清醒又永远摆脱不了动物属性的人类面临着极其严峻的命运,想逃也逃不掉。这一命运决定人必须不断地进行思想的探索,永不停步。人是天生的思想探索者,必须探索不已,一旦他为自己建造起房子,以为可以稳坐在里面吃知识的老本,他的灵魂就会失常,他就会开始毁掉自己的房子。

  今天,人成了房子的奴隶。人类意识营造的房子过于窄小,无法使我们在那儿自由自在地生活。我们的主导思想不是北极星,而是挂在我们脖子上的磨石,使我们透不过气来。这古老的磨石!

  这就是我们命运的组成部分。作为有思维的生灵,人命里注定要去寻找上帝,去形成生活的概念。但是,由于无形的上帝是想象不出来的,由于生活永远不仅仅只是抽象的思想,因此,请注意:人类对上帝和生活的概念往往遗漏掉许多必不可少的东西,而这些遗漏物最终会向我们算账,这就是我们的命运。

  没有什么能改变这种情况。当那个被我们遗忘的上帝从冥冥中向我们发起猛攻,当被我们拒之门外的生活在我们的血管里注入毒液和疯狂时,我们剩下可做的只有一件事:挣扎着去寻找事物的心脏,那儿存放着不灭的火焰,用它为自己重新点燃另一盏灯。总之,我们得再进行一次艰苦的跋涉,一直进入能量的中心,以探求律动的思想。我们得在无畏的大脑和鲁莽的真情之间萌发新的种子——新思想的种子。要么是重新认识上帝,要么是重新认识生活,反正是一种新的认识。

  这新的种子将膨胀、成长,也许会长成一棵大树,最后又将枯死消亡,同人类其他的知识之树一样。

  但那又有什么关系呢?我们大踏步地向前,我们度过了白天,也度过了黑夜。小树慢慢地成长为参天大树,不久又匆匆地倒伏于大地变成尘埃。对每个人来说,都有一段很长很长的白昼,然后,便是黑而宽阔的停尸房……

我生我死,我别无他求,我所产生的一切既生又死。对此,我亦已满足。上帝是永恒的,但我对上帝的认识是我自己的,他也是会消亡的。人类的一切——知识、信仰、情感——都会消亡,这是好事。倘若不是这样,一切都将变成铸铁,当今世上,这种铸件委实太多了。

是不是因为我知道大树终将要死而不去播种了呢?不,这样做我便是自私、懦怯。我喜爱小小的新芽、孱弱的籽苗,喜爱单薄的幼树、初生的果实,也喜爱第一粒果实落地的声音,喜爱参天的大树。我知道,到了最后,大树会被蛀空,哗啦一声倒地,成群的蚂蚁将爬过空洞的树干,整棵大树会像精灵那样回到腐土之中。对此,我毫不悲伤,只是感到高兴。

因为这就是一切造物(感谢上帝)的运动周期,只要有勇气,这个周期甚至可以使永恒免于陈腐。

人类苦苦地探求对生活和上帝的认识,就像他在春天播种一样,因为他知道,播种是收获的唯一途径。如果收获之后又是严冬,有什么关系呢?这本来是季节合情合理的变化。

但即使仅仅播种,你还要花很大的气力。要播种,你必须先铲除野草,掘开大片大片的土地。

课文导读

本文选自劳伦斯《在文明的束缚下》(姚暨荣译,新华出版社,2006年)。

D.H·劳伦斯(David Herbert Lawrence,1885—1930),英国著名作家,著有《儿子与情人》、《虹》、《恋爱中的女人》、《查泰莱夫人的情人》等,另外还有诗歌、散文、戏剧等作品。劳伦斯是位颇有争议的作家,《查泰莱夫人的情人》曾被多个国家列为禁书。但在英语文学方面,他是有卓越贡献的作家,他坚持不懈地探索人的灵魂,使文学对人的描绘达到相当深刻的程度。

这篇文章在写法上有点意思。一开始,劳伦斯喋喋不休地反复谈论人是有思想的,"思想是大脑与情感结合的产物"等等,且不说让信奉"回归自然"派的读者反感,普通读者也会为老生常谈的话题而略感厌倦。难道这就是写出《儿子与情人》、《查泰莱夫人的情人》的劳伦斯吗?更有甚者,劳伦斯写到男女两性的情爱关系时,非常世故地从正向和反向举例,来说明"这里的中心还是老问题:爱情、服务、自我牺牲,以及生产效率。关键就看你朝哪个方向走"。可怜的是,这就是人的命运!"你们能做的就是像一头驴子那样地打转,不是朝这个方向,就是朝那个方向,围着某个固定的中心思想,沿着一系列不那么重要的边缘思想轨道。"然而,在文章的下半部分,笔调开始逆转。面对如此令人沮丧的人的命运,怎么办?人是有理想的动物,人会创造思想,会为思想所束缚,人也能打破思想的束缚,凭借微弱的意识之火重新燃烧。从这里开始,我们渐渐感受到劳伦斯的激情之笔热了起来。他认为人的命运是"注定要去寻找上帝,去形成生活的概念"。上帝兼有宗教的和象征的意义。认识上帝与认识生活、认识自己是同一意义。"我生我死,我别无他求,我所产生的一切既生又死。对此,我亦已满足。上帝是永恒的,但我对上帝的认识是我自己的,他也是会消亡的。人类的一切——知识、信仰、情感——都会消亡,这是好事","因为这就是一切造物(感谢上帝)的运动周期,只要有勇气,这个周期甚至可以使永恒免于陈腐"。

思考题:

一、文中劳伦斯描述了人怎样的命运?怎样才能逆转这样的一种命运?

二、以你熟悉的影视作品或小说中的主人公为例,谈谈你对"人是必须思考的居家动物"这一论断的理解。

第二十八课 《怀疑三部曲》序

王小波

　　这本书里包括了我近年来写的三部长篇小说。我写长篇小说是很不适合的,主要的原因在于记忆力方面的缺陷。我相信如果不能把已写出的每一根线索都记在心里,就不能写出好的结构,如果不能把写出的每一句话记在心里,就不能写出好的风格。对我来说,五万字以下的篇幅是最合适的。但是这样的篇幅不能表达复杂的题目。

　　我从很年轻时就开始写小说,但一直不知自己为什么要写,写的是些什么。直到大约十年前,我在美国读《孟子》,深刻地体验到孟子的全部学说来自于一种推己及人的态度,这时才猛省到,人在写作时,总免不了要推己及人。有关人的内心生活,所有的人都知道一个例子,就是自己。以自己的品行推论他人,就是以一个个案推论无限总体。在统计上可以证明这是很不可靠的做法,但是先贤就这样做了。自己这样想了,就希望人同此心,这种愿望虽不合理,但却是不可避免。一个个案虽不能得到可靠的推论,但是可以成立为假设。这是因为要做出假设,可以一个个案都没有,虽然多数假设都受到了一个个案的启迪。

　　我的三大基本假设都是这样得到的。第一个假设是:凡人都热爱智慧——因为我自己就热爱智慧,虽然这可能是因为我很低能。所谓智慧,我指的是一种进行理性思维时的快乐。当然,人有贤愚之分,但一个人认为思维是快乐的,那他就可说是热爱智慧的。我现在对这一点甚为怀疑,不是怀疑自己,而是怀疑每个人都热爱智慧。我写《寻找无双》时,心里总是在想这个问题。

　　第二个假设是凡人都热爱异性,因为我自己就是这样的。我很喜欢女孩子,不管她漂亮不漂亮。我也很喜欢和女孩子交往——这仅仅是因为她是异性。我不认为这是罪恶的念头。但是这一点现在看来甚为可疑。我写《革命时期的爱情》时,这个念头总在我心间徘徊不去。

　　第三个假设是凡人都喜欢有趣。这是我一生不可动摇的信条,假如这世界上没有有趣的事我情愿不活。有趣是一个开放的空间,一直伸往未知的领域,无趣是个封闭的空间,其中的一切我们全部耳熟能详。《红拂夜奔》谈的是这一点。现在我承认有很多人是根本不喜欢有趣的。我所能希望的最好情况就是能够证明还有少数人也喜欢有趣。

有位希腊名医说:这个人的美酒佳肴,就是那个人的穿肠毒药。我认为没有智慧、性爱而且没意思的生活不足取,但有些人却以为这样的生活就是一切。他们还说,假如有什么需要热爱,那就是这种生活里面的规矩——在我看来,这种生活态度简直是种怪癖。很不幸的是,有这种怪癖的人是很多的,有人甚至把这种怪癖叫做文化,甚至当作了生活本身。在他们的作品里弥漫着这种情绪,可以看出,他们写作时也免不了推己及人,希望人人都有这种情绪。这种想法我实在没法同意,所以,写作又多了一重任务——和别人做伦理上的讨论。我最讨厌在小说里做这样的事,但在序言里写上几句又当不同,而且有关智慧、性爱和有趣,我还可以谈得更多一些。

罗素先生幼年时,曾沉迷于一种悲观的心境之中。五岁的时候他想:人的一生有七十岁(这是《圣经》上说的),我这不幸的一生到此才过了十四分之一!但随后他开始学习几何学,体验到智慧为何物,这种悲哀就消散到了九霄云外。人可以获得智慧,而且人类的智慧总在不断地增长之中。假如把这两点排除在外,人活着就真没什么意思了。至于性,弗洛伊德曾说,它是一切美的来源。当然,要想欣赏美,就不要专注于性器官,而是去欣赏人对别人的吸引力。我可以说服别人相信智慧是好的,性爱是好的,但我没法说服一个无趣的人,让他相信有趣是好的。有人有趣,有人无趣,这种区别是天生的。

1980年,我在大学里读到了乔治·奥威尔(G. Orwell)的《1984》,这是一个终生难忘的经历。这本书和赫胥黎(A. L. Huxley)的《奇妙的新世界》、扎米亚京(Y. I. Zamyatin)的《我们》并称反面乌托邦三部曲,但是对我来说,它已经不是乌托邦,而是历史了。不管怎么说,乌托邦和历史还有一点区别。前者未曾发生,后者我们已经身历。前者和实际相比只是形似,后者则不断重演,万变不离其宗。乔治·奥威尔的噩梦在我们这里成真,是因为有些人以为生活就该是无智无性无趣。他们推己及人,觉得所有的人都有相同的看法。既然人同此心,就该把理想付诸实现,构造一个更加彻底的无趣世界。因此应该有《寻找无双》,应该有《革命时期的爱情》,还应该有《红拂夜奔》。我写的是内心而不是外形,是神似而不是形似。

　　细读过《孟子》之后,我发现里面全是这样一些想法。这世界上有很多书都是这样的:内容无可挑剔,只是很没有意思。除了显而易见的坏处,这种书还有一种害人之处就在于:有人从这些书中受到了鼓舞,把整个生活朝更没意思的方向推动。孟子认为所有的人都应该把奉承权威当作一生最主要的事业,并从中得到乐趣。有关这一点,可以从"乐之实"一节得到证明。这个权威在家里是父亲和兄长,在家外是君王和上级。现在当然没有了君王,但是还有上级,还有意识形态。我丝毫不同意他的观点。我很爱我故世的父亲,但是不喜欢奉承他。我也很爱我哥哥,他的智能高我十倍,和他谈话是我所能得到的最大乐趣。但我要是去拍他的马屁,我们俩都会很痛苦。总而言之,我不能从奉承和顺从中得到乐趣。

　　我总觉得不止我一个人有这样的想法。既然如此,我们为什么不说呢?有句话我们常说:不说话也没人把你当哑巴卖了。很不幸的是,假如你不肯站出来说,有趣是存在的,别人就会以为你和他一样是个无趣的人。到现在为止,这世界上赞成无趣的书比赞成有趣的书多得多,这就是证明。人的生活应该无智无性无趣,在我们这里仿佛已经成了人间的至理。好在哲学领域里,已经有人在反对无聊的乌托邦,反对那些以无趣推及有趣,以愚蠢推及智慧的人,比方说,波普先生。谁要是有兴趣,不妨找本波普的书来看看。作为写小说的人,我要做的不是这样的事情。小说家最该做的事是用作品来证明有趣是存在的,但很不幸的是,不少小说家做的恰恰是相反的事情。

　　有一本书叫做 *Word Is Out*,虽然我对书里的内容不能赞同,但是我赞成这个题目。有些话仿佛永远讲不出口,仅仅是因为别人已经把反对它的话讲了出来。因此这些话就成了心底的暗流,形不成文字,也形不成话语,甚至不能形成有条理的思路——它就变成了郁结的混沌。而已经讲出的话则被人们一再重复,结构分明地架在混沌之上。我看到一个无智的世界,但是智慧在混沌中存在;我看到一个无性的世界,但是性爱在混沌中存在;我看到一个无趣的世界,但是有趣在混沌中存在。我要做的就是把这些讲出来。

　　在我的小说里已经谈到了我的人生态度,我认为这应该是对人类,或者中国人人生态度研究的宝贵材料。假设大家都像我一样坦白,我们就用不着推己及人,而可以用统计的方法求证。这就是说,写作的意义不仅是在现在,而且在于未来。坦白不光是浅薄,而且是勇气。这些话对于一本小说来说,只是题外之语。大家在小说里看到的,应该是有趣本身。

课文导读

本文选自王小波《沉默的大多数》(上海三联书店,2008年)。

王小波(1952—1997),北京人。早年曾在云南农场插过队,做过工人、民办教师。1978年考入中国人民大学。1984年留学美国,1988年在美国匹兹堡大学获得硕士学位。曾任教于北京大学和中国人民大学。1992年辞职,成为自由撰稿人。1997年4月11日,因心脏病突发去世。王小波生前热爱写作,中篇小说曾两获《联合报》大奖,但在国内文坛并没有得到太多认可,作品出版都不顺利。他去世以后,人们开始发现他和他作品的价值,一时出现"王小波热",成为一种文化现象。

王小波原计划将《寻找无双》、《革命时期的爱情》、《红拂夜奔》三部长篇小说命名为"怀疑三部曲",编成合集出版。本文是他为这本文集所写的序言。概括起来,王小波主要阐述了他个人"对什么样的人生才是有意思的"这一问题的观点。他有三个基本假设:1.凡人都热爱智慧;2.凡人都热爱异性;3.凡人都喜欢有趣。他由此来谈论什么样的人生才活得有意思。对于前两项假设,王小波认为他能够证明和说服人们相信智慧是快乐的,爱情是美好的。但是,他感到困难的是难以说服一个无趣的人,让他相信有趣是好的。王小波这篇序言是针对中国人的人生态度而发的。中国人在人生的有趣上没有得到应有的乐趣,王小波希望通过他的写作讲出一个无趣世界中潜藏的有趣。什么样的人生才活得有意思?他的回答是:爱智慧,爱情,有趣。

思考题

一、文中提到的"凡人都热爱智慧",你怎么理解?有人说学文科的人感性,学理科的人理性;女性感性,男性理性;结合你自己或者以成功人士为例,谈谈你对这些定见的看法。

二、你是个"有趣"的人吗?你身边"有趣"的人具有什么样的特点?把"有趣"列为有意义人生的一个重要条件,你认同这个看法吗?为什么?

第二十九课　我怎么学起哲学来

邓晓芒

在我的记忆中,1968年是我们白水知青空前自由、轻松甚至充满欢乐的一年。那一年,全国大规模的知青下放已经开始,我们没有什么心理不平衡的。看着那些"嫩知青"们与家人离别时抱头痛哭的情景,我们这些"老知青"内心既有同情,又有些暗暗高兴,觉得这一来大家都一样了。一切理想都成了泡影,一切道理都成了空话,一切认真严肃的姿态都成了熏制过的、挂在腊味店里出售的"板鸭"。政府每月用50斤谷、9元钱"安置"我们,大家都不怎么出工,成天在各个知青点之间流窜,互相打秋风。记得有一段时行练举重,白水男知青的目标是120斤算达标。我只能勉强达标。有一天来了一位长沙市摔跤队的,1.78米的个子,白练也似的一身腱子肉,摔人的动作就像舞蹈一样优雅。大家又很是疯魔了一阵子,搞得整个厅堂里灰尘四起,个个喘息如牛。后来又一窝蜂似的去办小农场,那更是自由自在、无人管束。开始还有一点正经,因为这是我们自己构想的"共产主义乌托邦",有的人甚至拿出自己买的牙膏、肥皂来"共产",谁家寄钱来了就一起去县城"打牙祭"。可没多久就四分五裂了,二三十人分成了一伙一伙的,有人做事有人玩。小知识分子的乌托邦,不过如此。后来被县治安指挥部强行解散,倒是小农场最好的归宿,听说江永县另外几个类似的乌托邦也是这种结局。

正是在小农场的时候,一天晚饭后,我们像往常一样聚在地坪里高谈阔论,合唱那些大家都已经非常熟悉的歌。有一位青年,听说是上江圩的知青,却显得与众不同。他一言不发,只是用他那锐利的目光盯着那些说话的人,偶尔报以鼓励的微笑。这就是鼎鼎有名的"张某"。张某之所以有名,在于他是当时在江永知青中不多见的一个全面发展的人,他能摔跤,会游蝶泳,歌唱得好,写得一手楷书,还看过不少理论书。他长相威猛,眉宇间一股傲气逼人,要么根本不看你,要看你就让你受不了,活脱一位拉赫美托夫。熟悉之后,我和几位朋友就有几分崇拜他。过了几天,我们和他一起从上江圩赶完圩回白水,在秋水般的月光下,他一边走一边与我们谈起了人生,说我们现在二十来岁,正是学习的大好时光,应当多看些书,多增长些见识,以后的道路还长得很,现在错过了时机,将来会后悔,等等。这些道理我们其实都懂,如果在学校由老师说出来,肯定会令人厌烦。但张某只比我们年长两岁,在我们心目中又有如此的威望,他的话在我们听来非常实在,真是肺腑之言。我当时心中只有一个想法:一定要像他那样有目的地生活,不能就此堕落下去。生活中总应当有些真实的东西,值得追求的东西,如果你现在还没有发现,那就要去寻找。回来后,我们几位朋友又谈论了很久,相约一起进入一种积极的生活,学理论,有意识地观察社会,读人生这本大书。

那时白水的知青处于一种奇怪而矛盾的生活方式中,晚上有组织有预谋地去糟蹋农民的菜地,白天则自发地在一起学习社论和毛主席的讲话。当时知青组里有几本砖头厚的理论书,如《列宁选集》(两卷集)、梅林的《马克思传》,都令我望而生畏。我从那些当时出版的马列著作单行本中挑了一本最薄的,即列宁的《共产主义运动中的左派幼稚病》,开始认真地读起来。这是我所阅读的第一本理论性读物。但麻烦立刻来了。以我的初中文化水平,书上的字虽然都认得,句子再长也可以勉强读下来,但就是不知道写的是什么意思。当初选中这本书,除了它薄以外,还想解决一些思想问题,我自认为自己是不是的确有一些小资产阶级的左派幼稚病。然而看了几天,根本看不进去,眼皮直打架。我认为自己"不是这块料",打算放弃,仍然每天和大家一起打扑克、唱歌、练举重。过了十来天,我在县城买菜时又遇见了张某。他一见面劈头就问我:"最近读了什么书?"我便将自己所遇到的困难和苦恼都和他说了。他只说了一句话:"开始的时候都是这样的。"这句话对我的震动很大。我回来苦苦地想了很久。为什么要学习?经历了"文革"的动乱,脑子里有许许多多的问题,对政治,对人生,对前途和命运。但最大的困惑归结为一点:我为什么在一切社会事件面前像个没有头脑的白痴,没有自己的见解和选择,只有愚昧和盲从?人不应当这样活,而应当自觉地活,才不枉为人一世。因此这是我生死攸关的事。至于读了有什么用,是否能为将来要干的事做准备,这倒还在其次。总之,读书是为了"成人"。

说来奇怪,张某的一句短短的话,在当时给了我那么大的力量。我想,他肯定也经历过这样一个艰难的阶段,但他已经过来了,我为什么就不能像他一样克服困难,成为一个自我完善的人呢?于是,我这回下了最大的决心,用最笨的办法,即在小学、中学里学过的分析文章段落大意、中心思想的办法,一段一段地去啃。每啃一段,就在头脑里把前面几段串起来从头过一遍。这本一百多页的小册子,至少读了十几遍,已可以大致背下来,用自己的话向别人讲述出来。这时我觉得自己懂了。以这种方式读过几本理论书,以致于发展到做眉批、做笔记、做缩写、夹纸条写心得等等,多管齐下,我发现自己水平大有提高。当时知青中盛行论辩之风,常自发地聚在一起就某部小说、某个问题辩论,通宵达旦。我发现自己也常能发表些自己的见解,而过去我是从不开口的。慢慢地,我一个一个地超越一些原认为很不错的人,不是有意识地要去超越,而是遇到问题向他们请教,他们回答不出,或回答得不满意,我只好自己去解决,去找答案。到后来,我发现再也没有人可以请教了,其中也包括张某。崇拜本来是自造的幻影,它在一段时期内有它的作用。一个人如果从小任何人都不曾崇拜过,那他是不幸的;但更其不幸的是,他一辈子也不敢超越他所崇拜的人。当所有原先在一起学习、讨论的朋友们都渐渐远离了书本,只剩下我一个人孤零零地还在看书时,我觉得我应该独自起程了。

当时我为自己订了一个五年的学习计划,决心要在五年之中,看完所有那时以单行本出版的马列主义经典著作,以及一切能到手的中、外哲学著作和文学作品。那时能看到的书很少,我的计划之所以着重于哲学,一是这方面的书相对好找一些,二是哲学是个制高点,它无所不包,再就是后来尝到了一点甜头,深深体会到哲学的重要性,它是理解其他一切学问的前提。但我决不是从"专业"的角度来看哲学的。当时只是想要使自己成为一个有主见、有自己一贯的原则和坚定的立场、知识丰富、判断准确、行动有预见性的人,也就是成为我理想中的"真正男子汉"。为此我要"看尽天下书",凡是人类数千年创造的精神财富,我都要尽可能地吸收为自己的营养。所以我的涉猎面很广,古今中外的哲学、自然科学、经济学、历史学、文学、艺术、美学、逻辑学等等,只要是字、是书,几乎没有界限。当然,最热衷的还是看小说。我觉得一部小说,一部经典文学名著,凝聚了作者一生的体验,如果能吃透、消化,你就活了两辈子。人不就是要尽量多活,才追求长寿吗?

我不想和任何人分享我的五年计划,因为我已不相信任何人,只相信自己的努力。1970年,我离开了知青点,申请一个人回到我的老家耒阳农村,真正生活在农民当中,成为他们的一员。这是我生平第一次决定自己命运的自由选择。孤独常常是一种享受,特别是当你的目的不是放在经世济民、报答某个人或某些人之上,而是要为自己"成人"时,你就可以不依赖于社会或他人对自己的评价,而独自一人去和历史、和全人类的精神对话。当然,人不可能完全孤独,他生活在社会中,但他可以独立地考察这个社会,这正是他已经"成人"的标志。在老家农村的三年中,我彻底静下心来读了一些哲学书,包括西方哲学原著。劳动并不紧张,并且此时对我来说,要养活自己一张嘴是不值得全力以赴的,活着的意义只是为了能够继续思想。至于考大学,考研究生,连想也没想过。当时的知青们纷纷去学一门手艺,有的还赚了大钱,我却一直当了十年农民,返城后又去干最粗笨的体力活,挑土和搬运。这也是我的自由选择,它符合我自己的生活准则和安排:体力劳动既锻炼身体,又休息脑筋,还接触社会底层。我很满意于自己的设计,以致于后来单位领导要把我从搬运工调到办公室搞供销,被我断然谢绝了。我非常从容地完成和超额完成了自己的五年计划和第二个五年计划,因为1976年以后,许多书慢慢开禁了,我如饥似渴地读书,其效率非常惊人。这主要得益于我的哲学功底,它使我的理解力和分析综合能力大大提高,能迅速把握事情的本质,看起书来往往一目十行。尽管如此,1978年报考研究生时,我还是很费了一番踌躇,是报考文学、中国哲学、西方哲学,还是马克思主义哲学?只是由于对最后这门学科我学得最系统、最有把握,从可能的实际效果考虑,我才选报了中国社会科学院哲学所的马克思主义哲学史专业。记得那天从水电安装公司下了个早班,一身灰土地去省招办拿了张报名表,骑车回家的路上,夹在车后的表掉了,后面两位女士拣起来交还给我,还没等我走远就在议论说:"哪里考得取?"我心里想,我要考不取,天理难容!

但毕竟,因父母的"右派"问题尚未解决,尽管我的考试成绩已上了录取分数线,并去北京顺利通过了复试,在政审上仍被卡了下来。我的母亲十分伤心,但我自己倒并不感到特别遗憾。因为这时,我填报的第二志愿武汉大学哲学系西方哲学专业的陈修斋先生收到了我在报考的同时给他寄的信和两篇论文,给我来了封热情洋溢的信,充分肯定了我的自学成绩。后来知道我因政审落选,并决心明年第一志愿再报考他的研究生,又来信再三勉励我。他说他不担心我的专业和基础课程,但要注意外语的准备,我原来考的俄语当然也不是不可以,但西方哲学用得较多的是英、德、法语,最好能在这几门中选一语种,打一点基础。我当时憋着一口气,瞄准了我认为代表哲学最高水平的德意志民族的语言,找了一位学过德语的老先生请教,用8个月的业余时间苦学苦练,后来居然以高出分数线10分的成绩通过了外语考试。我把这种超常发挥的学习能力也归功于我对哲学的领悟,因为根据现代哲学的观点,学哲学也就是学语言,哲学功底对语言的掌握肯定有极大的帮助。

在准备期间,陈修斋先生和他的搭档杨祖陶先生还将他们主编的《欧洲哲学史(试用稿)》寄了一套给我,一是供我系统地复习,二是也想听听我的意见。我当时真是初生牛犊,看完后一下子提了七八条意见,其中主要的如"奴隶阶级有无哲学"的问题,我认为像"伊索寓言"、希腊神话这些都不能算是哲学,哲学要讨论思维和存在的问题,奴隶阶级由于其地位不可能提出代表自己阶级的哲学。其他还有对唯心主义的评价问题,我认为贬得太多,哲学史成了阶级斗争史,而不是人类认识发展的历史。不料这些随意而发的意见正合陈、杨二位先生的意,在回信中得到陈先生的高度赞赏。后来我才得知,陈先生1957年和贺麟先生正是因为肯定唯心主义在人类思想史上的积极意义而受到打击迫害,杨先生1971年则因坚持"奴隶阶级没有哲学"的实事求是立场而遭到非难,他们所编的这套"试用教材"并不完全反映他们本人的观点。

1979年考取武汉大学哲学系的硕士研究生,是我人生命运上的转折点。从此以后,哲学不仅是我的爱好和生命,而且成了我的职业,我的谋生之道。但我并不因此而看轻我的哲学,对我来说,事情并没有本质的改变,只是条件更好了,时间更充分,可看的书更多、甚至太多了。1982年毕业留校后,我仍然像在农村和当搬运工时一样,争分夺秒地搞我的学问,并在导师的提携下,没费什么事便连连破格被提为副教授(1988)和教授(1989),又被评为博士生导师(1993)。这以后,来采访的记者多起来,有电视台的,杂志的,还有作家。我对他们说,你们采访我肯定得不了奖,我没有什么"事迹",只有思想,你们不要思想,只要

"事迹"。他们每个人都要问的一个问题是:你是怎样自学成才的?我说"自学"二字首先不通,学习不可能是"他学",本来只是每个人自己的事,自己不学,如何能叫做"学"?一切学习都是自学,与电脑不同,人的本性就在于有自学能力。高级计算机也有学习能力,但那毕竟是人预先安排好的,是"他学"。其次,什么叫"才"?才者,材也,栋梁之材,可用之材。然而,我学的是哲学,哲学和哲学家并非可用之材,非但无用,而且还要拿钱来养活。但正因此,哲学体现了人的本质,即人最终说来不是工具(材),而是目的。当今哲学误把自己当作某种工具,哲学瞧不起自己,也等于人瞧不起自己。

可以说,我学哲学决不是为了要"成才",而是为了自己的兴趣,否则我不可能坚持十几年无功利的学习。因为"才"(工具)不用就无意义,就会是"怀才不遇",而我的哲学即使一辈子不被"用",对我也有最高价值。所以我的自学整个充满了乐趣,并无一点勉为其难或卧薪尝胆、苦修苦炼的感觉(虽然客观上看条件很苦)。孟子曰:"天将降大任于斯人也,必先苦其心志,劳其筋骨,饿其体肤,空乏其身,行拂乱其所为,所以动心忍性,增益其所不能。"这段话数千年来激励了无数负有天降之命或历史使命的志士仁人发愤图强,成为伟人和圣人,但用在我身上却不恰当。我只是一个普通平民,没有多少使命感。我学哲学纯粹出于个人兴趣,由此而产生出对自己个人即对这点兴趣的责任感,要把它实现和完成。当然,有些兴趣多半是天生的,如对音乐、绘画的兴趣,但没有人生来要当哲学家,对哲学的兴趣多半是后天的、社会性的。但社会性属于人的本质,每一个还保留一点人的本质或人性的人,都多少有一点哲学。一般说来,对自己的人生进行反思就是哲学兴趣的根源,不作任何反思的人生只能是动物式的人生。其实,我学哲学就是要自觉地使自己成为越来越纯粹的人,自觉地抵制一切使人动物化、物化的影响。

有一年我参加过一次武汉知青回顾上山下乡的座谈会,题目是"青春是否无悔"。我是会上资格最老的知青。我的发言大意是:人是一个整体,不能割取一段来评价其有悔无悔、值不值得,而应该联系当前你正在做什么,以及你将来要做什么来评价。如果上山下乡对你今天的生活和未来的目标不是资本、财富,而是损失,或毫不相干,那么你用不着说大话,你当然可以抱怨说,我不下乡的话本来可以上大学、当艺术家、科学家、工程师,现在却不得不从头来争取人家早已得到的东西,我下乡是白白浪费了最宝贵的青春。但如果你今天的追求与你青年时代的经历有本质的不可分割的联系,那就不同了。我很早就着意把生活、生命当作一个整体,并通过不断的反省使它熔铸为一个整体,每一部分都是宝贵的、不可失去的。我是用全部生命在搞哲学,或者说,哲学才是我真正的、内在的生命,是我的人格和性格的表现。我并不主张人人都去搞哲学,这也是不可能的。但每个人作为人都应当意识到,不论他写作还是在拉板车,他只有意识到自己是一个人时才真正是一个人,而这种意识已经就是哲学。人有责任探究自己,建筑自己,把自己作为一项毕生的工程来建造。一切外在的生活都只是由于内在的生活才有意义,本身则毫无意义。所以,哪怕你浪费了全部青春,如果你能把这种浪费转化为一种思想,成为塑造你自己独立人格的材料,你就可以在更高一层意义上做到无悔。人们今天悲叹价值的"失落",其实价值本来是没有的,要靠每个人自己去创造,决不能由外部给予人。每个人都有自己的活法,不必都像我一样活。我只能说我自己活得充实,虽不潇洒,很累,但心甘情愿。我从来不想当生活的模范,只想当"自己"。

今天时代不同了,我们的下一代不再有上山下乡,但任何一个时代,人都是被"抛入"环境和世界中的,这却不意味着人在环境面前只能一无所为、听任命运摆布。时代与时代不具可比性,但人之为人就在于他在被抛入的那一瞬,他就能利用环境去成就自己的意义。放弃努力而一味地抱怨生活的无意义、世界的虚无或"人文精神失落",是没出息的态度。世界的虚无不应成为懒于创造的借口,而正应成为一切真正创造即"无中生有"的前提条件:既然一切都是虚无,那就没有什么阻止我创造出从未有过的奇迹。自己不去创造,一切有利条件都会成为不利条件,并且会遇到致命的诘问:这一切有何意义?做学问有何意义?解决一个理论问题有何意义?出一本书有何意义?这样陷入苦恼、茫然,只能怪自己。我们这一代人是独特的、空前绝后的。但仔细想一想,哪一代人不是如此?历史是没有偏心的。

课文导读

本文选自《哲学觉解》(中山大学出版社,2009年)。

邓晓芒(1948—)，湖南长沙人。1979年以初中学历考入武汉大学哲学系，1982年获得硕士学位，留校任教。主攻德国古典哲学。2009年离开武汉大学到华中科技大学任教。邓晓芒长期从事德国古典哲学研究，尤其在康德哲学研究方面，提高了中国在这一领域的研究水平。同时，他在中西文化比较、美学领域也颇有建树。邓晓芒哲学研究创立了一套理论和方法，被称为"新批判主义"、"新实践美学"。

邓晓芒1964年初中毕业就自愿到农村插队，有十年之久。1974年返城，做过搬运工，五年之后考入武汉大学哲学系，攻读硕士学位。他的经历及后来的成就，被很多人当作"自学成才"的典型。在这篇文章里，邓晓芒回顾了自己早年插队知青的生活，虽然自由快乐，但是，生活没有目标。同龄知青中有一位张某，则显得与众不同。张某热爱读书，实践着一种积极的、有目标的生活。在张某启发下，邓晓芒开始读书。这是他走上哲学之路的开端，初衷并不是成为哲学家或学习标兵、先进分子，而是通过读书、思想"成人"——成为一个人。他给自己制定读书目标和读书计划，乐在其中，在其他知青都忙于生计、返城、赚钱的时候，他自愿选择去农村做农民。他认为农村的生活能给他更多自由读书的空间。返城后的五年里，他仍然干体力活，并不在乎旁人对他工作的看法。他很满意自己的选择。他认为人的生命、生活是一个整体，并可以通过不断的反省使它熔铸为一个整体，每一部分都是宝贵的、不可失去的。一个人，"不论他写作还是在拉板车，他只有意识到自己是一个人时才真正是一个人"。当你成为一个人、成为你自己时，"你就可以不依赖于社会或他人对自己的评价，而独自一人去和历史、和全人类的精神对话"。

思考题

一、邓晓芒立志读书的目的是什么？结合现状，比较今天社会上对求学和读书的流行观点，谈谈你的看法。

二、邓晓芒认为"不作任何反思的人生只能是动物式的人生"，这句话是不是过于严肃？你作何理解？

第三十课　解剖自己

巴　金

《随想》第七十一则发表好久了,后来北京的报纸又刊载了一次。几天前一位朋友来看我,坐下来闲谈了一会,他忽然提起我那篇短文,说他那次批斗我是出于不得已,发言稿是三个人在一起讨论写成的,另外二人不肯讲,逼着他上台;又说他当时看见我流泪也很难过。这位朋友是书生气很重的老实人,我在干校劳动的时候,经常听见造反派在背后议论他,摹仿他带外国语法的讲话。他在大学里是一位诗人,到欧洲念书后回来,写一些评论文章。在"文化大革命"中他的地位很尴尬,我有时看见他"靠边",有时他又得到"解放"或者"半解放",有时我又听说他要给"结合进领导班子"。总之变动很快,叫人搞不清楚。现在事情早已过去,他变得不多,在我眼前他还是那个带书生气的老好人。

他的这些话是我完全不曾料到的。我记起来了:我曾在一则《随想》里提过一九六七年十月在上海杂技场里召开的批斗大会,但也只有短短的一句话,并没有描述大会的经过情形,更不曾讲出谁登台发言,谁带头高呼口号。而且不但在过去,就是现在坐在朋友的对面,我也想不起他批判我的事情,一点印象也没有。我就老实地告诉他:用不着为这种事抱歉。我还说,我当时虽然非常狼狈,讲话吞吞吐吐,但是我并没有流过眼泪。

他比我年轻,记忆力也比我好,很可能他不相信我的说法,因此他继续解释了一番。我理解他的心情。为了使他安心,我讲了不少的话,尽可能多多回忆当时的情况,我到杂技场参加批斗会的次数不少,其中两次是以我为主的,一次是第一次全市性的批斗大会,另一次是电视大会,各个有关单位同时收看,一些靠边的对象给罚站在每台电视机的两旁。那位朋友究竟在哪一次会上发言,我至今说不出来,这说明我当时就不曾把他的话记在心上。我是一个"身经百斗"的"牛鬼",谁都有权揪住我批斗,我也无法将每次会、每个人的"训话"一一记牢。但是那两次大会我还不曾轻易忘记,因为对我来说它们都是头一次,我毫无经验,十分紧张。

　　杂技场的舞台是圆形的,人站在那里挨斗,好像四面八方高举的拳头都对着你,你找不到一个藏身的地方,相当可怕。每次我给揪出场之前,主持人宣布大会开始,场内奏起了《东方红》乐曲。这乐曲是我听惯了的,而且是我喜欢的。可是在那些时候我听见它就浑身战栗,乐曲奏完,我总是让几名大汉拖进会场,一连几年都是如此。初次挨斗我既紧张又很小心,带着圆珠笔和笔记本上台,虽然低头弯腰,但是不曾忘记记下每人发言的要点,准备"接受批判改正错误"。那次大会的一位主持人看见我有时停笔不写,他就训话:"你为什么不记下去?!"于是我又拿笔续记。我这样摘录批判发言不止一次,可是不到一年,造反派搜查牛棚,没收了这些笔记本,还根据它们在某一次会上批斗我准备"反攻倒算",那时我已经被提升为"无产阶级专政的死敌"了。

　　我第一次接受全市"革命群众"批斗的时候,两个参加我的专案组的复旦大学学生把我从江湾(当时我给揪到复旦大学去了)押赴斗场,进场前其中一个再三警告我:不准在台上替自己辩护,而且对强加给我的任何罪名都必须承认。我本来就很紧张,现在又背上这样一个包袱,只想做出好的表现,又怕承认了罪名将来洗刷不清。埋着头给拖进斗场,我头昏眼花,思想混乱,一片"打倒巴金"的喊声叫人胆战心惊。我站在那里,心想这两三个小时的确很难过去,但我下定决心要重新做人,按照批判我的论点改造自己。

　　两次杂技场的大会在我的心上打下了深的烙印。电视大会召开时,为了造舆论、造声势,从作家协会上海分会到杂技场,沿途贴了不少很大的大字标语,我看见那么多的"打倒"字样,我的心凉了。要不是为了萧珊,为了孩子们,这一次我恐怕不容易支持下去。在那两次会上我都是一直站着受批,我还记得电视大会上批判结束,主持人命令把我押下去时,我一下子提不起脚来,造反派却骂我"装假"。以后参加批斗会,只要台上有板凳,我就争取坐下,我已经渐渐地习惯了,也取得一点经验了。我开始明白我所期待的那种"改造"是并不存在的。

　　朋友的一番话鼓舞我做了一次长途旅行,我从一个批斗会走到另一个,走完了数不清的不同的会场,我没有看见一张相熟的面孔。不是说没有一位熟人登台发言,我想说那些发言并未给我带来损害,我当时就不曾把它们放在心上,事后也就忘记得一干二净。

回顾过去,我觉得自己这样做也合情合理。我的肚皮究竟有多大?哪里容得下许许多多芝麻大的个人恩怨!在那个时期我不曾登台批判别人,只是因为我没有得到机会,倘使我能够上台亮相,我会看做莫大的幸运。我常常这样想,也常常这样说,万一在"早请示、晚汇报"搞得最起劲的时期,我得到了解放和重用,那么我也会做出不少的蠢事,甚至不少的坏事。当时大家都以"紧跟"为荣,我因为没有"效忠"的资格,参加运动不久就被勒令靠边站,才容易保持了个人的清白。使我感到可怕的是那个时候自己的精神状态和思想情况,没有掉进深渊,确实是万幸,清夜扪心自问,还有点毛骨悚然。

解剖自己的习惯是我多次接受批斗的收获。了解了自己就容易了解别人。要求别人不应当比要求自己更严。听着打着红旗传下来的"一句顶一万句"的"最高指示",谁能保持清醒的头脑?谁又能经得起考验?做一位事后诸葛亮已经迟了。但幸运的是我找回了失去多年的"独立思考"。有了它我不会再走过去走的老路,也不会再忍受那些年忍受过的一切。十年的噩梦醒了,它带走了说不尽、数不清的个人恩怨,它告诉我们过去的事决不能再来。

"该忘记的就忘掉吧,不要拿那些小事折磨自己了,我们的未来还是在自己的手里。"我紧握着客人的手,把他送到门外。

课文导读

本文选自巴金《随想录》(作家出版社,2007年)。

巴金(1904—2005),四川成都人,祖籍浙江嘉兴。原名李尧棠,字芾甘。中国现代著名文学家、翻译家、出版家。他的作品很多,著名的有长篇小说《激流三部曲》——《家》、《春》、《秋》,《爱情三部曲》——《雾》、《雨》、《电》,《寒夜》,中篇小说《海的梦》、《憩园》、《第四病室》等。还有大量散文随笔集。晚年随笔集《随想录》,以"说真话"反躬自省的坦诚态度,赢得人们的尊重,创下文学生涯的又一座丰碑。

"文革",我们经常称之为"十年浩劫",巴金先生是"文革"中遭批斗的对象,肉体和心灵的创伤自不必说。他从1979—1986年间坚持写作回忆和反思"文革"经历的随笔,后来结集出版,就是《随想录》。"文革"结束后,曾流行一种"伤痕文学",多数通过叙述"文革"期间人们的遭遇,表达"文革"对一代人造成的创伤。巴金先生的随笔则与"伤痕文学"有所不同。他是以反思甚至忏悔的态度,通过回忆和讲述"文革"中的经历,解剖自己的心灵,勇敢地深入心灵中不为人知的隐秘角落,探究这场政治运动暴露了人性中怎样黑暗、冷漠的一面。这篇《解剖自己》中,巴金通过一位在"文革"中批斗过自己的朋友的道歉,回顾了屡被批斗的经历。这显然不是令人愉快的,但文章没有充满创伤、令人沉重的悲痛感,很能见出巴老宽厚、诚实、善于反省的品格,还有一点黑色幽默。屡次被批斗也使他有了"战斗"经验,一是不会用心听发言者讲了什么,二是保存体力,有机会就坐下。对这位深表愧意的朋友,巴金反躬自问:"在那个时期我不曾登台批判别人,只是因为我没有得到机会,倘使我能够上台亮相,我会看做莫大的幸运。我常常这样想,也常常这样说,万一在'早请示、晚汇报'搞得最起劲的时期,我得到了解放和重用,那么我也会做出不少的蠢事,甚至不少的坏事。"

思考题

一、通过对自己的解剖,最终作者得到了怎样的认识?

二、儒家思想中有"慎独"一说,是提醒人们在独自一人仿佛不受约束的时候,更要注意言行,懂得自律。从巴金先生"文革"中的这段经历,并结合"慎独"谈谈你对"自我"这一概念的理解。

第三十一课　自我实现的人

亚伯拉罕·马斯洛

本章所报告的研究从许多方面来看都是异乎寻常的。它最初不是按照常规的研究安排的。它不是一项社会性的研究,而是一次旨在解决各种个人的道德的、审美的以及科学问题的私人性质的冒险,并被我自己的好奇心所激励。我只是力图使自己信服并且从中获得教益(这对于个人探索非常合适),而不是想证明或向别人显示些什么。

然而,很令人意外的是,这些研究对我如此具有启发作用,充满着如此令人兴奋的东西,以至于,尽管有方法上的缺点,让别人也知道这些研究结果似乎是合情合理的事。

另外,我认为,心理健康是如此迫切的一个问题,以至于任何意见、任何材料,不管怎样的还有待于讨论,都具有巨大的启发价值。这种探索原则上是如此的困难——有点像是在根据自己的标准提升自己——以至于,假如我们要坐等常规的可靠材料,我们将不得不永远等待下去。这样,似乎应该做的事情就是:不要害怕错误,投身进去,尽力而为,并希望能在错误中学习,逐渐地纠正错误。否则的话,目前对这个问题就只能是弃之不理了。相应地,无论这个报告能起什么作用,我把它在下面呈献了出来,并向那些坚持要求传统的信度、效度以及取样等的人们表示由衷的歉意。

一．研究

1.研究对象和研究方法

研究对象选自我本人认识的一些人和朋友,以及一些公众人士和历史人物。另外,在一次对年轻人的研究中,对三千名大学生进行了筛选,但只选出了一名大学生可直接作为研究对象,和一二十名也许将来可作为研究对象("成长良好的")。

我不得不断定,我在更年长的研究对象那里发现的自我实现的类型，在我们的社会中可能是不存在于年轻的、正在成长中的人身上的。

淘汰或选择研究对象所依据的第一个临床的定义除了有一个消极的方面外，还有一个积极的方面。反面的选择标准使被选对象中没有神经症、精神变态性格、精神病或这些方面的强烈倾向。也许身心疾病要求更仔细的研究和甄别。在可能的情况下，就给予反复测验，但结果证明，这些测验在揭示被隐藏的精神变态方面比在选择健康的人上更有用。正面的选择标准是自我实现的正面证据，而这仍还是一系列难以被确切地描述的现象或者征候。为服务于我们讨论的目的，自我实现也许可以大致地被描述为充分利用和开发天资、能力、潜能等。这样的人似乎是在实现他们自己、最淋漓尽致地从事着他们力所能及的工作。这使我们想到尼采的告诫"成为你自己！"他们是一些已经走到或者正在走向自己力所能及的高度的人。他们的潜能或者是特有的，或者是人类共有的。

这一标准还意味着研究对象在过去或现在对安全、归属、爱、尊重和自尊的基本的需要的满足，以及对于知识和理解的认知需要的满足，或者在少数事例里，对这些需要的征服。这就是说，所有研究对象都感到安全和无忧无虑，感到被承认，感到爱和被爱，感到自身的价值并且被尊重。他们已经明确了自己的哲学、宗教或者价值取向。至于基本的满足是自我实现的充分条件或者只是一个必要条件，这是一个尚未解决的问题。也许，自我实现意味着基本满足再加上最起码的天才、能力或者（人性的）丰富。

我们采用的选择技术大体上是属于迭代法和重复的技术。这种技术以前在对自尊和安全感的人格症候群的研究中使用过。在本书的第18章中对此有描述。这种技术简单来说就是：以个人或文化的非技术性的信仰作为开始，对自我实现症候群的各种现存的用法和定义进行比较，然后再更仔细地给它下定义，——在下定义时，仍然采用现实的用法（可称为词典学层次的用法），但是，同时排除在通俗定义中常见的逻辑和事实的自相矛盾。

由于研究对象中有真实姓名无法公开的现实中的人，所以两个迫切的要求，或者甚至于可说是普遍性的科学研究的要求，就变得不可能得到满足了，即研究的可重复性与作为结论来源的资料的公开性。对公众人士和历史人物的研究、对可以公开的年轻人和儿童所做的补充研究,部分地克服了这些困难。

研究对象可分成以下各类:

实例:7名非常理想和2名很有希望的当代人(会谈形式)

2名非常理想的历史人物(晚年的林肯和托马斯·杰斐逊)

7名很有希望的公众人物和历史人物(爱因斯坦、埃莉诺·罗斯福、简·亚当斯、威廉·詹姆士、史怀泽、A.赫胥黎和斯宾诺莎)

部分性的实例:

5名相当肯定地有某些不足,但仍然可用于研究的当代人①

2.材料的搜集和表述

这里的材料与其说是来自于对特殊的、分散的事实的一般性收集,不如说是来自于笼统或整体印象的缓慢的发展,就像我们熟悉朋友的过程以及相识人的过程。很难造成一种情境,以便在其中能向我的老年研究对象们提问,或者对他们进行测验(尽管这对于年轻的研究对象可以做到)。与老年研究对象的联系是依靠运气、以一般的交往形式进行的。而一旦有可能,也向他们的朋友以及亲戚们进行调查。

由于这个原因,也由于研究对象数量太少,以及许多研究对象的资料不完全,任何定量描述都是不可能的,只能提供一个复合印象,而无法顾及它们是否会有什么价值了。

二 观察结果

对这些总体印象作整体分析,可得出以下对自我实现的人的最重要和最有用的总体印象,据此,可进行进一步的临床研究和实验研究:对现实的感知、接受、自发性、以问题为中心、超然独处、自主、清新的鉴

---

① 被其他人提出或研究过的潜在的或可能的实例是 G. W. Carver, Eugene V. Debs, Thomas Eakins , Fritz Kreisler, Goerhe, Pablo Casals, Martin Buber, Danil Dolci, Arthur E. Morgan , John Keats, David Hilbert, Arthur Waley, D. T. Suzuki , Adlai Stevenson, Sholom Aleichem, Robert Browning, Ralph Waldo Emerson , Frederick Douglass ,Joseph Schumpeter, Bob Benchley, Ida Tarbell , Harriet Tubman, George Washington , Karl Muenzinger, Joseph Haydn, Camille Pissarro, Edward Bibring, George William Russell (A. E.), Pierre Renoir, Henry Wadsworth Longfellow , Peter Kropotkin , John Altgeld , Thomas More , Edward Bellamy, Benjamin Frankin,John Muir, and Walt Whitman。

赏力、高峰体验、人类同族感、谦逊与尊重、人际关系、道德规范、手段与目的、幽默感、创造性、对文化同化的抵制、不完美、价值、二分法的消解。

1. 对现实的感知

这种能力被注意到的第一种表现形式是辨别人格中的虚伪、欺骗、不诚实，以及大体正确和有效地判别他人的不寻常的能力。

随着研究的进展，可以逐渐明显地看到，这一效率扩大到生活的其他许多领域——实际上是被测试的全部领域。在艺术和音乐方面、在智力方面、在科学方面、在政治和公共事务方面，他们作为一类人，似乎能比其他人更迅速更正确地看到被隐藏和混淆的现实。因此，一个非正式的试验表明，由于较少地受愿望、欲望、焦虑、恐惧的影响或较少地受由性格所决定的乐观或悲观倾向的影响，无论从当时已知的什么样的事实出发，他们对于未来的预测的准确率似乎总是比常人要更高。

最初这一点被称作优秀的鉴赏力或优秀的判断力，其含义是相对的，而不是绝对的。但是，由于许多原因（下面将详述其中的一些），现在有一种倾向越来越明确，即最好把它看成是对某个确实存在的事物（是现实，而非一套观点）的洞察力（不是鉴赏力）。我希望这一结论或者假说有一天会被实验所验证。

如果这一结论被验证，那么无论怎样强调其重要性都不会过分。英国的心理分析学家蒙利·凯里（Money Kyrle, 1944）指出：他相信，单凭神经症患者对现实世界的理解不如健康人那样准确或有效这一情况，就可以断定神经症患者不仅相对地而且绝对地无能。神经症患者不仅在感情上是病态的，他们在认知上就是错误的！如果健康和神经症分别是对于现实的正确和不正确的感知，事实命题和价值命题在这个领域就合二为一了。这样，在原则上，价值命题就不仅仅是喜爱或规劝的问题，而应该是可以根据经验验证的。深入思考过这一问题的人将会清楚地认识到，我们在这里可能为一个真正的价值科学，因而也是为一个真正的伦理科学、社会关系科学、政治科学、宗教科学等获得了一个部分的根据。

适应不良或极度的神经症对感觉的干扰完全可能达到能影响光感、触觉或者味觉的程度。但是这种作用可能在远离纯粹生理的感觉领域内得到证实。随之而来可以这样推论：在健康人中愿望、欲望、偏见对于感觉的影响（这体现在最近的许多试验中），应该比在病人中小得多。先前的一系列考虑支持了这一假设：这种在对现实的感觉上的优越性导致一般意义上的推理、感知真理、做出结论、符合逻辑地和高效地认识的优越能力。

在本书第 13 章中，还将详细讨论这种与现实的优越关系的一个特别突出和有启发性的方面。过去发现，自我实现者可以比大多数人更为轻而易举地从一般、抽象和各种类型中辨别出新颖的、具体的和独特的东西。其结果是，他们更多地生活在大自然的真实世界中而非生活在一堆人造的概念、抽象物、期望、信仰和陈规当中。大多数人都将这些东西与真实的世界混淆起来。因此，自我实现者更倾向于领悟真实的存在，而不是拘泥于他们自己或他们所属文化群的愿望、希望、恐惧、焦虑以及理论或者信仰中。赫伯特·里德非常透彻地将此称为"明净的眼睛"（the innocent eye）。

作为学院派与临床心理学之间的另一座桥梁，人们与未知事物的关系问题似乎特别具有研究价值。我们的健康的研究对象一般来说不惧怕未知的事物，不受它们的威胁，在这一点上，他们与普通人大不相同。他们接受未知事物，与之关系融洽，并且同已知事物相比，他们甚至往往更为未知所吸引。他们不仅能容忍意义不明、无结构的事物，甚至会喜欢它们（Frekel-Brunswik，1949）。爱因斯坦的话相当有代表性："我们能够体验的最美的事物是神秘的事物，它是一切艺术和科学的源泉。"

的确，这些人是知识分子、研究者和科学家，因此，在这里，主要的决定因素可能是智慧力。然而，我们都知道，许多智商很高的科学家，由于羞怯、习惯、忧虑或其他性格上的缺点，单调地从事他们所熟悉的工作，反复地琢磨、整理、分类，为此浪费时间，而不是去进行他们所应该做的发现工作。

对于健康人来说，既然未知事物并不可怕，他们就不必劳神去降鬼，吹口哨壮胆走过墓地，或者抵御想象的危险。他们并不忽视或者否认未知事物，不回避它们或自欺欺人地把它们看成是已知的。他们也不急于整理未知的事物、过早地把它们分类和标签化。他们不固守熟悉的事物，他们对真理的追求也不是在灾难中对确定性、安全、明确以及秩序的需要，正像我们可以在戈尔茨坦的脑损伤或强迫性神经症的病例中以夸张的形式看到的突出的例子。当整个客观情况要求时,自我实现者可以在杂乱、不整洁、混乱、散漫、含糊、怀疑、不肯定、不明确或者不精确的状态中感到惬意(在某些情况下,这一切在科学、艺术或一般生活中是完全合乎需要的)。

这样,怀疑、犹豫、不确定,以及因此而产生的延迟作出决定的必要虽然对大多数人是个折磨,但对某些人却是一个令人愉快的刺激性挑战,是生活中的一种高境界而不是低境界。

2. 接受性

自我实现者有许多可以在表面上被察觉到的最初似乎是不同的、互不相关的个人品质,但最终可以被理解为是一个单一的、更为基本的态度的表现形式或派生物。这个态度就是:相对地不受令人难以抬头的罪恶感、使人严重自卑的羞耻心以及极为强烈的焦虑的影响。这与神经症患者形成鲜明的对比,后者在任何情况下都可以描述为是由于罪恶感、羞耻心和焦虑感或者三者之一二而丧失了能力。甚至我们文化中的正常成员也会毫无必要地为许许多多的事情感到内疚或者羞愧,并且在许多无谓的场合中产生焦虑。我们的健康人发现,接受自己以及自己的本质同时并无懊恼、抱怨,甚至对此并不过多考虑都是可能的。

尽管他们自己的人性有种种缺点,与理想有种种差距,他们可以在根本上以斯多葛的方式接受它们而不感到有真正的忧虑。如果说他们是自满,那会传达出错误的印象。相反,我们必须说:他们能够以一个人在接受大自然的特性时所持的那种毫不怀疑的态度,来接受脆弱、过失、弱点,以及人性的罪恶方面。一个人不会由于水的滑润、岩石的坚硬或者树的翠绿而抱怨它们。儿童是睁大了眼睛,用非批判性、非祈使性和纯真无邪的眼光来看待世界的,他们只是注意和观察事实是什么,对它并无争论或者要求,自我实现者也是以同样方式看待自己和他人的人性的。当然,这并不等同于东方的出世观念,不过出世观念在我们的研究对象那里,特别是在面对着疾病和死亡的研究对象那里也能观察得到。可以看到,这等于用另一种方式来表达我们已经描述过的观点,即已经自我实现的人对现实看得更清楚:我们的研究对象看见的是人性的本来面目而不是他们希望中的人性。他们的眼睛并不为各种眼镜所累,从而歪曲、改变或者粉饰所见事实的真相(Bergson,1944)。

第一个也是最明显的接受层次是所谓动物层次。自我实现者往往都是优秀的、强健的动物,他们的胃口很好,生活得非常快活,没有懊悔、羞耻或者遗憾。他们似乎始终食欲良好,他们似乎睡眠良好,他们似乎不存在不必要的压抑并享受性生活,其他相对来说属于生理性的冲动也都是如此。他们不仅在这些低层次上能够接受自己,而且在各个层次上都能够接受自己,例如爱、安全、归属、荣誉、自尊等。所有这一切都没有疑问地被接受为是值得的。而这又仅仅是因为:这些人倾向于接受大自然的作品而无所挑剔。普通人特别是神经症患者常有的反感、厌恶在自我实现者中间是相对少见的,他们较少挑食,较少厌恶身体的产物、气味以及功能等。

与自我接受以及接受他人紧密相关的是:(1)他们没有防御性,没有保护色或者伪装;(2)他们厌恶他人身上的这类做作。假话、诡计、虚伪、装腔作势、面子、玩弄花招、以庸俗手法哗众取宠,这一切在他们身上异常罕见。既然他们甚至于能与自己的缺点和睦相处,那么这些缺点最终(特别是在晚年生活中)会变得令人感觉根本不是缺点,而只是中性的个人特点。

这并不意味着他们绝对不存在罪恶感、羞耻心、沮丧、焦虑和防御心理,而是指他们很少有不必要的或神经质的罪恶感(因为非现实性)等。动物性的过程(例如性欲、排尿、怀孕、行经、衰老等)是客观事实的一部分,因此必须接受。

健康人确实为之感到内疚(羞耻、焦虑、忧伤或者遗憾)的是:
(1)可以改进的缺点(如懒惰、漫不经心、发脾气、伤害他人);(2)不健康心理的顽固的残迹(如偏见、妒忌、猜疑);(3)虽然相对独立于性格结构,然而可能又是根深蒂固的一些习惯;(4)他们所认同的种族、文化或群体的缺点。一般情况可能是这样:如果在事实与最好成为什么或应当成为什么之间存在着差异,这就会使健康人感到不满意(Alder,1939;Fromm,1947;Horney,1950)。

3. 自发性

自我实现者都可被描述为在行为中是相对自发的,而且远比内在的生活(包括思想、冲动等)更有自发性。他们行为的特征是坦率、自然、很少做作或努力。但是,这并不意味着他们一贯不遵从习俗。如果我们实际数一下自我实现者不遵从惯例的次数,就会发现记录并不高。

他们对惯例的不遵从不是表面性的,而是根本性的或内在的,是由于他们的冲动、思想和意识如此地非传统、自发和自然。由于深知周围的人在这一点上不可能理解或者接受他们,也由于他们无意伤害他人或为每一件琐事与别人大动干戈,因此面对种种俗套的仪式和礼节,他们会表达出善意的无可奈何和容忍,尽可能地通情达理。例如,我曾见过一个人接受了别人对他表示的敬意。虽然他曾私下嘲笑甚至鄙视这类敬意,但他并未因此而小题大做,伤害那些自认为是在使他高兴的人们的感情。

当自我实现者热切地沉迷于某个近乎他的主要兴趣的事物时,他的这种内在态度也会表现出来。这时,他会毫无顾忌地抛开平时遵守的各种行为准则。在遵从惯例上他仿佛需要有意识地做出努力,他对习俗的遵从仿佛是有意的、存心的。

最后,当自我实现者与那些并不要求或期待俗套行为的人们相处时,他们就会乐意抛弃这种外在行为习惯。在我们的研究对象中可以看到,他们愿意与那些允许他们更自由、更自然、更有自发性的人们共处,这使他们能够摆脱那些在他们看来有时是费劲的行为。因此,像上面那样在一定程度上对行为进行控制对他们来说是个负担。

从这个特点可以得出一个结论或推论:这些人有相对自主的、独特的、不遵从惯例的道德准则。没有思想、不动脑子的人有时可能认为他们不道德,因为当情况似乎要求如此时,他们不仅会违反常规,还会违反法律。然而事实恰好相反,他们是最有道德的人,尽管他们的道德准则与周围的人不尽相同。正是这种观察使我们坚信,普通人的一般的道德行为主要是遵从习俗的行为(例如,是以基本上被公认的原则为根据的行为),而不是真正的道德行为。

由于与一般习俗以及被普遍接受的虚伪、谎言疏远,由于与社会生活不协调,他们有时感到自己像是异国土地上的间谍或移民,有时的确也是这样做事。

他们洞察了现实以后的轻松,他们更接近于动物或儿童的接受性和自发性,意味着他们对自己的冲动、欲望、见解以及主观反应的一种总体来说是更高级的知觉(Fromm,1947;Rand,1943;Reik,1948),对这种能力的临床研究毫无疑问地证实了弗洛姆的这样一种看法:一般正常的、适应得很好的人,往往根本没有想到他是什么、他要什么以及他自己的观点是什么等问题（Fromm，1941）。

正是这样一些调查结果最终使得自我实现者与其他人之间一个最深刻的差异被发现,这个差异就是：自我实现者的动机生活不仅在量上,而且在质上都与普通人不同。我们很可能必须为自我实现者另外创立一种具有深刻不同的动机心理学,例如,一种研究表达性动机、成长性动机,而不是匮乏性动机的动机心理学。也许把生活与为生活做准备作个区分是会有益处的：也许普通的动机概念应该只被应用于非自我实现者。我们的研究对象不再进行一般意义上的奋斗,而是在发展。他们试图成长得日臻完善,努力以自己的风格发展得日益全面。普通人的动机是为了使他们所缺乏的基本需要得到满足而奋斗。但自我实现者并不缺乏任何一种基本需要的满足,而他们仍然有冲动。他们实干、他们尝试、他们雄心勃勃,虽然是在一种非同寻常的意义上。对他们来说,动机就是个性发展、个性表达、成熟、发展；一句话,就是自我实现。这些自我实现者能够比常人更具有人类性吗？他们是否更能揭示人种的原始天性？他们在分类学的意义上更接近人类吗？要评判一个生物物种,是根据它的残缺、不正常、发展不完全的成员,还是根据它的完全归化、受到限制的以及被训练好的成员来进行？

4. 以问题为中心

我们的研究对象通常都强烈地把注意力集中在他们自身以外的问题上。用流行术语来说,他们是以问题为中心,而不是以自我为中心。他们自身对自己来说一般不是问题,他们一般也不太关切他们自己,例如,与在有不安全感的人身上发现的一般性内省形成对照。这些自我实现的人通常有一些人生的使命、一些有待完成的任务、一些他们自身以外的问题,这些占用了他们的大部分精力（Massarlk,1968；Frankl,1969）。这些任务未必是他们喜欢或自己选择的,这些可能是他们所感到的职责、义务或者责任。这就是为什么我们要采用"他们必须做的工作"而不采用"他们想要做的工作"的说法的原因。一般来说,这些任务是非个人或非自私性的,更确切地说,它们与人类的利益、民族的利益或家庭的少数几个人有关。除了几个例外,可以说,研究对象通常关心那些我们称之为哲学或伦理学问题的永恒话题和基本原理。这些人习惯于生活在可能的最宽广的参照系中,他们似乎永远不会只见树木不见森林。他们活动于其中的价值体系宽宏而不狭隘,是宇宙性的而不是区域性的,是以世纪为尺度的而不是权宜之计。总之,无论多么朴实,这些人都是在某一意义上的哲学家。

当然,这种态度对于日常生活的每个领域都具有意义。例如,我们最初研究的主要显著特点(如宽宏,脱离渺小、浅薄和褊狭)就可以归入这种更一般的态度的名下。他们超越琐事,视野和心胸开阔,生活在最开放的参照系里,笼罩着永恒的氛围,这些印象具有最大的社会以及人际关系的重要性,它仿佛传播了一种宁静感,摆脱了对紧迫事务的焦虑,而这使生活不仅对于他们自己并且对于那些与他们有联系的人都变得轻松了。

5. 超然独处

的确,我的所有研究对象都可以离群独处而不会伤害自己或者感到不适。而且,几乎所有的研究对象都比一般人更喜欢独处与隐居。内倾和外倾的两分法几乎完全不适合于这些人,我们在这里也不采用这种两分法;最有用的术语似乎就是"超然独处"(solitude)。

他们常常可以超然于物外,泰然自若地保持平静,而不受那些在其他人那里会引起骚动的事情的影响。他们发现远离尘嚣,沉默寡言,并且平静而安详是容易做到的。这样,他们对待个人的不幸也就不像一般人那样反应强烈。甚至在不庄重的环境与情境中,他们似乎也能保持尊严。也许,这部分地来自于他们的这样一种趋势:坚守自己对情境的诠释,而不依赖于别人的感觉或看法。他们的这种沉默也许会渐渐地转变为严峻和冷漠。

这一超然独处的特性可能也与其他某些品质有联系。首先,可以认为,我的研究对象比一般人更客观(在这个词的全部意义上)。我们已经看到,他们是更以问题为中心而不是以自我为中心的,甚至当问题涉及他们自己,以及他们的愿望、动机、希望或抱负时也是如此。结果是,他们有能力把注意力集中到常人不易达到的程度。他们强烈的专心致志又带来心不在焉这种副产品,这也就是轻视以及不在乎外在环境的能力。例如,他们具有熟睡的能力、不受干扰的食欲,在面对难题、焦点责任时,仍然能够谈笑风生。

在大多数的社会关系中,超然独处招来了一定的麻烦和难题。它很容易被"正常的"人们解释为冷漠、势利、缺乏感情、不友好甚至敌意。相比之下,一般的友谊关系更具依附性,更有所求,更欲求忠诚、赞赏、支持、温暖,更具排他性。的确,自我实现者并非在一般意义上需要他人。然而,既然被需要和被想念通常是友谊和诚挚的表现,那么显然,超然独处就不会轻易为普通人所接受。

自主的另一个含义是自我决定、自我管理、积极、负责、自我约束、有主见,而不是人云亦云、为他人左右,是成为强者而不是弱者。我的研究对象们自己下决心、自主拿主意,他们是自己的主人,对自己的命运负责。这是一种微妙的素质,难以用言语描述,但它却十分重要。这些人使我懂得了我以前理所当然地视为正常的现象,即许多人不用自己的头脑作决定,而是让推销员、广告商、父母、宣传者、电视、报纸等替他们作决定。这实际上是十分反常、病态、软弱的表现。这些人是供他人指挥的兵卒,而不是自己作决定、自己行动的人。结果他们动辄感到无助、软弱,由他人摆布。他们是强权的牺牲品、软弱的哀怨者,不是自我决定、对自己负责的人。对民主政治和经济来说,这种不负责的态度无疑是灾难性的。民主、自治的社会必须由自我行动、自我决定、自我选择的成员组成,他们具有自己的观点,是自己的主人,具有自由意志。

根据阿希(Asch,1956)和麦克里兰德(McClelland,1961,1964;McClelland and Winter,1969)做的大量实验,我们推测自我决定者约占人口的5%—30%,其比例的大小由不同的环境决定。在我自己的自我实现的研究对象中,100%的人是自我行动者。

最后,我要下一个结论,尽管它必将使许多神学家、哲学家和科学家感到不安:自我实现者较一般人拥有更多的"自由意志",更少宿命论。不管"自由意志"和"宿命论"这两个名词在实际应用中如何被定义,在这项调查中,它们是经验事实。进一步说,它们是程度性的概念,其内涵是可变的,它们不是总括一切的。

6. 自主性

在一定程度上相对于自然条件和社会环境的独立性,是贯穿于我们已描述过的大部分内容的自我实现者的特点之一。既然自我实现者是由成长性动机而不是由匮乏性动机推进的,那么,他们主要的满足就不依赖于现实世界、他人、文化或达到目的的手段,总之,是不依赖于外界来实现的。可以这样说,他们自己的发展和持续成长依赖于自己的潜力以及潜在的资源。正像树木需要阳光、水分和养料一样,大多数人也需要爱、安全以及其他基本需要的满足,而这种满足只能够来自外界。但是,一旦获得了这些外在的满足物,一旦人们内在的缺乏由外在的满足物所填补,个体的真正发展就开始了,这也就是自我实现的问题。

这种相对于环境的独立性意味着面临厄运、打击、剥夺、挫折等时的相对稳定。在可能促使他人去自杀的环境中,这些人也能保持一种相对的安详。由于这种情况,他们也可被称为"有自制力的"人。

受匮乏性动机促动的人一定要有其他人,因为他们的主要需要的满足的大部分(爱、安全、尊重、威信、归属)只能来源于他人。但是,由成长性动机推进的人实际上却有可能被他人妨碍。现在,对于他们来说,满足和美好生活的决定物是个体内在的,而不是社会性的。他们已变得足够坚强,能够不受他人的赞扬甚至自己情感的影响。荣誉、地位、奖赏、威信以及人们所能给予的爱,比起自我发展以及内在成长来说,都变得不够重要了。我们必须记住,要达到这种超然于爱和尊重的境界,最好的方法(即使并非唯一的方法),是在过去就被给予了同样的爱和尊重。

7. 清新的鉴赏力

自我实现者具有奇妙的反复欣赏的能力,他们带着敬畏、兴奋、好奇甚至狂喜、清新而又天真无邪地体验生命的基本内涵,而对于其他人,这些体验也许已经变得陈旧——威尔逊(C. Wilson,1969)称之为"新奇"的东西。对于自我实现者,每一次日落都像第一次看见那样美妙,每一朵花都温馨馥郁,令人喜爱不已,甚至在他见过许多花以后也是这样。他所见到的第一千个婴儿,也像他所见到的第一个那样令他惊叹不已。在结婚30年以后,他仍然相信他的婚姻的幸运;当他的妻子60岁时,他仍然像40年前那样,为她的美感到吃惊。对于这种人,甚至惯常的平淡生活中的琐事也会使他们激动、兴奋和入迷。这些强烈的感受并不常出现,它们只是偶然有之,但是在最难以预料的时刻到来。这个人可能已经是第十次摆渡过河,在他第十一次渡河时,又产生了第一次渡河时的强烈的感受,一种美感与激动(Eastman,1928)。

研究对象们在选择美的目标方面存在着一些区别。一些人主要是向往大自然,另一些人主要是爱孩子,还有几个人则一直是主要热爱伟大的音乐。但确实可以这样说:他们从生活的基本体验中得到了喜悦、鼓舞和力量。然而,他们中没有一个人能够从参加夜总会、得到一大笔钱或一次愉快的宴会中获得上述同样感受。此外,也许还可以加上一种特殊体验,对于我的几个研究对象来说,他们的性快乐,特别是性高潮提供的不仅是一时的快乐,而且还有某些基本力量的增强和复苏,有人从音乐或大自然中得到这种增强和复苏。关于这一点,我将在本章的"神秘体验"一节中做更多的说明。

很有可能,这种主观体验的浓烈是我们上面所讨论的、与新鲜具体的现实的紧密关系的一个方面。或许,我们所谓的体验中的乏味,只不过是一种结果,是由于把一个丰富的感知归类划分到一个或另一个类型或者框架中去的结果,而之所以把它归类,是因为已有证据表明,它不再具有优势、不再有用、不再有威胁性或与自我不再有关。色彩是与我们上面讨论的本质上新鲜具体的现实相连的一个方面。也许我们所说的陈腐的体验是停止以丰富的感觉去洞察这个或那个领域的结果,因为这些领域现在表明已不再具有优点、益处或者威胁性,要不然就是不能再把自我放入其中了(Bergson,1944)。

我越来越相信,对自身幸福的熟视无睹是人类罪恶、痛苦以及悲剧的最重要的非邪恶起因之一。我们轻视那些在我们看来是理所当然的事情,所以我们往往用身边的无价之宝去换取一文不值的东西,留下无尽的懊恼、悔恨和自暴自弃。不幸的是,妻子、丈夫、孩子、朋友在死后比生前更容易博得爱和赞赏。其他现象,如身体健康、政治自由、经济富足等也是如此。它们的真正价值只有在丧失后才被认识到。

8. 高峰体验

对于我们的研究对象来说,这些被称为神秘体验的主观体验,是相当普遍的体验。威廉·詹姆斯对此有过很好的描述。前一节谈到的那种强烈感情,有时变得强烈、骚动、弥漫开来,成为一种神秘体验。我对这一问题的兴趣和注意,首先是由我的几个研究对象引起的。他们用含糊而又通俗的措辞描述了他们的性高潮。我后来想起来,这些措辞曾被各类作者用来描述他们称为神秘体验的东西。有一些相同的感受:无限宽广的地平线在眼前展开、同时出现未曾有过的更有力和更无助的感受、极度的狂喜、迷茫、敬畏感、失落于时间与空间之中的感受,最后,意识到发生了非常重要和有价值的事情的感受。这样,在某种程度上,我的研究对象甚至在日常生活中也被这种体验所改变和提升。

断绝这些体验与任何神学的或超自然现象的联系是非常重要的,

尽管它们间的关联已有上千年之久。因为这是一种自然体验,很属于科学的势力范围,我把它称为高峰体验。

我们也可以从我们的研究对象那里了解到,这种体验能够以较弱的强度出现。神学作品一般地假定,在神秘体验与所有其他体验之间,有一种绝对的性质上的差异。一旦把它从超自然的背景中分离出来,作为自然现象来加以研究,就有可能把神秘体验看做在数量上是连续的,从强烈到温和。从而,我们可以发现,微弱的神秘体验在许多人那里,甚至可能在大多数人那里都会发生,并且,在它所钟情的人们那里,发生得更频繁,也许每天都会发生。

显然,强烈的神秘体验是一些巨大强度的体验,在其中有自我消失或自我超越,这些体验包括:以问题为中心、高度集中精力、献身行为、强烈的感官体验、对音乐或艺术的忘我、投入的欣赏,等等。

这一研究开始于1935年,自从那时以来,我已逐渐将注意力更多地集中在高峰者(peakers)与非高峰者(non-peakers)的区别上。很可能,两者之间只是程度与数量的差别,但这却是个非常重要的差别。它的一些后果在《Z理论》一文中我已作了详细的陈述。如果需要简单的总结,非高峰型的自我实现者似乎是讲究实际、追求实效的人,是成功地生活在这个世界中的中间变体(mesomorphs)。而高峰者除了上述情况外,似乎也生活在存在的王国中,生活在诗歌、审美、象征、超越的境界里,生活在神秘的、个人的、非机构性的"宗教"之中,生活在终极体验(end experiences)中。我预言这将是关键性的性格学上的"种类差别"(class differences)之一。这对于社会生活来说尤为重要,因为那些"健康的"非高峰型的自我实现者似乎更可能成为人类社会的改革者,成为政治家、社会工作者、改良者、领导者;而那些超凡脱俗的高峰者,则更可能去写诗、作曲、研究哲学、献身于宗教。

9. 人类亲情

总的来说,自我实现者对人类怀有一种很深的认同、同情和爱的感情。他们感受到亲情和关联,正因为如此,他们具有帮助人类的真诚愿望,就好像所有的人都是一个大家庭的成员。一个人对于兄弟的感情总体上是爱的感情,即使这些兄弟愚蠢、软弱或有时卑鄙,他们仍然比陌生人更容易得到宽恕。正因为如此,自我实现者有帮助人类的真诚愿望。

如果一个人的视野不够宽广深邃,那么他就可能体会不到这种与人类的认同感。自我实现者在思想、冲动、行为、情感上与其他人毕竟大不相同。在这些方面,在某些基本方式上,自我实现的人就像一个异乡中的异客,很少有人真正理解他,不管人们可能多么喜欢他。他经常为普通人的缺点而沮丧、气愤,甚至被激怒,虽然通常来说,这都是些不足挂齿的小事,但有时也会变成痛苦的不幸。有时,不管他们相距多远,他总是感到与这些人有一种内在的亲缘关系,并且,如果不是优越感,至少也会认为,他们能在许多事情上比别人做得更好,他们能看到别人看不到的事情,他们明了不为别人所知的真理。

10. 谦逊与尊重

我的研究对象无一例外地都可称为在最深刻意义上的民主的人。以前对于民主的和集权主义的性格结构的分析是这个观点的根据(Maslow,1943)。但这种分析过于复杂,这里不便重复,我们只可能简单地描述一下这种表现的某几个方面。这些人都具有显著或显现出来的民主特点。他们能够、也的确与任何性格相投的人友好相处,而无论其阶级、教育、政治信仰、种族或肤色情况如何。实际上,常常好像是,他们没有意识到这些区别,而这些区别对于普通人来说却是如此的明显和重要。

他们不仅具有这个最明显的品质,他们的民主感受也更为深厚。例如,他们觉得不管一个人有什么其他特点,只要某一方面比自己有所长,就可以向他学习。在这种学习关系中,他们并不试图维护任何外在的尊贵或者保持地位、年龄之类的优越感。甚至应该说,我的研究对象都具有某种谦逊的品质。他们都相当清楚,与可能了解的以及他人已经了解的相比,自己懂得太少了。正因为如此,他们才可能毫不装腔作势地向那些可以向其学习的、在某方面较自己有所长的人们表示真诚的尊重甚至谦逊。只要一位木匠是位好木匠,只要某人是自己行业中的行家里手,他们就会向他表示这种真诚的尊重。

必须把这种民主感情同缺乏对各种趣味的鉴别力、同不加分辨地把一个人等同于另一个人的做法做出细致的区分。这些研究对象本身就是杰出人物,他们选择的朋友也是杰出人物,但他们是性格、能力、天赋上的杰出人物,而不是出身、种族、血统、家族、家庭、寿命、青春、声誉或权力方面的杰出人物。

自我实现者有一种难以琢磨的最深奥也最模糊的倾向:只要是一个人,就给他一定程度的尊重,甚至对于恶棍,他们似乎也不愿超越某种最低限度去降低、贬损或侮辱其人格。然而这一点与他们强烈的是非、善恶观是共存的。他们更可能,而不是更不可能挺身抗击邪恶的人和行为。对于邪恶引起的愤怒,他们不会像一般人那样表现得模棱两可、不知所措或者软弱无力。

11. 人际关系

自我实现者比其他成年人(虽然不一定比儿童的更深刻)具有更深刻和深厚的人际关系。他们比一般人具有更多的交融、更崇高的爱、更完美的认同、更多消除自我界限的能力。然而,他们的这些人际关系有一些特殊的特点。首先,我观察到,这些关系的另一方倾向于比一般人更健康,更接近(常常是非常接近)自我实现者。考虑到在全体人群中这种人所占的比例之小,这里有着很高的选择标准。

这种现象,以及其他一些现象的结果就是:自我实现者与少数一些人有着这种特别深刻的联系。他们的朋友圈相当小,他们深爱的人在数量上是很少的,其原因部分在于,以这种自我实现风格去亲密接触别人似乎需要占用很多时间。忠诚不是一时的事情。一位研究对象对此这样说:"我没有时间交许多朋友,也就是说,如果要交真正的朋友,是不可能同时交很多的。"这种排他主义的忠诚的确能够与普遍的人类温情、仁慈、爱和友谊(正如上面所描述)共存。这些人倾向于对几乎所有人和蔼,或至少对他们都有耐心。他们对儿童有一种特别温柔的爱,并且易为他们而有所感触。在一种非常真实的、特殊的意义上,他们爱或者更确切地说同情整个人类。

这种爱并不意味着缺乏鉴别能力。事实上,他们的确也能够以现实而严厉的口吻谈及那些相应的人,特别是那些伪善、狂妄自大、自命不凡或自吹自擂的人。然而,这种实际的低评价甚至在与这类人面对面地接触时也并非总是表现出来。有段话大致可以对此现象做出解释:"大多数人毕竟没有什么了不起,但他们本来有可能很了不起。他们犯各种愚蠢的错误,以致感到极为痛苦,但仍不明白他们本意是好的但为何会落得这个结果。那些令人不愉快的人往往付出深深的痛苦的代价。他们应该受到怜悯而不是攻击。"

也许,可能最简捷的描述是,他们对别人的敌意反应是:(1)他们活该如此,(2)这是为被攻击者或另一个人好。按照弗洛姆的意思,他们的敌意的基础并不是源于性格,而是反应性或情境性的。

我已掌握其材料的那些研究对象还一致表现出另一个特点,在此也不妨一提,这就是,他们至少吸引一些钦佩者、朋友甚至信徒、崇拜者。自我实现者与他的钦佩者们之间的关系往往是一厢情愿的。钦佩者们要求的总是多于被钦佩者愿意给予的。而且钦佩者们的热心常常使被钦佩者为难、苦恼甚至厌恶,因为他们常常超越通常的界限。情况总是这样:当被迫建立这种关系时,我们的研究对象通常是好心和愉快的,但是,一般都会尽可能有礼貌地回避那些钦佩者。

12.道德

在我的研究对象中,没有发现谁在区分自己实际生活中的是非时会长期没有把握。不管他们能否用言词将这种状态表达清楚,他们很少在日常生活中表现出混乱、疑惑、自相矛盾或者冲突,而这些在普通人处理道德问题时是很常见的。可以这样说,这些人的道德力量很强,有明确的道德标准,他们只做正确的而不是错误的事。不用说,他们的是非概念往往是不合习俗的。

D·列维博士曾提出一个表达我所描述的这个品质的方法,他指出,若在几个世纪之前,这些人会被称为是与上帝同道或神圣的人。他们中的一些说他们信仰一个上帝,但他们把上帝描绘成一个形而上学的概念,而不是一个有形的人物。如果仅从社会行为的角度来解释宗教,那么这些人,包括无神论者,都属于宗教信仰者。但如果我们更为保守地使用"宗教"这个术语,来强调超自然的因素和传统的宗教观念(这当然是更为普遍的用法),那么我们的答案就是截然相反的——他们当中几乎无人信仰宗教。

13.手段与目的

自我实现者的行为几乎总是表现得手段与目的的界线泾渭分明。一般地说,他们关注于目的,手段则相当明确地从属于目的。然而,这种说法过于简单。我们的研究对象经常将对其他人说来只是达到目的的手段的经历和活动视为目的本身,这就使情况复杂得多了。他们较常人更有可能纯粹地欣赏"做"本身;他们常常既能够享受"到达"的乐趣,又能够欣赏"前往"本身的愉快。他们有时还可能将平时最为不起眼的活动变成一场具有内在欢乐的游戏、舞蹈或者戏剧。韦特海默曾指出，大多数孩子非常富有创造性，他们具有将某种老套的程序、机械呆板的过程（例如，在他的一个实验中，把书从一个书架搬到另一个书架上去）转变成某种有序、有趣的游戏的能力，他们通过遵循一定的系统方法或韵律来达到这种效果。

14. 幽默感

一个相当早的发现表明，自我实现者的幽默感不同于一般类型。由于这一特点为我的研究对象所共有，当时很容易就被发现了。对于一般人感到滑稽的事情，他们并不感到如此。因而，恶意的幽默（以伤害某人来逗笑大家）、体现优越感的幽默（嘲笑他人的弱点）、反禁忌性的幽默（硬充滑稽的猥亵的笑话）都不会使他们感到开心。他们的幽默的特点在于：常常是更紧密地与哲理而不是与其他东西相联系。这种幽默也可以称为真正的人的幽默，因为它主要是笼统地取笑人类的愚蠢、得意忘形或者妄自尊大。这种幽默有时以自嘲的形式出现，但自嘲者不会表现得像个受虐狂或者小丑。林肯的幽默就是一个范例。林肯很可能从来没有开过伤害他人的玩笑，他的许多甚至绝大部分玩笑都有某种意味，远不止仅仅引人发笑。类似于寓言，它们似乎是一种更有趣味的教育形式。

如果简单地以开玩笑的数量为根据，我们的研究对象可以说不如普通人那样幽默。在他们当中，富有思想性、哲理性的幽默比普通的双关语、笑话、妙语、揶揄和开心的巧辩更为常见。前者所引起的往往是会心的微笑而不是捧腹大笑。它内在于当时的具体情境而不是强加于这个情境，它是自发的而不是事前策划的，并且往往无法重复。由于一般人习惯于笑话故事和逗人发笑的材料，因此，他们也就很自然地认为我们的研究对象过于严肃庄重。

这类幽默会有很强的感染力。人的境遇、人的骄傲、严肃、奔波、忙碌、野心、努力、规划都可以被看成是有趣、诙谐甚至可笑的。我是一度置身于一间摆满"活动艺术"作品的房间中之后才对这种幽默感恍然大悟的。在我看来"活动艺术"作品以它的喧嚣、动荡、混乱、奔忙、劳碌以及这一切的茫无目的对人生幽默地进行了讽刺。这种幽默感也影响到专业性工作本身，在某种意义上，这些工作也是一种游戏，在严肃对待的同时，也可以有一些轻松。

15．创造性

这是我们研究或观察的所有研究对象的普遍性特点，无一例外（详见本书第13章"自我实现者的创造性"）。每个人都以某种方式显示出具有某些独特的创造力或独创性。本章后半部分的讨论可以使这些独到之处得到较为完整的理解。但有一点要强调，自我实现型的创造力与莫扎特型的特殊天赋的创造力是不同的。我们不妨承认这个事实：所谓的天才们显示出我们难以理解的能力。总之，他们似乎被专门赋予了一种冲动和能力，而这些冲动和能力与该人人格的其余部分关系甚微，从全部证据来看，是该人生来就有的。我们在这里不考虑这种天赋，因为它不取决于心理健康或基本需要的满足。而自我实现的创造力似乎与未失童贞的孩子们的天真的、普遍的创造力一脉相承。它似乎是普遍人性的一个基本特点——是所有人与生俱来的一种潜力。大多数人随着对社会的适应而逐渐丧失了它，但是有少数人似乎保持了这种以新鲜、纯真、率直的眼光看待生活的方式，或者先是像大多数人那样丧失了它，而后在生活中又失而复得。桑塔亚那（Santayana）把这称作"第二次纯真"，这是很恰当的说法。

这种创造力在我们的一些研究对象身上并不是以著书、作曲、创造艺术作品这些通常形式体现出来的，相反，它可能要普通得多。这种特殊类型的创造力作为健康人格的一种表现，仿佛是映射在世界上的投影，或者，又仿佛为这个人的活动涂上了一层色彩。从这个意义看，可以有富有创造力的鞋匠、木匠或职员。一个人会以源于自己的性格天性的某种态度、精神来做任何一件事。一个人甚至能像儿童一样富有创造性地观照世界。

在这里，为了讨论的方便，我将这个特性单独提出，仿佛它与那些在它之前或之后的特性是彼此分离的，然而事实并非如此。也许，我们现在讨论创造力时，只是在从结果的角度来描述我们前面称之为更加新颖、更具洞察力和更有效的感知。这些人似乎更容易看到真实的、本质的东西。正因为如此，他们相对于那些更狭隘的人更具有创造力。

并且，我们已经看到，这些人更少拘谨、更少受束缚、更少受限，一句话，更少为文化所同化。用积极的术语来表达就是：他们更自然、更具自发性和人性。别人在他们身上看到的创造力也是这一点引出的结果之一。如果我们能像在儿童研究中那样，假设所有的人都曾经是自发的,并且在他们的最深层本质上仍然如此,但他们除了这种内在的自发性外还有一整套表层的但强大的约束,那么这种自发性肯定会受到控制,不会出现得过于频繁。假如没有扼杀力量,我们也许就能够认为每个人都会显示出这种特殊类型的创造性（Anderson,1959；Maslow,1958）。

16. 对文化适应性的抵抗

从对文化的认可和文化认同这个单纯的意义上说,自我实现者都属于适应不良。虽然他们在多种方面与文化和睦相处,但可以说他们全都在某种深刻的、意味深长的意义上抵制文化适应,并且在某种程度上内在地疏远于他们沉浸于其中的文化。由于在关于文化与人格的文献中极少谈及抵制文化整合的问题,由于像里斯曼（Riesman）已明确指出的那样,拯救残留文化对于美国社会十分重要,这样,甚至于我们并不充足的资料也显得比较重要了。

总的看来,这些健康人与远不如他们健康的文化的关系是非常复杂的,其中至少可归纳出以下一些成分:

（1）在我们的文化中,所有这些人在选择服装、语言、食品以及做事的方式时,都同样囿于显然的习俗的限制。然而他们并不真正传统,当然更非赶时髦。表现出来的内在态度通常是这样的:一般来说,社会上流行哪些习俗对于他们并没有多大妨碍,换一套规则也未尝不可。虽然它们使生活舒适了些,但不值得小题大做。这里,我们又一次看到这些人的一个普遍倾向:接受大部分他们认为不重要、不可改变或对他们个人没有根本性关系的事情。由于我们的研究对象对鞋子和发型的选择,或对在晚会上的礼貌、举止不大关注,别人往往会对他们无可奈何。这不是道德上的问题。但是,既然这种勉强的接受并不是热情的认同,他们对于习俗的服从就往往是草率敷衍的,或者简捷行事以求干脆、坦率、节省精力,等等。在必要的时候,当遵从习俗变得过于恼人或代价过于昂贵、表面的习俗暴露出了它那浅薄的面目之时,他们就会像抛开肩上的斗篷一样轻易地抛开它。

（2）从青春期或狂热的意义上说,这些人几乎无一可称为权威的反叛者。虽然他们不断地因不公正而爆发出愤怒,但他们对于文化并不显出主动的不耐烦或者不可出现的、长期不断的不满,他们并不急于改变它。我的一个研究对象年轻时是个狂热的反叛者,他组织了一个工会,而当时这是一个非常危险的工作,现在他已厌恶而绝望地放弃了这一切。由于他变得习惯于(这个文化和时代中)社会变革的缓慢,他最终转向了对青年的教育。其余的人表现了某种对文化进步的冷静、长期的关心。这在我看来意味着承认变革的缓慢以及这种变革的毋庸置疑的益处和必要性。他们的这种情况绝非缺乏斗争性。当急速的变革成为可能时,这些人可以立即表现出果断和勇气。虽然他们在一般意义上并不属于激进派,但是我认为他们具有转向激进派的很大可能。首先,他们是一群知识分子(别忘了是谁选择了他们),其中大多数人已有了自己的使命,并且认为自己在为改良社会进行真正重要的工作。其次,他们是现实的,似乎不愿去做巨大的、但无谓的牺牲。在真正斗争激烈的情况下,他们十有八九要放弃自己的工作而参加激烈的社会活动(例如,德国和法国的反纳粹地下活动)。我觉得,他们反对的不是斗争而是无效的斗争。在讨论中经常出现的另一点是关于享受生活、过得愉快的希望。这一点与全力以赴的狂热的反抗几乎是不相容的。而且,在他们看来,后者牺牲过大,为获得预期的微小的成果而付出的牺牲太大。他们大多数人在青年时期都有斗争的经历,都有急躁、热情的插曲,现在大都懂得,对于急速变革持乐观态度是没有根据的。他们这些人作为一个整体致力于以一种能被认可的、冷静的态度、愉快的日常努力从内部去改良文化,而不是排斥它、从外部去反对它、与之较量。

(3)与文化相分离的内在感受不一定是有意识的,但是几乎出现在所有研究对象身上,尤其在讨论作为整体的美国文化时,在同其他文化进行各种各样的比较时更是如此。实际上,他们似乎经常疏远它,仿佛他们不属于这种文化。钟爱和敌意、赞同和批评的不同比例的混合,表明了他们依靠自己的眼光从美国文化中选择好的东西、拒斥坏的东西的情况。总之,他们对文化进行权衡、分析、辨别,然后做出自己的决定。这种态度的确与一般的消极顺从于文化塑造大不相同,后者可在许多有关集权主义人格的研究中,在具有民族中心主义的研究对象身上发现。它也不同于对一个毕竟是相对来说较好的文化的完全排斥,较好的相对于实际存在的其他文化而言,而不是相对于幻想中的理想天国而言。我们的研究对象疏离于他人,喜欢独处(前面对此已有描述),对熟悉的和习惯的事物的需要及偏爱不像一般人那样强烈,这些情况或许都体现了他们独立于文化的特点。

（4）由于种种原因,他们可以称为有自主性的人,即他们受自己的个性原则而不是受社会原则的支配。正是在这个意义上,他们不仅仅是或不单纯是美国人,而且广义地说,他们比其他人在更大程度上属于人类的成员。假如刻板地去理解,说这些人高于或超越了美国文化就会引起误会,因为他们毕竟讲美国话、有美国人的行为方式和性格等。如果我们把他们同过分社会化（oversocialized）、行为机器化（robotized）或者种族中心主义相比较,我们就会情不自禁地去假定:这个研究对象群体不仅仅是另一个亚文化群体,它更少文化适应、更少平均化（less flattened out）、更少模式化。这里有个程度问题,他们处在一个连续统一体之中,这个连续统一体是按照从对文化的相对接受到与文化的相对分离的顺序排列的。如果这个假定可以站得住脚,我们至少能够从它再推出一个假设:在不同文化中较他人在更大程度上独立于自己文化的人们,不仅其民族性应该较弱,而且彼此之间在某些方面的相似程度应该高于本社会中发展不充分的同胞。

总而言之,观察结果表明,相对健康的人有可能在美国文化中产生。这就回答了"在有缺陷的文化中做一个健康人或好人是否可能?"这样一个老问题。这些相对健康的人们凭借内在的自主与外在的认可之间的复杂结合得以生存,当然,其前提必须是,这种文化能够容忍拒绝完全文化认同的独立性。

这当然不是理想的健康。显然,我们不完美的社会一直把约束和限制强加于我们的研究对象。这些约束和限制,使他们不得不保留自己的一些秘密。他们越是保留自己的一些秘密,他们的自发性就越是减少,他们的某些潜能就越是不能实现。既然在我们的文化中（或许在任何文化中）只有很少人能够达到健康,那么这些达到健康的人就会具有他们自己独特的孤独感,从而较少自发性,较少潜能的实现。[①]

17. 不完美性

小说家、诗人和散文作家们常犯的错误,是把一个好人写得过分好,以至于把他漫画化了,结果使大家都不愿意做这种人。人们把自己对完美的希望以及对自己缺点的罪恶感和羞愧,投射在各种各样的人

[①] 感谢特拉·丹波博士在这一问题上对我的帮助。

物身上，普通人对他们的要求远比对自己的要求更多。因此，教师和牧师通常被认为是没有欢乐、没有世俗的欲望和弱点。我认为大多数试图描写好人（健康人）的小说家把这些好人塑造成自命不凡的讨厌鬼、提线木偶或者不真实理想的虚假投影，而不是还他们以本来面目：身体强健、精神饱满、充满活力的个体。我们的研究对象会表现出人类的许多小缺点。他们也有愚蠢的、挥霍的或粗心的习惯。他们会显得乏味、固执、令人气愤。他们并没有摆脱浅薄的虚荣心和骄傲感，特别是涉及他们自己的作品、家庭或孩子时更是如此。他们发脾气也并不罕见。

我们的研究对象偶尔会表现出异常的、出乎意料的无情。必须记住，他们是非常坚强的人，在需要的时候，他们能以超乎常人的能力表现出一种外科医生式的冷静。假如发现自己长期信任的人不诚实，他们就会毫不惋惜地中断这种友谊，而并不感到痛苦。一个与自己并不爱的人结婚的妇女，在决定离婚时表现出的果断几乎近于残忍。他们中的一些人能从哀悼亲友死亡的情绪中如此迅速地恢复过来，以致显得有些无情。

这些人不仅坚强，而且不为大众舆论所左右。有一次，当一位妇女在一次聚会上被介绍给他人时，她因对方乏味的俗套而非常愤怒，因而有意让自己的言行使对方感到震惊。也许有人会说，她这样做未尝不可，但人们不仅会对她本人而且会对主持聚会的主人采取完全敌对的态度。虽然我们这位研究对象想要对这些人疏远，但男女主人却并不想这样做。

我们可以再举一个主要是源于研究对象专注于非个人世界的例子。当他们全神贯注或者陶醉于自己的兴趣时，当他们高度专注于某个现象或问题时，他们可能变得对周围事情心不在焉、毫无幽默感，忘记了他们一般的社交礼貌。在这种情况下，他们不喜欢聊天、逗乐、聚会等的特点往往表现得更加明显。他们的言行可能使人感到很痛苦、震惊、羞辱或者感情受到伤害。其他令人不快的（至少在别人看来）后果上面已经列举过。

甚至他们的仁慈也能使他们犯错误，例如，出于怜悯心而与某人结婚，在与神经症患者、不幸的人和大家讨厌的人的相处中陷得太深而事后又感到后悔，有时为无赖行骗开了方便之门，由于给出的东西超出了应有的范围从而间或鼓励了寄生虫和精神变态者,等等。

最后,前面已指出,这些人也有罪恶感、焦虑、沮丧、自责、内心的矛盾和冲突。这些现象并非源于神经症,然而,今天大多数人(甚至包括大多数心理学家)却无视这一事实,往往只根据以上现象就认为这些人不健康。

我想,这种情况给我们的教诲是,我们大家都应明白:金无足赤,人无完人。其实,好人、非常好的人,乃至伟人都是可以找到的。事实上确实存在着创造者、先知、哲人、圣人、巨人和实干家。即使这些人十分罕见、凤毛麟角,也给人类的未来带来了希望。然而,就是他们也会不时流露出易怒、暴躁、乏味、自私或沮丧等弱点。为了避免对人性失望,我们必须首先放弃对人性的幻想。

18. 价值

自我实现者以哲人的态度接受他的自我、接受人性、接受大部分社会生活、接受自然和客观现实,这自然而然地为他的价值系统提供了坚实基础。这些接受性价值,在整个日常的个人价值判断中占很大一个比例。他所赞成或不赞成的、他所忠于的、他所反对的或建议的、他所高兴的或不高兴的,往往都可以被理解为是这种接受性的潜源特质的表面衍生物。

自我实现者的内在动力不仅自然地无一例外地为他们提供了这种基础(因此至少从这个意义上看,充分发展的人性可能是普遍性、跨文化的),同样的动力也提供了其他决定因素。这些决定因素包括:(1)他们与现实的特别适意的关系;(2)他们的人类亲情感;(3)他们的基本上得到满足的状态,并最终从中产生了各种富余、富足、充溢的结果;(4)他所特有的对于手段和目的的区分,等等。

对待世界的这种态度及其实践所产生的一个极为重要的后果就是:在生活的许多领域,冲突、斗争以及选择时的犹豫和矛盾减弱或消失了。很明显"道德"很大程度上是不接受或不满意的副现象。在一种异教徒的气氛里,许多问题似乎没有道理,并且淡化了。其实,与其说解决了这些问题,不如说把它们看得更清楚了,它们首先就从来不是一些内在固有的问题,而只是一些"病态的人制造的"问题,例如,打牌、跳舞、穿短裙、(在某些教堂里)接受祝福或(在其他教堂里)不接受祝福、喝酒、只吃某些肉类或只在某些日子里吃肉。对于自我实现者而言,不仅这些琐事变得不重要了,而且整个生命进程在一个更重要的水平上继续发展,例如,两性关系、对身体构造及其功能的态度、对死亡本身的态度等。

　　对于这种发现的更深层次的探索使笔者想到,被视为道德、伦理和价值的许多其他东西,可能是一般人普遍心理病态的副产品。一般人被迫在许多冲突、挫折和威胁中做出某种选择(价值就在选择中表现出来),而对于自我实现者,这些冲突、挫折和威胁都消失或者解决了,就像关于一个舞蹈的争论会平息一样。他们觉得,似乎是不可调和的两性斗争不再是斗争,而是愉快的协作,成人与儿童的利益其实根本没有那样强的对抗性。对他们来说,不仅异性间和不同年龄间人的不和是如此,天生的差异、阶级、种性的差异、政治的差异、不同角色间的差异、宗教差异等也是如此。我们知道,这些差异都是焦虑、惧怕、敌意、攻击性、防御和嫉妒的肥沃的温床。但现在看来,它们似乎并非必然如此,因为我们的研究对象对于差异的反应就很少属于这种不值得追求的类型。他们更倾向于享受差异,而不是害怕它们。

　　师生关系就是一个明显的范例。我们的研究对象中的教师的行为方式非常健康,这是因为他们对这种关系的理解不同于一般人。例如,他们将它理解为愉快的合作,而不是意志、权威、尊严等的冲突。他们以自然的坦率代替了做作的尊严,前者很不容易受到威胁,而后者很容易甚至不可避免地要受到冒犯;他们并不试图做出无所不知、无所不能的样子,也不搞威吓学生的权威主义;他们并不认为学生间、师生间的关系是竞争关系,他们也不会摆出教授的架子,而是保持像木匠、管道工一样普通人的本色;所有这一切创造了一种没有猜疑、小心翼翼与防御,没有敌意和担心的课堂气氛;在婚姻关系、家庭关系以及其他人际关系中也同样如此,当威胁减弱时,这些类似的对威胁的反应往往也就消失了。

　　绝望的人和心理健康的人的原则和价值观至少在某几个方面是不相同的。他们对于自然界、社会以及自己隐蔽的心理世界的感知(理解)有着深刻的区别,对这种感知(理解)的组织和有效利用部分地是这个人的价值系统的责任。对于基本需要满足匮乏的人来说,周围世界是个危险的地方,一片丛林、一个敌占区,其中的居民一部分可受他们控制,另一部分是控制他们的。就像任何丛林居民的价值体系,他们的价值体系不可避免地受低级需要、特别是生理需要和安全需要的支配和组织。基本需要得到满足的人则不同，由于基本需要的充分满足，他能够把这些需要及其满足看得无所谓，并全力以赴地追求更高级的满足。这就是说，两者的价值体系不同，事实上也必然不相同。

在已经自我实现了的人的价值系统中，其最高部分是绝对独一无二的，它是个人独特的性格结构的体现。这种情况非常清楚、不容置疑，因为自我实现就是实现一个自我，而没有两个自我是完全相同的。只有一个雷诺阿（Renoir），一个勃拉姆斯（Brahms），一个斯宾诺莎。我们已经看到，我们的研究对象有很多相同之处，但同时个体化的程度却又更高。他们更加鲜明地成为他们自己，他们也不像任何常人对照组的成员那样容易彼此互相混淆，也就是说，他们之间同时非常相似但又迥然不同。他们同迄今描述过的任何一类人相比，都有着更加彻底的个体化，同时又有着更加完全的社会化，有着对人类的更深刻的认同。他们同时既更接近于他们的人类族群共性，又更接近于他们的独特的个体性。

19. 二分法的消解

至此，我们终于可以允许自己归纳和强调一个非常重要的、可由对自我实现的人的研究得出的理论上的结论。在本章以及其他章节中，有好几处断定，过去认为是截然相反、对立或一分为二的东西，其实只对不健康者存在。在健康者看来，这些一分为二的问题已经解决，对立已经消失，许多过去认为是内在对立的东西合并和结合为统一体。

例如，在健康者身上，心与灵、理性与本能或认知与意动之间由来已久的对立消失了，它们的关系由对抗变成协作，它们之间的冲突消失，因为它们表达的是同样的意思，得出的是同样的结论。一句话，在健康者身上，欲望与理性相互吻合，天衣无缝。圣奥古斯丁说"挚爱上帝，为所欲为"这句话可以恰当地解释为"做健康者，为所欲为"。

在健康人身上，自私与无私的二分法消失了，因为他们每一个行动从根本上看既是利己又是利他。我们的研究对象既有高尚的精神生活，又非常不受约束，喜爱声色口腹之乐，以至于性成为通向精神和"宗教"之路。当责任同时也是快乐、工作等于消遣时，当履行职责并且讲求实效的人同时也在寻求快乐，而且的确非常愉快时，职责与快乐、工作与消遣也就不再相互对立了。假如最社会化的人本身也最个体化,假如最成熟的人同时又不失孩子的天真和诚实,假如最讲道德的人同时生命力又最旺盛、欲望最强,那么继续保持这些区别还有什么意义?

关于以下对立我们也有同样发现,这些对立包括:仁慈与冷酷、具体与抽象、接受与反抗、自我与社会、适应与不适应、疏离他人和认同他人、严肃与幽默、认真与随便、庄重与轻浮、酒神与太阳神、内倾与外倾、循规蹈矩与不合习俗、神秘与现实、积极与消极、男性与女性、肉欲与爱情、性爱与基督之爱等。对于这些人,本我、自我和超我是互相协作的,它们之间并不发生冲突,它们的利益也无根本分歧,而神经症患者则恰好相反。他们的认知、意动和情感结合成一个有机统一体,形成一种非亚里士多德式的互相渗透的状况。高级需要和低级需要的满足不是相互对立,而是趋向一致,许多个重要的哲学两难推理都被发现有两种以上的解答,或者根本没有答案。假如两性之间的冲突在成熟的人那里根本不存在,而仅仅是成长中的阻碍或缺陷的征兆,那么谁还愿意选择这种冲突呢?谁会慎重地、有意地选择心理病理状态?当我们发现健康的女性同时既好又坏时,我们还有必要在仿佛是相互排斥的、女性的好与坏之间做出选择吗?

就像在其他方面一样,健康人与普通人之间的区别不仅在程度上,而且在类型上都是如此之大,以至于他们导致了两种截然不同的心理学。我们越来越清楚地看到,研究有缺陷、发育不全、不成熟和不健康的人只会产生残缺不全的心理学和哲学,而对于自我实现者的研究,必将为一个更具普遍意义的心理科学奠定基础。

课文导读

本文选自亚伯拉罕·马斯洛《动机与人格》(许金声等译,中国人民大学出版社,2007年),略有删节。

亚伯拉罕·马斯洛(Abraham Maslow,1908—1970),美国人本主义心理学家,被称为"人本心理学之父"。马斯洛出生于纽约,父母是俄国犹太移民,他是家中七个孩子的老大。他从小热爱学习,智力超群。在由著名心理学家桑代克主持的一项智商测试中,马斯洛曾得到195分的高分。《动机与人格》是马斯洛最重要的著作之一。

马斯洛被称为先驱、梦想家、科学哲学家和乐观主义者。他的心理学研究为两个重要思潮奠定了基础：人本心理学和后人本心理学。他一生致力于探索全面、丰富而复杂的人性，而不是把人性限制在机械论或病态的模式中。在他之前的心理学，多关注不健康的人、精神病人，马斯洛则把他的一生献给了对他所认为的心理健康的人的研究。他向心理学提出了对于所有人都是核心的问题：做一个好的人类成员是什么意思？是什么造就了快乐的、有创造性的人类？他发现，处于积极健康状态的人所具有的机能，不同于处于匮乏状态中的人的机能。他认为"人类历史上，人性一直都被低估了。人性中最高的可能性实际上总是被低估。"他提出的自我实现理论，开拓了心理学研究的一片诱人领域，极大地鼓励了人们对人性的信心，吸引越来越多的人对人类达到的最高可能性进行探索。据说，某一个夏天，马斯洛与妻子一起沿着加利福尼亚海岸开车去度假。路上因故耽搁，不得不借宿一家汽车旅馆。当他们走进一幢老旧的房子时，发现里面有一群人正在阅读马斯洛新出版的《存在心理学探索》。马斯洛思想的影响由此可见一斑。

　　本文是对马斯洛长期调查和研究的自我实现者的素质和特征的具体描述，包括对现实的感知、接受性、自发性、超然独处、高峰体验、幽默感、创造性等。在他看来，自我实现可以描述为充分利用和开发天资、能力、潜能等，"这样的人似乎是在实现他们自己、最淋漓尽致地从事着他们力所能及的工作"。他也指出，自我实现的研究对象并不是完美的人，他们有各种缺点。

思考题

　　一、请列举至少四条自我实现的人的主要特征。结合本文比照自己，你具备自我实现者的哪些特征？

　　二、自我实现者并非完美的人，无论在现实中还是文艺作品中，都很难找到符合文中所列全部条件的自我实现者的完美范例。然而，我们的确不难发现符合部分条件的堪称楷模的人，你能举出身边或文艺作品中的符合自我实现者部分条件的人物作为例子吗？

第三十二课　致诸弟·明师益友虚心请教

曾国藩

诸位贤弟足下：十月廿一，接九弟在长沙所发信，内途中日记六页，外药子一包。廿二接九月初二日家信，欣悉以慰。

自九弟出京后，余无日不忧虑，诚恐道路变故多端，难以臆揣。及读来书，果不出吾所料，千辛万苦，始得到家，幸哉幸哉！郑伴之下不足恃，余早已知之矣。郁滋堂如此之好，余实不胜感激！在长沙时，曾未道及彭山屺。何也？

四弟来信甚详，其发愤自励之志，溢于行间；然必欲找馆出外，此何意也？不过谓家塾离家太近，容易耽搁不如出外较净耳。然出外从师，则无甚耽搁，若出夕做书，其耽搁更甚于家塾矣。且苟能发奋自立，则家塾可读书，即旷野之地，热闹之场，亦可读书，负薪牧豕①，皆可读书。苟不能发奋自立，则家塾不宜读书，即清净之乡，神仙之境，皆不能读书。何必择地，何必择时，但自问立志之真不真耳。

六弟自怨数奇②，余亦深以为然；然屈于小试，辄发牢骚，吾窃笑其志之小而所忧之不大也。君子之立志也，有民胞物与之量，有内圣外王之业，而后不忝于父母之所生，不愧为天地之完人。故其为忧也，以不如舜不如周公为忧也，以德不修学不讲为忧也。是故顽民梗化则忧之。蛮夷猾夏则忧之，小人在位贤人否闭则忧之，匹夫匹妇不被己泽则忧之。所谓悲天命而悯人穷，此君子之所忧也。若夫一体之屈伸，一家之饥饱，世俗之荣辱得失，贵贱毁誉，君子固不暇忧及此也。六弟屈于小试，自称数奇，余窃笑其所忧之不大也。

盖人不读书则已，亦既自名曰读书人，则必从事于《大学》。《大学》之纲领有三，明德、新民、止至善，皆我分内事也。若读书不能体贴

---

① 负薪：背柴，相传汉代朱买臣背着柴草时还刻苦读书。牧豕：放猪。相传汉代承宫一边放猪，一边还在听讲解经书。

② 数奇：这时指命运不好，遇事不利。

到身上去,谓此三项,与我身毫不相涉,则读书何用?虽使能文能诗,博雅自诩,亦只算识字之牧猪奴耳,岂不谓之明理有用之人也?朝廷以制艺取士,亦谓其能代圣贤立言,必能明圣贤之理,行圣贤之行,可以居官莅民,整躬率物也。若以明德、新民为分外事,则虽能文能诗,而于修己治人之道皆茫然不知,朝廷用此等人作官,与用牧猪奴作官,何以异哉?

然则既自名为读书人,则《大学》之纲领皆己身切要之事明矣。其条目有八,自我观之,其致功之处,则仅二者而已:曰格物,曰诚意。格物,致知之事也。诚意,力行之事也。物者何?即所谓本末之物也。身心意知家国天下,皆物也。天地万物,皆物也。日用常行之事,皆物也。格者,即物而穷其理也。如事亲定省,物也。究其所以当随行之理,即格物也。事兄随行,物也。究其所以当随行之理,即格物也。吾心,物也。究其存心之理,又博究其省察涵养以存心之理,即格物也。吾身,物也。究其敬身之理,又博究其立齐坐尸以敬身之理,即格物也。每日所看之书,句句皆物也。切己体察,穷究其理,即格物也。此致知之事也。所谓诚意者,即其所知而力行之,是不欺也。知一句便行一句,此力行之事也。此二者并进,下学在此,上达亦在此。

吾友吴竹如格物工夫颇深,一事一物,皆求其理。倭艮峰先生则诚意工夫极严,每日有日课册。一日之中,一念之差,一事之失,一言一默,皆笔之于书,书皆楷字。三月则订一本,自乙未年起,今三十本矣。盖其慎独之严,虽妄念偶动,必即时克治,而著之于书,故所读之书,句句皆切身之要药。兹将艮峰先生日课,钞三页付归,与诸弟看。

余自十月初一日起,亦照艮峰样,每日一念一事,皆写之于册,以便触目克治,亦写楷书。冯树堂与余同日记起,亦有日课册。树堂极为虚心,爱我如兄,敬我如师,将来必有所成。余向来有无恒之弊,自此次写日课本子起,可保终身有恒矣。盖明师益友,重重夹持,能进不能退也。本欲抄余日课册付诸弟阅,因今日镜海先生来,要将本子带回去,故不及钞。十一月有折差,准抄几页付回也。

余之益友,如倭艮峰之瑟僩①,令人对之肃然。吴竹如、窦兰泉之精义,一言一事,必求至是。吴子序、邵蕙西之谈经,深思明辨。何子贞

---

① 僩:胸襟开阔。

之谈字,其精妙处,无一不合,其谈诗尤最符契①。子贞深喜吾诗,故吾自十月来,已作诗十八首,兹抄二页付回,与诸弟阅。冯树堂、陈岱云之立志,汲汲不遑,亦良友也。镜海先生,吾虽未尝执贽②请业,而心已师之矣。

吾每作书与诸弟,不觉其言之长,想诸弟或厌烦懒看矣。然诸弟苟有长信与我,我实乐之,如获至宝,人固各有性情也。

余自十月初一起记日课,念念欲改过自新;思从前与小珊有隙,实是一朝之忿,不近人情,即欲登门谢罪。恰好初九日小珊来拜寿,是夜余即至小珊家久谈。十三日与岱云合伙,请小珊吃饭,从此欢笑如初,前隙尽释矣。近事大略如此,容再读书。国藩手具。

(道光二十二年十月二十六日)

课文导读

本文选自《曾国藩家书》。

曾国藩(1811—1872),晚清名臣,活动于道光、咸丰、同治三朝,曾镇压太平天国运动,发起洋务运动。曾国藩一生阅历丰富,28岁中进士、点翰林,不惑之年创办湘军,倾力十余年扑灭太平天国,官至总督,爵封一等侯,位极人臣。对曾国藩的历史功过,后人评价不同,有各种争议,唯对其为人处事,多给予高度肯定。他一生宦海沉浮,周旋人际,将心得教训写进家书,以教导弟弟和儿子。曾国藩死后第四年(1876年),湖南传忠书局于长沙刊印《曾文正公全集》,其中有《家书》八卷,《家训》二卷。《家书》八卷,主要是曾国藩写给四位弟弟的家书;《家训》二卷,主要收录曾国藩写给两个儿子(纪泽、纪鸿)的书信。

中国众多家训类著作中,有学者评价"能与《颜氏家训》分庭抗礼且影响力后来居上者,是《曾国藩家书》"③。家书是写给弟弟和儿子的私人书信,多涉及日常生活。曾国藩不尚空谈,特别强调读书与修身应当同一,能诗能文却不切己修身的人,不过是会识字的牧猪奴;读书修身,并非高仰难达之事,在日常生活中即可达成。本文中所谈到的"格

---

① 符契:符和、契合。
② 贽:拜见师长时所持的礼物。
③ 檀作文:《颜氏家训·曾国藩家训》,中华书局,2008。

物"和"诚意",他认为是《大学》所论读书人修养最为核心的两个要目。格物,涉及对事物的认识,关于事物的知识。大至家国天下,小到我们自己的身体,无不包含"物"的知识,格物就是穷究这些事物的知识。诚意,涉及实践,是将格物所致之知付诸实践。知与行的统一最直接体现于日常生活中。曾国藩以自己和身边友人为例,教导弟弟们从日常习惯的养成中,提高自我修养。

思考题

一、据你对本文的阅读,家书中所言识字的牧猪奴与明理有用之人,有何本质不同?

二、格物与诚意是指什么?